HEYNE <

Die Autorin

Gila van Delden wurde 1947 in Bielefeld geboren. In ihren Bestsellern *»Nicht heulen, Husky«* und *»Mutter Erde, trage mich …«* erzählte die Autorin freimütig ihre eigene turbulente Geschichte, die mit Barbara Rudnik und Heiner Lauterbach in den Hauptrollen verfilmt wurde. Seit 1994 leitet Gila van Delden Selbsterfahrungsseminare.

GILA VAN DELDEN

... aus einem kleinen Samenkorn

WILHELM HEYNE VERLAG
MÜNCHEN

FSC
Mix
Produktgruppe aus vorbildlich bewirtschafteten Wäldern und anderen kontrollierten Herkünften

Zert.-Nr. SGS-COC-1940
www.fsc.org
© 1996 Forest Stewardship Council

Verlagsgruppe Random House FSC-DEU-0100
Das für dieses Buch verwendete FSC-zertifizierte Papier *Holmen Book Cream* liefert Holmen Paper, Hallstavik, Schweden.

Taschenbucherstausgabe 02/2009

Printed in Germany 2009
Lektorat: Götz Draeger – draegergoetz@freenet.de
Umschlaggestaltung: HildenDesign, München
Umschlagmotiv: © Gisbert Kühnle, natur-im-licht.de
(www.imagepoint.biz)
Herstellung: Helga Schörnig
Satz: Christine Roithner Verlagsservice, Breitenaich
Druck und Bindung: GGP Media GmbH, Pößneck
ISBN 978-3-453-70102-1

http://www.heyne.de

Für alle Seelen im Licht,
die mich als Mensch
voller Liebe begleitet haben –
Ich weiß, dass es euch gut geht,
da, wo ihr jetzt seid …

EINLEITUNG

Das einzig Wichtige im Leben sind die Spuren von Liebe, die wir hinterlassen, wenn wir gehen.

ALBERT SCHWEITZER

Einige Menschen scheinen geborene Glückspilze zu sein. Mit allem, was sie anfassen, haben sie Erfolg. Nichts bringt sie aus der Ruhe. Was sie auch tun, sie gewinnen. Sie erreichen ihre Ziele, sowohl im geschäftlichen wie auch im privaten Umfeld.

Auch mein Leben zeigt solche Tendenzen. Egal, was ich bisher in meinem Leben bewirkt habe, Erfolge oder sogenannte Misserfolge – ich habe mich dabei immer auf meine Intuition, meine innere Stimme, verlassen können.

Schon vor langer Zeit hatte ich das Glück, Günter Ilse kennenzulernen, der inzwischen zu einem sehr guten Freund geworden ist. Er war es, der mir in meinem ersten Seminar die Kraft des Unterbewusstseins nahegebracht hat. Dieses Unterbewusstsein steuert den Großteil unseres täglichen Lebens, während dem Bewusstsein nur eingeschränkte Möglichkeiten zur Verfügung stehen.

Top-Manager und Spitzensportler nutzen diese Methode der Programmierung und erreichen dadurch leichter ihre Ziele. Wenn gute Leistungen erbracht werden sollen, geht es nicht immer nur um die besten fachlichen Voraussetzungen. Der Chef, der die richtigen Entscheidungen trifft, muss nicht immer der kompetenteste Fachmann sein. Der Glaube, der bekanntlich Berge versetzt, und die Intuition werden ihm oft zu einem positiven Gesamtergebnis verhelfen. Wohin wir unsere Aufmerksamkeit richten – das, wofür wir uns entscheiden, wird sich in unserem Leben verwirklichen. Das ist das einzige Geheimnis von Glückspilzen und Gewinnertypen.

Mit dem Unterbewusstsein ist es wie mit dem Gedächtnis oder mit den Muskeln. Je mehr wir trainieren, umso besser sind die Ergebnisse.

Manchmal höre ich in meinen Seminaren den Einwand, dass die Umstände in der Kindheit, finanzielle Sorgen oder mangelnde Ausbildung ein großes Hemmnis für die Entwicklungsmöglichkeiten gewesen seien.

Unsere Herkunft spielt in unserem Leben jedoch nicht die entscheidende Rolle. Es gibt berühmte Schauspieler und Musiker, die in ärmlichsten Verhältnissen aufgewachsen sind. Dagegen gibt es Kinder reicher Eltern, die diese Starthilfe nicht richtig einsetzen können und sich ausruhen, statt initiativ zu werden. Wichtig ist, wohin wir gehen, und nicht, woher wir kommen. Von großer Bedeutung ist es deshalb, wie wir uns jeweils im Leben entscheiden, denn mit unseren Gedanken, unserem Bewusstsein bestimmen wir unsere Zukunft.

An jedem neuen Tag erhalten wir die Chance, unsere Niederlagen in Siege zu verwandeln. Nur an uns liegt es, unsere Träume Wirklichkeit werden zu lassen, unsere Verletzungen und Wunden der Vergangenheit heilen zu lassen und neue Ursachen für ein Leben voller Freude und Zuversicht zu setzen – und das kann nur heute geschehen.

Als Kapitän unseres Lebens sollten wir das Ruder fest in die Hand nehmen. Was wir im Leben erreichen, hängt unmittelbar damit zusammen, wie stark wir uns für etwas einsetzen. Vieles können wir beeinflussen, indem wir unsere Einstellung ändern.

Seit ich 1994 mein erstes Seminar leitete, hat sich viel verändert. Viele Menschen sind inzwischen für die Kraft der Gedanken empfänglicher geworden und auch dafür, welche Auswirkung ihre Bewusstseinshaltung auf die eigenen Lebensumstände hat. Im Gegensatz zu damals komme ich heute oftmals mit Kollegen in Kontakt, die feststellen, dass auch in ihren Firmen-Schulungen immer mehr spirituelle Themen angeschnitten werden. Dabei taucht die Frage auf: Was kennzeichnet denn einen spirituellen Menschen?

Meine Antwort hierauf ist Folgende: »Jedes Wesen auf diesem Planeten hat seine Aufgabe und ist deshalb wertvoll. Jedes Wesen wird von der geistigen Welt geschützt und geleitet und damit durch seine Ausbildungen und Lebenslaufbahn begleitet, um den Gedanken der Liebe zu verwirklichen. Ein spiritueller Mensch versteht diese Gesetzmäßigkeiten und versucht sie zu leben.«

Liebe zu leben und zu lehren, ist unsere Aufgabe, egal, wo wir stehen. Dabei erhalten wir Hilfe aus dem Jenseits, unabhängig davon, ob wir daran glauben oder nicht.

Wie können wir diese Aufgabe denn nun erfüllen? Indem wir bei uns selber beginnen – indem wir zum Beispiel lernen, unsere Pflicht mit Freude und Liebe anzugehen. Dann erkennen wir auch, dass unsere Tätigkeit zum Wohle aller beiträgt.

So ist die Beseitigung von Müll genauso wichtig wie in der Chefetage die Planung und die Erhaltung von Arbeitsplätzen.

Gäste werden beispielsweise diese gute Energie in ihrem Essen spüren, wenn der Koch seine Arbeit mit Freude und Liebe erledigt.

Ein Haus, gebaut mit Freude und Lob, wird den neuen Bewohnern viel Freude bereiten.

Eltern, die ihre Kinder mit Liebe erziehen, schaffen wiederum eine Zukunft, in der Liebe und Verständnis weiterlebt.

Ein Chef, der seine Angestellten lobt und ihre Leistungen anerkennt, schafft Zufriedenheit und engagierten Einsatz in seiner Firma. Die hergestellten Produkte sind Träger dieser guten Energien, was die Konsumenten unbewusst spüren. Sie fühlen sich wohl, denn es liegt einfach Segen auf diesen Produkten.

Es ist ein Naturgesetz, dass der spirituelle Gedanke Gewinn und reiche Ernte fördert. Alles, was ich pflanze, vermehrt sich nach seiner Art. Reichtum und Gesundheit sind voll und ganz zu realisieren, ohne Mensch und Natur auszubeuten, ohne Tiere zu quälen. Auch wenn es absolut klar ist, dass jeder seinen Umsatz braucht, ist dies auch möglich, ohne den Kunden zu übervorteilen.

Wichtig dabei ist, auf die innere Stimme zu hören. Nur, wenn wir bei einem Geschäft auch ein gutes Gefühl haben, dann sollten wir es ausführen. Oft warnt uns unsere Intuition, aber eine andere Kraft in uns findet das aktuelle Angebot so verlockend – angeregt durch den Gedanken des Gewinns, persönlich wie auch finanziell –, dass die Begierde siegt. Und so gehen wir schnell einem Betrüger auf den Leim oder verstricken uns in illegale Geschichten.

Als spirituelle Menschen zu leben und zu arbeiten, bedeutet, dass wir die Lebensgesetze zuerst einmal bei uns selbst anwenden müssen. Wenn wir nicht liebevoll mit uns selber umgehen, wie können wir es dann von den anderen erwarten?

Lasst uns das, was wir tun, mit Freude tun. Denn Freude ist die Vorstufe der Liebe.

Wir alle sehnen uns nach Liebe, nach Nähe und nach Zärtlichkeit. Doch was macht echte Liebe aus? Liebe ist aus meiner Sicht die Fähigkeit, etwas für einen anderen Menschen zu tun, ohne sofort an den eigenen Vorteil zu denken. Doch Liebe heißt auch, etwas für sich selbst zu tun, das dem *eigenen* Wohl dient, ohne dass es auf Kosten anderer geht.

KAPITEL 1

Das, was jemand von sich selbst denkt,
bestimmt sein Schicksal.

MARK TWAIN

Silvester 2001 war Reni, meine Freundin aus Berlin, mit ihrem Mann Harry bei mir zu Besuch. Mit meinen beiden Kindern Dana und Rico wollten wir zusammen ins Neue Jahr hineinfeiern.

Im Gegensatz zum Jahr davor, als ich ein Silvester-Seminar zum Jahrtausendwechsel mit vielen Teilnehmern samt ihren Kindern veranstaltet hatte, wollte ich dieses Mal das Neue Jahr in kleinem Rahmen begrüßen. Obwohl ich mich in der Schlussphase meines vierten Buches »*... gib uns Herzen, die verstehen!*« befand, hatte ich mir vorgenommen, mein Manuskript während dieser Zeit nicht anzurühren, um ganz für meine Freunde da zu sein.

»Gila, du lebst jetzt seit fast vier Jahren allein. Wäre es nicht schöner, wenn du wieder einen Partner hättest?«, fragte Reni, als sie den Salat herrichtete. »Ich finde, die Zeit ist jetzt langsam reif dafür.«

Ich amüsierte mich über ihre Worte. Reni schien eine ganz besondere Funktion in meinem Leben zu haben. Wie ich bereits in dem oben genannten Buch geschrieben habe, spürten wir eine ganz tiefe seelische Verbundenheit miteinander, die wir beide als Geschenk des Himmels annahmen.

»Weißt du, Reni«, gab ich nachdenklich zurück, »jetzt traue ich mich auch wieder ...!«

»Du meinst, weil du so viel abgenommen hast?« Mit ihrer Frage deutete sie meine Gewichtsabnahme im vergangenen Jahr an.

»Nicht nur das, Reni«, meinte ich, »ich habe erkannt: Mein Gewicht wollte mich darauf aufmerksam machen, dass ich zuerst innere gewichtige Probleme lösen musste, bevor ich mich dann um meinen Körper kümmern konnte. Erst danach brauchte meine Seele das Signal nicht mehr, und das Abnehmen ging ganz leicht.«

Belustigt erzählte ich Reni, wie mir mal ein Teilnehmer die Frage gestellt hatte: »Gila, ich weiß inzwischen, dass du nicht wie eine Mimose reagierst, darum möchte ich gern mal wissen, wie es kommt, dass du nach außen hin so viel Fülle repräsentierst? Offensichtlich scheinen da deine Affirmationen nicht zu packen.«

Verhaltenes Gelächter war danach im Raum zu hören gewesen.

»Sehr gute Frage«, hatte ich lächelnd zurückgegeben, »doch wo keine Affirmationen sind, also, wo keine Ursachen gesetzt werden, können auch keine Wirkungen erfolgen.«

Er hatte jedoch nicht lockergelassen und nachgehakt: »Aber in einem deiner Bücher schreibst du doch, dass du gern abnehmen willst.«

»Ja, das stimmt«, hatte ich bestätigt, »wenn ich mir jedoch etwas vornehme, dann richtig! Im Moment benötigt allerdings der Seminaraufbau meine ganze Kraft. Sobald ich spüre, dass dort genug Energie fließt, richte ich meinen Fokus auf das Nächste, was wichtig ist. Und wenn das mein Gewicht sein sollte, dann werde ich meine ganze Energie dafür einsetzen. Wenn mich meine Fülle im Äußeren stört, um das mal vorsichtig auszudrücken, heißt das, dass ich erst innen einiges bereinigen muss, dann geht alles viel leichter. Und alles, worauf wir unseren Fokus immer wieder richten, beginnt sich zu manifestieren – nach dem Motto: Wissen stellt Tatsachen fest, Glauben aber schafft Tatsachen.«

»Das ist ein guter Satz«, hatte er genickt und mitgeschrieben, »jetzt habe ich es verstanden!«

Reni lächelte, als ich ihr von der Begebenheit erzählte, und meinte dann: »Und jetzt hast du es geschafft. Ich gebe zu, ich musste mich erst an dein neues Aussehen gewöhnen. Du siehst einfach anders aus, jetzt wo du so viel abgenommen hast. Ich finde – besser!«

»Es gibt jedoch nicht nur positive Reaktionen. Ich erinnere mich auch an den Ausruf einer Teilnehmerin, die mich nach einem halben Jahr wiedersah und etwas enttäuscht sagte: ›Oh, meine Mutter Erde ist weg‹!«

Wir lachten beide. Ich konnte mir gut vorstellen, dass es für manche nicht leicht war, die vertraute volle Weichheit bei einer liebevollen und vielleicht auch tröstenden Umarmung nicht mehr in dem Maße zu spüren.

»Und wann willst du wieder deinen Marktwert testen?«, grinste Reni.

»Das ist dasselbe wie mit meinem Gewicht. Wenn ich alles auf einmal will, muss ich meine Energie aufteilen. So kann ich immer nur einen Teil davon auf ein Ziel richten. Wenn ich mir aber eines nach dem anderen vornehme, so bekommt jedes Ziel genug Kraft, um sich je nach Intensität zu verwirklichen. Und dann erst, meine Liebe, sind die Männer dran!«

»Und? Wann ist das?«

Ich überlegte, ob ich Reni jetzt schon in meine Pläne einweihen sollte oder nicht, doch dann siegte mein Bedürfnis, ihr von meinen bereits erfolgten Aktionen zu erzählen.

»Eigentlich wollte ich ja noch nicht darüber reden, aber ich spüre, wenn ich es dir erzähle, ist es okay. Vor Kurzem habe ich eine Internetadresse empfohlen bekommen, die in verschiedenen Frauenzeitschriften als äußerst seriös beschrieben wurde. Jeder, der sich einloggt, muss zuerst seine persönlichen Daten in Form einer Personalausweiskopie durchfaxen, damit Datenmissbrauch verhindert wird. Das habe ich nach telefonischer Rücksprache dann auch gemacht.«

»Erzähl mal! Ich bin gespannt«, meinte Reni äußerst interessiert.

Und während wir weiter das Essen für Silvester vorbereiteten, sagte ich verschwörerisch: »Heute müssten eigentlich die ersten Antworten da sein. Ich habe aber noch nicht nachgesehen.«

»Dann mach das mal schnell!«, lachte Reni.

»Meinst du, dass ich mich mal für 'ne kurze Weile absetzen kann?«

»Na, klar – ich bin doch auch neugierig!«

Voller Tatendrang verschwand ich in mein Büro. In meinem Profil – so heißt die eigene Beschreibung dort – hatte ich als Beruf nur geschrieben: selbstständig, wohnhaft zwischen Bielefeld und Osnabrück, und ein Foto dazugesetzt. Das war alles. Gleichzeitig bestand jedoch auch für mich die Möglichkeit, Profile anderer aufzurufen. Ich war gespannt, ob sich schon jemand gemeldet hatte.

So saß ich also nun am Silvesterabend am Computer und klickte erwartungsvoll die verschiedenen Angebote der männlichen Anwärter an. Bei einigen Bildern und Aussagen verweilte mein Blick dann etwas länger. Dem einen oder anderen schrieb ich ein paar Zeilen und verwies dabei auch auf mein Profil. Bei Interesse konnte er mir zurückantworten.

Erwartungsvoll druckte ich die Profile aller Bewerber aus, die in die engere Wahl kamen. Dann ging ich zu Reni und Harry ins

Wohnzimmer, den Stapel der Ausdrucke siegessicher in der Hand schwenkend.

»Na, wie viele sind es denn?«, wollte Reni wissen.

»Och, so ungefähr 30 …!«

»Das fängt ja gut an, das Neue Jahr!«, meinte sie belustigt und sah mit mir die Männer durch. Ab und zu gab sie einen Kommentar, und wir hatten beide unseren Spaß bei der Aktion.

Lieben heißt, verzeihen zu können – in dem Verständnis, dass wir alles, was uns an Verletzungen widerfährt, selber anziehen. Liebe ist die Kraft, für das einzutreten, was wir eigentlich wollen, aber auch die Weisheit zu wissen, wann Loslassen und wann Durchsetzung erforderlich ist, wann wir aktiv sein und wann wir geschehen lassen sollen. Zur Liebe gehört auch das Vertrauen, dass wir alles bekommen, was wir wirklich brauchen.

Viele meiner Teilnehmer lernen mich über meine Bücher kennen und nehmen durch den Besuch meiner Seminare gern die Möglichkeit einer persönlichen Begegnung wahr.

»Und wie finden wir das heraus?«, wurde ich bereits des Öfteren gefragt.

»Indem wir es locker angehen, das Leben nicht wie einen Kampf ansehen, was uns allerdings manchmal nicht leichtfällt. Mit heiterer Gelassenheit sollten wir in uns gehen, um die feinen Impulse wahrzunehmen, die jeder bekommt.«

»Und warum werden Wünsche trotz intensiver Affirmationen manchmal nicht wahr?«

»Weil zu starkes Wünschen die Wunscherfüllung verhindert.«

»Das ist ja interessant! Kannst du das bitte noch mal sagen, Gila?«

»Zu starkes Wünschen verhindert die Wunscherfüllung.«

»Aber wir sollen doch viel Energie in den Wunsch geben? Wie passt das denn zu der Aussage?«, kam die Frage auf.

»Es kann geschehen, dass wir zu viel Kraft in den Wunsch hinein geben, statt ganz locker zu bleiben und zu wissen: Wenn die Lösung zu meinem Leben gehört, dann wird sie sich früher oder später auch zeigen. Aber was tun wir? Wir legen die Kraft in den *Wunsch* hinein, also grob gesagt, wir geben zu viel Energie in das *Problem*, und nicht in die *Lösung*! Wenn wir uns voller Vertrauen die Lösung vorstellen, bleiben wir automatisch ruhig und entspannt. Doch sobald wir uns verkrampfen, geht alle Energie in das Problem.«

Manchem geht dann ein Licht auf. Zum Beispiel Uwe, Geschäftsführer einer großen Firma. Er machte eine Anmerkung, die viele beschäftigte:

»Weißt du, das mag ja alles stimmen, aber wie geht man mit den Zweifeln um? Habe ich mir etwas gewünscht, aber es passiert längere Zeit nichts, kommen wieder die Zweifel.«

»Uwe, versuch dich mal an eine Zeit in deinem Leben zu erinnern, in der du noch eine klare Vorstellung vom Glücklichsein und von der Liebe hattest. Oft entstanden diese Träume in deiner Jugend, als du noch fast alles vor dir und nur ganz wenig hinter dir hattest. Im Laufe deines Lebens sind nun viele Erfahrungen hinzugekommen, die auf dich bedrückend und einengend gewirkt haben. Skepsis und Zweifel haben den jungen Glauben, alles erreichen zu können, verdrängt. Stell dir die Sonne als Glaube und Liebe vor – und Skepsis und Zweifel als dunkle Regenwolken. Und wenn der Tag auch noch so grau erscheinen mag, so strahlt die Sonne hinter dieser Wolkendecke unbeeinflusst weiter.«

Uwe wurde nachdenklich und warf ein: »Ganz schön anstrengend, Gila, immer daran zu denken, ob es dem anderen auch guttut, wie man handelt, oder? Manchmal hat man doch auch seinen eigenen Vorteil im Auge.«

»Davon kann auch ich mich nicht freisprechen«, antwortete ich offen, »aber ich habe die Erfahrung gemacht, dass es stets auf die Motivation unseres Handelns ankommt.«

»Wie meinst du das?«

»Nun, es kann sein, dass ich entscheide, etwas aus Liebe und Sympathie für einen anderen Menschen zu tun, und dieser ist gar nicht damit einverstanden. Ist euch das schon mal passiert?«

»Oh, hör auf!«, lachte eine andere Teilnehmerin. »Dauernd treffe ich solche Entscheidungen, und mein fast erwachsener Sohn ist nicht gerade begeistert darüber.«

»Ja, es passiert immer wieder, dass wir aus Liebe oder Fürsorge dem anderen die Chance nehmen, selbst seine Erfahrungen zu machen. Doch um noch mal auf die Frage von Uwe einzugehen bezüglich des eigenen Vorteils:

Ich selbst war ja einige Jahre vor meiner Auswanderung und der Geburt meiner beiden jüngeren Kinder in der Versicherungsbranche mit einem Spitzenprodukt recht erfolgreich tätig. Da konnte man schon mal in die Versuchung kommen, den alten Vertrag eines Interessenten mit unserem Angebot zu vergleichen, das in fast allen Fällen weit höhere Leistungen aufwies. Und ich gebe zu, ich habe dem Kunden schon mal geholfen, eine Kündigung aufzusetzen, falls er mich darum gebeten hat. Doch mein Vorteil ging auf Kosten eines Kollegen einer anderen Versicherungsgesellschaft. Und das war nicht fair!«

»Und wann ist dir das klar geworden?«

»Diese Gesetzmäßigkeiten habe ich nach meinem ersten Kurs bei Günter Ilse erkannt. Aber erst später wurde mir das ganz deutlich, denn all diese Aufträge brachten mir nichts, außer interessanten Erfahrungen. Auf dem Geld, das ich auf diese Art und Weise verdient hatte und dann für unsere Auswanderung einsetzte, lag kein Segen. Hinterher war ich ärmer als vorher. Das meine ich damit.«

»Aber du hast dem Kunden doch auch einen Vorteil verschafft mit dem neuen Vertrag. Was ist denn damit?«, hakte Uwe nach.

»Das ist sicherlich richtig. Fair wäre gewesen, dem Kunden zwar mein Angebot zu unterbreiten, aber bei Interesse mich nicht noch aktiv an der Kündigung zu beteiligen.«

Das Jahr 2001 war ein besonderes Jahr. Die Freundschaft zu Reni hatte sich vertieft. Mehrmals war ich zu Ausbildungen unterwegs. Reni blieb in dieser Zeit bei meinen Kindern. Dana war inzwischen 19 und Rico 15 Jahre alt. Genau einen Tag vor Renis Geburtstag war dann der letzte Kurs beendet.

Während Reni morgens an ihrem Geburtstag auf unserer Terrasse saß, kam Dana zu mir in die Küche und tuschelte: »Mom, was hältst du davon, wenn wir uns mit einem Lied im Radio bei Reni bedanken!«

»Das ist eine sehr gute Idee!«, flüsterte ich zurück. »Meinst du, das kriegst du noch hin?«

»Ich rufe mal bei unserem Sender an«, meinte Dana optimistisch. Und – es klappte wirklich noch!

»Mom? Welches Lied?«

Immer, wenn ich an Reni denke, habe ich das Gefühl, dass sie mir als ein Engel der Freundschaft gesandt worden ist. Und so kam ganz spontan aus meinem Herzen: »Send Me An Angel!«

Dana konnte nicht nur ein Lied aussuchen, sondern wurde auch gefragt, warum sie sich bei Reni bedanken wolle.

»Meine Mutter hat in diesem Jahr ihre Ausbildung beendet – und wir Kinder sind während der Zeit von ihrer Freundin betreut worden. Das fanden wir einfach großartig!«

Der Moderator hatte wohl ein sehr weiches Herz und bot Dana an: »Möchten *Sie* ihr das mit ein paar Worten übers Radio sagen?«

»O ja! Gern sogar!«

Nachmittags um 16.40 Uhr sollte dann das Lied für Reni gespielt werden. Alle saßen wir auf der Terrasse – ich hatte das Radio auf volle Lautstärke gestellt. Nichts ahnend trank Reni ihren Kaffee. Und dann kam die Ansage – für Reni von Dana – als Dank für alles.

Ich schaute Reni an: Ihre Augen wurden größer – das Lied begann, und dann lag mir Reni weinend im Arm. Auch mir traten die Tränen in die Augen, als wir beide – völlig ergriffen, zusammen tanzten und »Send Me An Angel« mitsangen …

Ein ergreifendes Bild!

Einige Wochen später stellte sich dann heraus, dass niemand der männlichen Interessenten bei mir das gewisse Bauchkribbeln erzeugte, obwohl ich einige inzwischen getroffen hatte. Vielleicht beruhte das auch auf Gegenseitigkeit, wer weiß.

Aber Misserfolge sind Ratenzahlungen für den Erfolg, sagte ich mir. Irgendwie spürte ich tief in mir, die Zeit war jetzt reif. Ja, ich war wieder bereit für eine Partnerschaft.

In dem Zusammenhang fällt mir eine nette Episode ein. Einige Monate zuvor sollte ich ein Seminar in Vorarlberg in einem alten Schloss abhalten. Die Geschäftsführerin der Tagungsstätte war mir von Anfang an sehr sympathisch gewesen. Einige Kurse hatte ich schon bei ihr geleitet, so waren wir uns inzwischen recht vertraut. Da ich grundsätzlich einen Tag eher anreise, bot sich auch dieses Mal die Gelegenheit für eine Unterhaltung mit ihr. Sie begrüßte mich herzlich und lud mich zu einer Tasse Kaffee ein.

Nach dem offiziellen Teil begann das Gespräch plötzlich etwas privater zu werden.

»Ich habe Sie nie gefragt«, meinte sie vorsichtig, »leben Sie eigentlich allein oder in einer Partnerschaft?«

»Allein mit meinen beiden Kindern, die allerdings schon etwas älter sind.«

»Und wer betreut Ihre Kinder während Ihrer Abwesenheit?«

Ich erzählte ihr, dass meine Ex-Schwiegertochter Kathrin, zu der ich nach wie vor einen guten Kontakt habe, ihr neuer Lebensgefährte Andreas und ihre kleine Tochter Lea für diese Tage bei uns einzogen und sich um meine beiden kümmerten.

Sie schien sehr beeindruckt. »Der neue Lebensgefährte Ihrer Ex-Schwiegertochter? Na, das ist ja eine großzügige Konstellation. Das hat man ja selten.«

»Aber für alle ist das eine hervorragende Lösung.«

»Und können Sie sich vorstellen, auch wieder in einer Partnerschaft zu leben?«

»Ja, sicher«, antwortete ich überzeugt. »Nur so viele Möglichkeiten habe ich bei meiner zeitlichen Auslastung auch nicht.«

Sie sah mich erstaunt an und fragte: »Gibt es denn auf Ihren Seminaren nicht die Möglichkeit, jemanden kennenzulernen?«

»Für die Teilnehmer bin ich halt die Leiterin. Da kann und möchte ich die weibliche Seite nicht herauskehren. Sonst öffnen sich die Menschen nicht so sehr, wie sie es jetzt tun.«

»Ja, das kann ich gut nachvollziehen«, nickte sie, »auch ich habe in unserer Bildungsstätte fast nur mit männlichen Gästen zu tun und bin hier weniger Weib als Leiterin. Und was tun Sie sonst, um jemanden zu finden?«

»Nun, ich rate zum Beispiel allen, mit Affirmationen zu arbeiten.«

Ich erklärte ihr, was Affirmationen sind und wie sie wirken. Da sie noch nichts davon gehört hatte, bat sie mich anschließend um ein Buch von mir.

Während ich das Buch signierte, kam sie auf ein anderes Thema zu sprechen: »Ach, übrigens, darf ich Sie bitten, Ihr Abendessen im Schlosskeller einzunehmen? An der großen Esstafel feiern in ungefähr einer Stunde die frischgebackenen Ingenieure ihren Abschluss.«

Das war für mich in Ordnung.

Im Schlosskeller war ich der einzige Gast. Und gar nicht lange danach stellte mir die Geschäftsführerin auch schon eine liebevoll dekorierte Aufschnittplatte hin – Größe XXL!

»Guten Appetit!«, wünschte sie mir fröhlich und begab sich wieder in die Küche, während ich nun ganz allein in dem gemütlichen Restaurant saß.

Gerade hatte ich mit dem Essen begonnen, da erschien jemand aus dem Ingenieurkurs in der Tür. Etwas unschlüssig sah er sich um, steuerte dann aber auf den großen runden Tisch zu, an dem ich saß, und fragte höflich, ob er sich dazusetzen dürfe.

»Ja, gern«, nickte ich und freute mich über seine Gesellschaft. Schnell kamen wir ins Gespräch, und er erzählte mir von seiner Ausbildung, die mit dem heutigen Abendessen ihren Abschluss finden sollte.

Wieder ging die Tür auf, und der Nächste erschien. Als er seinen Kollegen bei mir sitzen sah, kam er auch zu unserem Tisch und setzte sich dazu. Und so ging es weiter: Im Verlauf der nächsten halben Stunde trudelten dann sämtliche 25 Kollegen samt ihrem Dozenten ein. Ihr Essen ließ offensichtlich noch auf sich warten, und hier im Schlosskeller war es einfach gemütlicher.

Inzwischen hatten sich alle in einer großen Runde, teilweise sogar in zweiter Reihe, um mich herumgesetzt. Es war eine Superstimmung! Als die Gruppe dann hörte, dass ich hier ein viertägiges Seminar leitete, kam ich kaum mehr zum Essen, so viele Fragen musste ich beantworten. Großzügig verteilte ich dann die restlichen Salate.

Während wir allesamt noch ins Gespräch vertieft waren, kam noch mal die Geschäftsführerin zu uns herein. Sie sah die vielen Männer um mich herum, und ihr fiel fast die Kinnlade herunter! Als sie sich wieder unter Kontrolle hatte, schüttelte sie nur den Kopf und sagte fassungslos:

»Na, das glaube ich einfach nicht! Das ging aber schnell mit den Affirmationen!«

Gern erinnere ich mich an Ruth, die einen Kurs von mir besuchte. Sie stellte mir die Frage: »Warum geht es mir nicht so gut wie beispielsweise meiner Schwester? Sie ist einfach ein Glückskind. Ihr gelingt alles, dazu sieht sie noch verflixt gut aus! Und sie hat natürlich auch alle Chancen bei Männern! Jetzt hat sie sich doch tatsächlich einen geangelt, der auch noch sehr reich ist. Ich dagegen habe noch *keinen*, und Geld habe ich auch nicht!«

»Im Vergleich liegt das Ende des Glücks, sagt der Volksmund, und da ist viel Wahres dran. Du wirst immer jemanden finden, der dir etwas ›voraushat‹ – wie du meinst. Bei dir ist es ausgerechnet auch noch die eigene Schwester! Frag dich doch lieber: Wo sind *meine* Qualitäten? Was habe *ich* anzubieten? Damit lenkst du automatisch deinen Fokus auf deine Stärken und positiven

Seiten. Sonst läufst du wirklich Gefahr, dein Leben lang unzufrieden zu sein. Bleibe das Original, als das du geboren wurdest, statt eine Kopie sein zu wollen. Du allein hast deine Gene – und nur du allein kannst deine Lebensaufgabe erfüllen. Du bist einzigartig, vergleiche dich also nicht mit anderen. Du wirst den Partner anziehen, der zu dir passt.«

»Und warum ist es so schwer, allein zu sein?«, hakte Ruth nach. »Seit drei Jahren bin ich ohne Beziehung und habe das Gefühl, dass mir etwas fehlt, dass ich nicht vollständig bin.«

»Und was meinst du, fehlt dir?«

»Mir fehlt Körperkontakt, aber auch ein Freund im Leben. Seit einer Weile spüre ich, wie ich diesen Mangel durch Essen kompensiere. Was kann ich tun, um mit dieser Leere Frieden zu schließen?«

»Schließe keinen Frieden mit der Leere, sondern entdecke deine innere Fülle! Auch allein bist du ein Ganzes. Das Gefühl von Mangel entsteht aus dem Glauben, dass du in dir nicht vollständig bist, unbedingt eine zweite Hälfte brauchst.«

»Gila, aber es ist doch schöner mit einem Partner oder einem Freund an der Seite ...«, sagte sie mit einem wehmütigen Gesichtsausdruck.

»Einerseits schon, da hast du recht, aber andererseits kann es auch schwieriger sein, als allein zu leben. Der Glaube, allein nicht vollständig zu sein, ist sehr weit verbreitet. Er kann nicht nur entstehen, wenn längere Zeit kein Partner auftaucht, sondern oftmals gerade *in* einer Partnerschaft. Wenn sich zwei Partner aus diesem Mangelgefühl, aus dem Gefühl: ›Allein fehlt mir etwas‹ heraus begegnen, und sich beide jeweils die Erfüllung vom anderen erhoffen, ist Frustration und Enttäuschung bereits vorprogrammiert. Beide wollen und hoffen, aber keiner findet Befriedigung. Vielleicht hast du auch das schon erlebt?«

»Ja, ja, das stimmt schon«, gab sie zu. »Aber wir müssen ja nicht gleich heiraten.«

»Du möchtest vielleicht nur einen Freund an deiner Seite? Wie wäre es mit dir selbst? Sei in erster Linie dein eigener Freund, und mach dir selbst Mut, indem du dich nicht vergleichst mit anderen. Es ist *dein* Leben, Ruth.«

Sie wurde sehr nachdenklich bei meinen Worten, fragte dann aber: »Und was soll ich tun?«

»Versuche, die Ganzheit in dir selbst zu entdecken, fang an, deine Gedanken auf Fülle und nicht auf Mangel auszurichten, beginne von innen zu strahlen, und Menschen fühlen sich angezogen. Mit deiner inneren Fülle ziehst du nach dem Gesetz der Resonanz dann denjenigen an, der zu dir passt. Nur wenn du nichts von ihm erhoffst oder erwartest, ist wahre Partnerschaft und Fließen möglich. Versuche nicht, in möglichen Partnern oder im Essen nach einer Erfüllung zu suchen, die es dort nicht wirklich gibt. Auch ich habe gelernt, die Fülle ist inmitten des eigenen Herzens. Und wenn du das erkennst und annehmen kannst, ändert sich deine Ausstrahlung, und du wirst in deinem Leben das anziehen, was dir entspricht.«

Mit einem Schmunzeln gab Ruth zu verstehen: »Aber trotzdem ist Reichtum etwas Schönes, wenn ich sehe, was meine Schwester sich alles leisten kann …!«

»Ja, natürlich! Aber es kommt nicht darauf an, im Äußeren reich zu sein. Wenn du dich reich fühlen möchtest, dann zähle all die Dinge auf, die du besitzt und die du mit Geld nicht kaufen kannst.«

»Mir fällt da wenig ein«, flachste sie.

»Ruth, wie wäre es denn damit: Du bist reich, weil du denken, sehen, hören, riechen, schmecken, lachen, fühlen und gehen kannst – reich, weil es Menschen gibt, die dich mögen.«

»Stimmt!«, gab sie offen zu, »daran habe ich momentan gar nicht gedacht!«

»An jedem Tag, an dem du diese Reichtümer erkennst, bist du unendlich reich. Du musst dich nur dafür entscheiden, nicht alles für selbstverständlich zu halten.«

»Aber viel Geld auf dem Konto wäre auch nicht schlecht …!«

»Schau mal, Ruth, du sagst: ›nicht schlecht‹! Sag doch stattdessen: ›gut‹. Ich habe durch mein Leben die Erfahrung gemacht, dass innerer Reichtum den äußeren nach sich zieht. Es geht gar nicht anders. Erst durch unsere Sorgen, unser Denken geben wir uns unbewusst das Gefühl von Mangel ein. Und unser Unterbewusstsein versteht: Der Chef will Mangel – also alle Situationen her, wo Mangel entstehen kann! Wenn du sagst: ›nicht schlecht‹, so kann dein Unterbewusstsein nur den Begriff ›schlecht‹ speichern. Es kann mit einer Verneinung nichts anfangen, denn es speichert nur in Bildern und Gefühlen.«

Ruth war inzwischen etwas nachdenklich geworden und erwiderte: »Ich glaube, Gila, dass es bei mir auch die Ungeduld ist, die mich stört. Ich brauche bestimmt noch einige Zeit, um all das, was du mir gerade gesagt hast, in Ruhe sacken zu lassen.«

Aber abschließend meinte sie dann wieder mit einem fröhlichen Grinsen: »Vielleicht kommt mein Partner ja trotzdem bald!«

KAPITEL 2

In welcher Situation wir uns auch befinden,
es ist immer möglich, etwas Positives zu finden.

DALAI LAMA

Das Manuskript meines Buches »*... gib uns Herzen, die verstehen!*« war fast fertig. Wie bei jedem Buch suchte ich auch jetzt einfach nur irgendwo Ruhe und die Möglichkeit, von morgens bis abends allein zu sein. Damit wollte ich der Endfassung, ungestört von Alltagsfragen, Familie und Mitarbeitern, den letzten Schliff geben.

Reni hatte mir angeboten, von Mitte bis Ende April 2002 für meine beiden Kinder, unsere Tiere und das Haus da zu sein. Gern nahm ich ihr Angebot an. So konnte ich in Ruhe die Möglichkeit nutzen, mich für zwei Wochen zu Hause auszuklinken.

Ich hatte vor, mich für die Zeit im Gästehaus des Parkhotels Ortkemper in Bad Waldliesborn einzumieten, wo ich auch sehr gern einige meiner Seminare halte. Es lag nur knapp eine Stunde von Halle entfernt, so dass ich auch mal schnell nach Hause fahren konnte, falls es erforderlich war. Am Montag, den 29. April 2002, wollte ich dann mit meinem Manuskript fertig sein.

Eine Woche vor meiner Abreise jedoch wollte ich noch etwas Licht in das Dickicht meiner Internetangebote bringen. Nachdem ich zuvor mit einigen Bewerbern telefoniert und auch die ersten persönlich getroffen hatte, begab ich mich erneut auf die elektronische Piste und wurde fündig. Zwei Interessenten aus Hamburg hatte ich noch in Reserve. Einer von ihnen hieß Götz. Angesprochen hatte mich sein liebes Lachen auf dem Foto. Auch seine Stimme war sehr sympathisch, als wir das erste Mal miteinander telefonierten.

Er fragte auch gleich, ob und wo wir uns treffen könnten, um uns persönlich kennenzulernen. Er wusste nicht, dass ich in Halle/Westfalen wohnte, sondern hatte nur in meinem Profil gelesen: zwischen Bielefeld und Osnabrück.

»Ich kann im Moment nicht so frei disponieren mit meiner Zeit«, meinte Götz, »da ich am Montag für vier Wochen auf Tournee gehe.«

»Auf Tournee?«

»Ja, ich bin selbstständiger Tontechniker und Tourneebegleiter bei der James Last Band, aber auch bei anderen Bands oder Interpreten wie Peter Maffay, Udo Jürgens und Marius Müller-Westernhagen.«

»Und mit wem gehst du jetzt auf Tournee?«, fragte ich interessiert.

»Mit James Last, den wir alle nur Hansi nennen. Niemand in seinem Umfeld nennt ihn James. Übrigens – da fällt mir ein, ich bin am Sonntag, den 28. April, bei einem Konzert in der Nähe von Bielefeld. Vielleicht könnten wir uns dann mal kurz sehen? Wie weit ist das von dir?«, wollte er wissen.

»Wo ist denn das Konzert?«

»Im Gerry-Weber-Stadion in Halle/Westfalen. Kennst du Halle?«

Mich durchfuhr es heiß.

»Dort wohne ich – genau zwei Kilometer vom Stadion entfernt.«

»Das ist ja ein Ding!«, entfuhr es ihm.

Sein Pseudonym im Internet war »Krupunder« – und ich machte den Fehler nachzuhaken: »Sag mal, wie kommst du auf ›Krupunder‹? Das ist mir gar kein Begriff.«

»Krupunder? Kennst du nicht den Krupunder-See in Halstenbek bei Hamburg? Daher hat auch der Stadtteil seinen Namen bekommen.«

Die Erklärung hätte eigentlich gereicht, aber als er dann begann, mir fast eine halbe Stunde lang zu erzählen, was dieser Name bedeutete und in die ganze Historie eintauchte, wurde ich langsam unruhig. »Nein«, dachte ich, »das kann's nicht sein. Er redet sich ja um Kopf und Kragen und kommt überhaupt nicht auf den Punkt!«

Und trotz des lieben Lachens auf seinem Bild und der sympathischen Stimme notierte ich erst gar nicht seine Handy-Nummer, als er sie mir gab. Krupunder wurde entsorgt.

Dem zweiten Hamburger sandte ich eine E-Mail und erhielt auch postwendend eine Antwort. Jörg hieß er – eine Stimme, die ihresgleichen suchte! Als Marketingexperte war er bei vollen Bezügen bis zum Jahresende freigestellt. Ein Headhunter hatte ihn aus einer langjährigen guten Position abgeworben. Bei der neuen Firma war er jedoch nicht klargekommen. So war er wieder frei für eine neue Aufgabe. Jetzt suchte er nicht nur eine gute Position, sondern hatte auch genügend Zeit, eine neue Beziehung anzustreben.

Nach einigen Gesprächen waren wir so voneinander angetan, dass wir ein Treffen vereinbarten. Noch vor meinem Schreiburlaub im April wollten wir uns auf halber Strecke in Hannover treffen.

Meine vier Kinder haben zwei verschiedene Väter. Aus meiner Ehe mit Achim sind meine beiden älteren Söhne André und Marco hervorgegangen. André lebt inzwischen mit seiner Frau Kari in Nome, Alaska. Gern erinnere ich mich daran, wie er damals in seiner Schulzeit in Deutschland mit silberner Farbe auf seinen Schulranzen »Scheiß Schule« gepinselt hatte – nun arbeitet er in Alaska selbst als Lehrer! Dagegen hat Marco, mein zweitältester Sohn, den Traum seiner Jugend als Baggerfahrer verwirklicht. Er hat in der Nähe von Whistler, in Kanada, sein Zuhause gefunden. Von Achim bin ich seit 1985 geschieden. Er ist inzwischen wieder glücklich verheiratet.

Der Vater meiner beiden jüngeren Kinder, Dana und Rico, ist Rainer. Mit ihm, Dana und den beiden älteren Jungen sowie dreizehn Huskies bin ich 1985 heimlich nach Whitehorse, der Hauptstadt der Yukon Territories in Kanada, ausgewandert. Später sind wir dann nach Deutschland zurückgekehrt, wo im August 1986 Rico geboren wurde. Rainer war der Mann meiner Freundin Eva, die von unserer Beziehung bis kurz vor unserer Auswanderung nichts gewusst hatte.

Drei Monate vor Ricos Geburt hatte ich mich dann endgültig von Rainer getrennt. Er war nach Kanada zurückgegangen und hat nie wieder versucht, mit mir oder unseren Kindern Kontakt aufzunehmen. Rico hat bis zum heutigen Zeitpunkt seinen Vater nicht kennengelernt, und auch Dana kann sich kaum noch an ihn erinnern.

Über diese Zeit habe ich ausführlich in meinem Buch »*... nicht heulen, Husky!*« berichtet. Auch der gleichnamige Fernsehfilm, der im November 2000 auf Pro7 mit Heiner Lauterbach und Barbara Rudnik in den Hauptrollen ausgestrahlt wurde, beleuchtet diesen Zeitraum.

Vor meiner Seminartätigkeit, als ich noch mit Achim verheiratet war, hatte ich über ein Jahrzehnt hinweg eine recht steile Karriere im Außendienst bei einer bekannten Porzellanmanufaktur gemacht. Während dieser Tätigkeit war es unter anderem meine Aufgabe, für Mitarbeiter Schulungen zu halten, auch gelegentlich mal neue Kollegen einzuarbeiten. Dazu fällt mir eine nette Episode ein, die zugleich auch etwas nachdenklich stimmt. Für mich ist sie wieder ein markantes Beispiel, dass unsere Engel auch Humor haben.

Von meinem damaligen Chef wurde ich gebeten, mich ganz besonders um einen Kollegen zu kümmern und für seine Einarbeitung zu sorgen. Er käme auch in mein Gebiet und würde vor Ort in einem Hotel übernachten. Ein paar Wochen zuvor hatte ich ihn schon bei einem Meeting kennengelernt und recht sympathisch gefunden. So sagte ich gern zu.

Bevor er eintraf, hatte er mich noch angerufen und vorsichtig die Bitte geäußert, ob er nicht bei uns übernachten könne. Das war in Ordnung. Das Zimmer, in dem er schlafen sollte, lag neben unserem Schlafzimmer und war eigentlich Marcos Reich. Doch Andrés Zimmer war groß genug, dass Marco, wenn Gäste bei uns übernachteten, es mitbenutzen konnte. Ein Vorteil dabei war auch, dass wir mit Achim nach unseren abendlichen Kundenterminen noch gemütlich bei uns zu Hause zusammensitzen konnten.

Die beiden Jungen schliefen bereits, als ich meinem Kollegen das Zimmer zeigte. Er hatte mir inzwischen das »Du« angeboten und fügte jovial hinzu: »Ich heiße Peter!«

Ich wünschte Peter noch eine gute Nacht, dann gingen auch wir zu Bett.

Achim schlief bereits tief und fest, als ich nach einer Weile von nebenan eine dumpfe Stimme hörte: »Hau ab! Nun geh doch endlich!«

»Was ist denn da los?«, murmelte ich – und hörte dann wieder: »Verschwinde, hab ich gesagt!«

Und dann vernahm ich das Geräusch, was ich nur zu gut kannte. Unser Dackel Nicky! Er knurrte und schien offensichtlich seinen Platz in Marcos Bett zu verteidigen. Ach je, Achim hatte vergessen, die Tür zu justieren! Sie schloss nicht ganz, und Nicky hatte sie wohl mit seiner Schnauze aufgestoßen und seinen gewohnten Schlafplatz beansprucht.

Inzwischen hellwach überlegte ich: Was sollte ich tun? Im Nachthemd rüber zu meinem Kollegen? Ich zögerte und hörte noch ein paar Mal den Satz. »Hau sofort ab, du Untier!« Dann war endlich Ruhe.

Erleichtert schlief ich ein.

Am nächsten Tag stand ich etwas früher auf als sonst, um für alle das Frühstück zu bereiten. In der Küche knipste ich das Licht an – und erschrak!

Da saß mein Kollege am Küchentisch – die Arme weit ausgebreitet auf der Tischplatte, den Kopf auf einem Kissen – und schnarchte friedlich vor sich hin!

»Ach, du lieber Himmel«, murmelte ich fassungslos. »Was ist denn hier passiert?«

Das Licht hatte ihn wohl geweckt. Schlaftrunken blinzelte er mich aus roten Augen an und stieß aus: »Ich bin total fertig!«

»Peter«, sagte ich entsetzt, »was ist los?«

»Was los ist?«, knurrte er, »das hättest du mal erleben müssen! Filmreif war das! Ich hatte mich gerade ins Bett gelegt, da knarrt plötzlich die Tür. Ich schrecke hoch – denke, es ist vielleicht 'ne tolle Frau –, und ehe ich wusste, was Sache ist, springt ein *Hund* zu mir ins Bett!«

Ich biss mir auf die Lippen. Ich war ja Ohrenzeuge dieser Begegnung gewesen.

»Natürlich habe ich versucht, ihn wieder herauszubugsieren – keine Chance! Jedes Mal, wenn ich ihn wieder wegschieben wollte, fing das Untier an zu knurren! Einmal hatte ich es beinahe geschafft, aber die Tür schließt ja nicht bei dem Zimmer! Zu früh gefreut – ein Sprung –, und das Monstrum von Dackel wühlt sich direkt wieder in meine Kniekehlen. Ich habe mich gar nicht getraut, mich umzudrehen. Der beißt mir glatt was ab – hab ich gedacht!«

»Ja, und dann bist du in die Küche ausgewandert?«, fragte ich, wobei ich mir das Lachen kaum verkneifen konnte.

»Nein«, grollte er. »Ich habe ja versucht zu schlafen, und es wäre mir auch fast gelungen, aber als dann zu allem Überfluss noch euer Viech von Katze nachts auf mein Bett sprang, hatte ich die Schnauze endgültig voll und bin in die Küche geflüchtet. Die beiden haben sich dann das Bett geteilt – und ich habe den Küchentisch genommen! Es hätte nur noch gefehlt, dass mich euer Papagei hier in der Küche auch noch besprungen hätte …«

Später erfuhr ich durch »Zufall«, dass Peter bereits vor seiner Fahrt zu uns von der Firma die erforderlichen Hotelkosten erhalten hatte.

Und ich muss sagen: Die hat er sich nun echt verdient, oder?

Gern denke ich auch an eine ähnliche Begebenheit zurück: Fast 10 Jahre war es her, dass ich Udo auf einem Wochenendkurs von mir kennengelernt hatte. Zwischenzeitlich hatte er mich einmal besucht, als es ihm nach dem Verlust seines Arbeitsplatzes nicht gut ging.

Ich hatte Udo dann durch eine Beratung wieder die Richtung vorgeben können und ihm klargemacht, dass er seine Lebensumstände durch die Art seiner Gedanken selbst erschafft, also in dieser Situation Glaube und Optimismus angesagt seien statt depressiver Gedanken.

Seit fast drei Jahren hatte er nun wieder eine Arbeitsstelle. So begrüßte ich ihn ganz herzlich zu Beginn eines mehrtägigen Seminars.

Er strahlte mich an: »Alles klar, Gila! Ich freue mich riesig.«

Beim Abschied stand Udo dann mit geröteten Augen vor mir – die Nase lief.

»Was ist los? Geht es dir nicht gut?«, fragte ich ihn.

»Komm mir bloß nicht zu nahe, Gila! Ich glaube, ich habe ’ne Grippe.«

Udo nieste. Und dann murmelte er: »Das habe ich jetzt davon!«

»Was meinst du damit?«

»Na ja«, druckste er herum, »bei uns in der Verwaltung war sehr viel los. Mein Kollege hatte Urlaub eingereicht – der wurde schon nicht genehmigt. So brauchte *ich* für diese beiden Tage hier gar nicht daran zu denken, offiziell Urlaub zu beantragen. Ich hatte mich jedoch schon vor längerer Zeit bei euch angemeldet. Glaub mir, wohlgefühlt habe ich mich nicht dabei, als ich mich zum ersten Mal seit vielen Jahren krankgemeldet habe.«

»Und jetzt darf ich raten – aus welchem Grund?«

»Na«, schniefte Udo, »ich glaube, du brauchst nicht mehr zu raten – wegen Grippe!«

Ich grinste. »Na, Udo, jetzt hast du doch deine Lektion bekommen! So läuft es eben im Leben!«

»Aber dass das so schnell funktioniert«, stöhnte er, »damit habe ich ja nun nicht gerechnet!«

Einige Tage später rief er mich an, um sich noch einmal für die wunderbaren Erfahrungen zu bedanken und meinte:

»So, den Ausgleich habe ich selbst wieder geschaffen. Obwohl es mir am Montag noch ziemlich mies ging, bin ich in die Firma gefahren und habe zumindest das Wichtigste erledigen können. Und jetzt fühle ich mich wieder gut.«

Das lässt keine weiteren Fragen offen, oder?

Marianne, meine andere Freundin, hatte mich durch die chaotische Zeit vor und nach meiner Auswanderung begleitet.

Nun wollte sie an einem Harmonie-Seminar teilnehmen, und ich freute mich sehr auf sie. Selbst wenn wir als Freundinnen oft genug in Kontakt standen, so kannte sie mich kaum in meiner Funktion als Seminarleiterin.

Auch für die anderen Teilnehmer war es etwas Besonderes, den Menschen persönlich kennenzulernen, der in den ersten beiden Büchern eine so wichtige Rolle für mich gespielt hatte.

Abends in fröhlicher Runde hörte ich dann schmunzelnd zu, wie Marianne uralte Kamellen von mir auf den Tisch brachte, und die Anwesenden wollten offensichtlich immer mehr Episoden von der damaligen Zeit hören.

»Das werde ich nie vergessen«, so begannen einige ihrer Geschichten aus unserer gemeinsamen Zeit.

»Rico war gerade geboren. Ich hatte mir Urlaub genommen, um Dana, Gila und das Baby zu versorgen, weil Gila ja nur für die Entbindung im Krankenhaus lag. Zwei Stunden danach ruft Gila an, ich soll sie und das Baby abholen und bittet mich, dem Professor der Gynäkologie ein Karibufell aus Whitehorse mitzubringen. Das müsst ihr euch mal vorstellen.«

Während die Gruppe sich vor Lachen bog, erzählte sie weiter: »Der Anblick war filmreif, als ich mit Dana an der Hand und dem riesigen Karibufell unter dem Arm auf die Entbindungsstation komme.«

Es kamen noch einige Geschichten auf den Tisch, die ich in meinem Husky-Buch natürlich aus meiner Perspektive beschrieben habe.

Für die Anwesenden war es bestimmt interessant, auch mal Mariannes Betrachtungsweise zu erfahren.

»Dann hatte ich mich nach einem halben Jahr endlich durchgerungen und mein Ticket nach Vancouver gekauft, um Gila und die Kinder dort zu besuchen. Überglücklich rief ich sie an: ›Gila, ich komme!‹ Und ich glaubte doch wahrhaftig noch, dass sie vor Überraschung kein Wort herausbrachte. Dann kam nur kurz: ›Geht nicht mehr – fliege übermorgen zurück!‹«

Immer neue Fragen wurden in der Runde gestellt.

»Ja, und dann Gilas Rückkehr!«, lachte Marianne. »Die ganzen Koffer bei mir zu Hause – Dana noch so klein – und Rico auch erst 9 Monate alt! Die Windelpakete – und dann der Riesenkoffer mit ihrem russischen Wein! Den hätte Gila am liebsten in unserem Wohnzimmer ausgebreitet. Ihr könnt mir glauben – nur Chaos überall!«

Wenn ich ihr so zuhörte, musste auch ich einfach schmunzeln, obwohl ich mich damals in einer der schwierigsten Phasen meines Lebens befunden hatte. Doch wie heißt es so oft:

Der Stress von heute ist die gute alte Zeit von übermorgen.

Auch in anderen Seminaren werde ich oft nach meinen Kindern gefragt. Wenn ich heute als gereifte Persönlichkeit an die Zeit zurückdenke, gebe ich zu, dass ich mich damals nicht gerade mit Ruhm bekleckert habe.

Manchmal erhalte ich dann auch den ehrlichen Kommentar: »Für mich war es richtig, das Mutter-Erde-Buch als Erstes zu lesen, denn es kann sein, dass ich dieses Buch gar nicht mehr angefasst hätte, wenn ich das Husky-Buch zuerst in die Hände bekommen hätte.«

Was heißt das? Ich habe im Husky-Buch sehr offen und absolut ehrlich über die Zeit geschrieben, in der ich einerseits meine ersten spirituellen Gehversuche unternommen, andererseits jedoch gegen Moral und Ethik verstoßen habe. Betrachte ich dagegen mein jetziges Leben, so sehe ich den krassen Unterschied zu der damals chaotischen Zeit. Wir wissen, aus dem Chaos entsteht Ordnung, und Gegensätze sind die Grundlagen des Lebens.

Unordnung steht für Kreativität, während Ordnung für den Erhalt des Bestehenden notwendig ist. Ohne Unordnung gäbe es keinen Fortschritt, aber ohne Ordnung wäre es unmöglich, den Fortschritt zu bewahren. Erst die Unordnung ermöglicht die Ordnung und umgekehrt.

Deshalb weiß ich, dass wir Menschen den Gegensätzen von Ordnung und Unordnung, Tag und Nacht, Wohlbefinden und Missbehagen, Schwarz und Weiß, Gut und Böse unterworfen sind.

Um aber zurückzukommen auf die Frage nach meinen Kindern: Momentan steckt Rico gerade in den Abi-Vorklausuren und hat den Wunsch, Jura zu studieren, und Dana macht ihre Ausbildung bei uns im Verlag.

Musik ist ihre große Leidenschaft. Nebenbei legt sie am Wochenende mit Herz und Seele in bekannten Clubs auf und zeigt mir stets ganz stolz die Plakate, auf denen ihr Name als DJ steht.

Während sie durch die Zusammenarbeit mit Irmi, unser aller Büro-Engel, und den Kontakt zu Teilnehmern immer mehr die Wirksamkeit der geistigen Gesetze erkennt, ist es bei Rico noch anders. Im Moment versucht er, sich weitgehend über seinen Verstand zu definieren, und alles, was bei uns an kleinen oder größeren Wundern geschieht, wissenschaftlich oder als Zufall zu erklären. Sobald ich etwas in der Richtung von mir gebe, liegt bereits sein »Aber« in der Luft. Und das darf auch so sein. Je weniger Argumente ich für die Wirksamkeit geistiger Energien bringe, umso mehr lasse ich die Ereignisse des Lebens selbst auf ihn wirken. Auch *ich* war mit zwanzig Jahren nicht bereit, überhaupt nur einen Gedanken an die Reinkarnation zu verschwenden.

Interessant ist jedoch, wenn ich höre, wie Rico sich mit anderen über diese Dinge unterhält, wenn ich nicht dabei bin. Offensichtlich sind das für ihn im Moment noch die kompetenteren Gesprächspartner – und auch *das* darf so sein.

KAPITEL 3

Der Schwache kann nicht verzeihen.
Verzeihen ist eine Eigenschaft des Starken.

MAHATMA GHANDI

In meinem Buch »… *Mutter Erde, trage mich!*« berichte ich von der Auflösung einer langjährigen guten Geschäftsbeziehung. Als Abfindung war eine Summe geflossen, mit der ich ein zweites Haus kaufen und anzahlen konnte. Dieses Haus mit einem schönen großen Grundstück, am Ortsrand gelegen, wollte ich nun vermieten.

Da ich selbst Tiere liebe und weiß, dass Mieter mit Tieren oftmals Schwierigkeiten haben, akzeptiert zu werden, setzte ich in meine Anzeige: »Gern mit Haustieren«.

Das Telefon stand nicht still. Von kleineren Krokodilen bis zur Würgeschlange – alles wurde mir angeboten! So hatte ich mir das allerdings nicht vorgestellt.

»Aber meine Schlange frisst nur alle drei Wochen ein Kaninchen«, gab ein Interessent bei seinem Anruf zu bedenken.

»Ein totes?«, fragte ich vorsichtig.

»Nein, das lebt noch – zumindest vorher!«

»Wissen Sie was, das lassen wir mal lieber! Vielleicht würden sich Ihre Schlange und die Kaninchen wohler fühlen, wenn sie dort leben könnten, wo sie hingehören. Ich hatte eher an Hund oder Katze gedacht.«

Nun, es meldete sich dann ein Ehepaar, das zumindest einen Schäferhund vorweisen konnte, und es stellte sich heraus, wir fanden einander schnell sympathisch.

Frank, ein lustiger Kerl, war Beates zweiter Mann. Sie hatten drei Jahre zuvor geheiratet. Auch Beates Kinder, beide schon etwas älter, hatten ein sehr gutes Verhältnis zu ihrem Stiefvater. Sie alle machten auf mich einen recht lebensfrohen Eindruck.

Nachdem bei ihnen weder Würgeschlange noch Alligator zu erwarten waren, entschied ich mich für diese Familie. Frank und Beate standen beide in einem Arbeitsverhältnis, somit war auch die Miete gesichert. Drei Monate später wollten sie einziehen.

Nach der Besichtigung des Hauses lud ich die beiden zu mir nach Hause ein. Beim Abendessen erzählten sie freimütig, wie sie sich kennengelernt hatten.

»Fünf Jahre habe ich Frank hingehalten«, schmunzelte Beate, »bis wir uns beide sicher waren.«

»Nein, da muss ich widersprechen!«, entgegnete Frank grinsend. »Ich war mir sofort sicher und hätte keine fünf Jahre dazu gebraucht.«

Beate zeigte mir ganz stolz ihr Hochzeitsbild, das sie offensichtlich immer bei sich trug. Es wurde ein richtig netter Abend, obwohl die beiden ja nur gekommen waren, um den Mietvertrag zu unterschreiben.

Eine Woche später rief Frank an und fragte mich, ob ich damit einverstanden sei, dass er bereits auf der Rückseite des Gartens eine kleine Terrasse anlegte. Dann hätte er später beim Einzug nicht so viel zu tun.

Ich freute mich über sein Engagement und bestellte das Material. Als alle Arbeiten erledigt waren, sah ich mir die fertige Terrasse an.

»Das habt ihr super hingekriegt!«, lobte ich Frank und auch Beate, die kräftig mitgeholfen hatte.

»Sieht gut aus, nicht?«, meinte Frank stolz, als er den letzten Sand zwischen die Steine fegte. »Wir freuen uns jetzt schon sehr auf die Wohnung mit dem großen Garten, vor allem, weil unser Hund dann so viel Auslauf hat.«

Ja, auch ich war froh, dass das Haus in gute Hände kam.

Kurze Zeit später kam abends die Meldung im Lokalradio, bei uns in der Nähe sei die 13-jährige Jana seit Mittag vermisst. Polizeistaffeln suchten nach ihr, bis jetzt jedoch ohne Erfolg. Im Laufe des Abends wurden dann noch weitere Suchmeldungen durchgegeben.

Wenn man hört, dass ein Kind nicht nach Hause kommt, ist man immer betroffen, egal, wo das passiert. Nun war das Mädchen sogar in unserer direkten Umgebung verschwunden. Jeder kann sich vorstellen, welchen Gefühlen die Eltern und die gesamte Familie ausgesetzt sind, die jetzt nach dem Kind suchen.

Ohne die Eltern zu kennen, versuchte ich, ihnen und auch ihrem Kind in einem Moment der Stille Kraft zu senden mit dem Wunsch, dass sich alles aufkläre und ihre Tochter bald wieder bei ihnen zu Hause sei.

Am nächsten Morgen jedoch kam dann die Meldung, Jana sei tot aufgefunden worden. Es sei ein Kapitalverbrechen geschehen. Die Polizei tappe noch im Dunkeln, und man wisse noch nichts Genaueres.

Das alles ging auch mir sehr nahe. Ich war betroffen von dieser Nachricht und wusste, wie sehr man sich in die Verzweiflung der Eltern hineinfühlen konnte.

Obwohl ich in meinen anderen Büchern bereits den Unterschied zwischen Mitleid und Mitgefühl erklärt habe, halte ich es für sehr wichtig, hier noch einmal kurz darauf einzugehen: Bevor sich der Gedanke des Mitleids bei mir festsetzt, halte ich inne, denn indem ich Schwingungen des Mitleids aussende, verstärke ich die Energien des Leids der anderen: Ich leide mit. Mein Fokus wird auf das Problem gerichtet. Und alles, worauf ich meine Energie richte, verstärkt sich. Es wächst gemäß den geistigen Gesetzen.

Wenn ich jedoch meine Gedanken auf das Mitgefühl richte, heißt das: Bitte gestattet mir, dass ich euch mit meinen Gedanken Kraft sende, all das zu tragen, was jetzt vielleicht das Schwerste in eurem Leben ist. Ihr braucht jetzt Kraft – und kein Mitleid! Mit diesem Fokus wird Kraft, Stärke und Trost visualisiert, also mehr Energie in die Lösung gegeben.

Und so hielt ich es auch in diesem Fall. Ich ging in die Stille und verband mich gedanklich mit der Kraft und dem Licht. Dann habe ich die Eltern, ohne sie zu kennen, zusammen mit ihrem Kind in Licht und Liebe gehüllt, um ihnen Kraft zu geben.

Am nächsten Tag berichteten die Zeitungen in aller Ausführlichkeit über dieses Verbrechen. Die Fahndung nach dem Täter lief auf Hochtouren.

Ein paar Tage zuvor hatte ich mit Beate und Frank für den nächsten Tag einen Termin am Haus gemacht, um noch etwas zu regeln. Nachmittags schellte das Telefon, Beate war dran.

»Gila«, schluchzte sie, »ich muss den Termin verschieben.«

»Was ist los, Beate?«, fragte ich bestürzt, als ich ihr heftiges Weinen vernahm.

»Du hast sicher von dem Mord an Jana gehört.«

Und dann erzählte sie mir, immer wieder von Schluchzern unterbrochen, dass Jana ihre Nichte sei, die Tochter ihrer Schwester.

»Gila, keiner kann sich vorstellen, wie furchtbar das alles für uns ist, für meine Schwester und ihren Mann. Sie braucht jetzt meine Hilfe«, weinte sie, »Jana war so oft bei uns. Sie war wie unsere Tochter. Und jetzt ist sie tot! Ermordet! Oh, Gott, wenn ich den Kerl erwische …!«

Vergeblich versuchte ich, sie zu trösten.

Einen Tag später las ich dann in der Zeitung, dass Beate für ihre Schwester, die Sozialhilfe bezog, zu einer Spende aufgerufen hatte, damit Jana zumindest ein würdiges Begräbnis bekam. Das Verbrechen war immer noch nicht aufgeklärt, die Mordkommission arbeitete jedoch fieberhaft an der Lösung des Falles.

Am Samstagmorgen holte ich die Zeitung aus dem Briefkasten und legte sie auf den Tisch.

»Janas Mörder ist gefasst!«, stand als Schlagzeile auf der ersten Seite.

»Na, das ging schnell«, murmelte ich erleichtert. Ich sah das Foto des mutmaßlichen Täters auf der Vorderseite – und erstarrte! Das Bild sprang mich geradezu an. Kalt lief es mir den Rücken herunter, als ich genauer hinsah. Ich setzte meine Lesebrille auf, um nicht einer Fata Morgana zu erliegen – mit diesem Mann hatte ich vor Kurzem noch bei mir zu Hause zu Abend gegessen!

Es war Frank – auf der Titelseite unserer Zeitung! Die Polizei hatte ihn festgenommen. Er war derjenige, der seine Nichte auf dem Gewissen hatte – erwürgt in einem nahe gelegenen Waldstück nach einer sexuellen Annäherung.

Oh, mein Gott! Alles drehte sich bei mir! Frank! Beate – was musste *sie* jetzt durchmachen! Ihr eigener Mann – das Kind ihrer Schwester! Immer wieder starrte ich auf das Bild. Ich konnte keinen klaren Gedanken fassen, so sehr berührte mich diese Geschichte.

Ich war fassungslos! Was für ein Gefühl! Was konnte ich tun? Vielleicht einfach für sie da sein – ihr zuhören? Ihr Hilfe durch ein

Gespräch anbieten? Es ging gar nicht mehr um die Vermietung des Hauses, die damit hinfällig wurde, – es ging nur um sie selbst – die Trauer um ihre Nichte – die Trauer um ihre Ehe – ihre Wut!

Spontan entschied ich, sie anzurufen, um durch ein Gespräch für sie da zu sein, wann immer sie mich brauchte. Sie war nicht persönlich am Telefon. Mit schlichten Worten sprach ich auf ihren Anrufbeantworter, doch ich hörte nie wieder etwas von ihr.

In meinen Seminaren kommt oftmals die Frage auf, wie ich mit einem derartigen Ereignis umgehe und was ich den Menschen sage, die auf solch tragische Weise ihr Kind verlieren.

»Das ist davon abhängig«, antworte ich dann, »in welcher Situation ich angesprochen werde. Wenn Eltern von selbst zu mir kommen, kann ich ganz anders damit umgehen, weil sie bei mir Antworten suchen und auch meist bereit sind, sich darauf einzulassen. Jeder, der ein Kind verloren hat, sucht nach Antworten. Solch ein Schicksalsschlag bedeutet jedoch für mich auch, ganz behutsam mit meinem inneren Wissen umzugehen, um niemanden damit zu überfordern.«

Eine Teilnehmerin fragte gezielt: »Warum begeht jemand einen Mord? Gibt es da karmische Verbindungen?«

»Bevor ich deine Frage beantworte, möchte ich etwas klarstellen: Wie ihr aus meinen Büchern wisst, habe ich den Gedanken der Reinkarnation verinnerlicht. Es ist gleich-gültig, beachtet bitte diese Formulierung, ob jemand der gleichen Meinung ist wie ich oder ob jemand sagt: ›Ich bin überzeugt, dass es nur *ein* Leben gibt, nämlich das gegenwärtige!‹ Keiner hat Recht oder Unrecht. Nur die Liebe verbindet.«

»Also ist keiner weiter als der andere?«

»Niemand ist weiter. Wir sind alle auf unserem Weg, darum ist alles gleich-gültig! Dieser scheinbar gegensätzliche Glaube vereint sich in der Liebe. Beiden sage ich: ›Egal, was ihr glaubt. Wenn jemand an nur *ein* Leben glaubt, so soll er Ursachen der Liebe für *ein* Leben setzen. Und wenn jemand glaubt, schon öfter gelebt zu haben, so sage ich, er soll so viele liebevolle Ursachen setzen, dass sie über viele Leben hinaus Früchte tragen. Also, wo liegt der Unterschied?‹«

»Kann man das vergleichen mit der Frage: Was ist wertvoller, die volle Blüte einer Sonnenblume mit all ihren Samenkörnen oder ein einzelnes Samenkorn?«

»Das ist ein guter Vergleich! Die volle Blüte bringt das Samenkorn und das Samenkorn wieder die volle Blüte hervor. Es sind nur verschiedene Formen ein und derselben Pflanze. Und nun zu deiner Frage hinsichtlich karmischer Verbindungen. Die Antwort wird jedoch nur unter der Folgerung des Gedankens der Wiedergeburt verständlich: Ich glaube, dass unsere Seele ihre auf Erden gemachten Erfahrungen auswertet und sich für ein weiteres Leben ausgleichende Erlebnisse aussuchen wird, um zu erfahren, wie es ist, mal Opfer oder mal Täter zu sein.«

»Du meinst, in der Zeit zwischen den Leben?«

»Ja, und wenn wir das so annehmen können, dann wird der Gedanke an eine karmische Verabredung immer wahrscheinlicher. Dann können wir vielleicht auch zugrunde legen, dass zwei Seelen sich verabredet haben, *füreinander* etwas zu tun, was wir Menschen als *gegeneinander* einstufen. Und einen Mord sehen wir als das Schlimmste an, was wir einander antun können.«

»Aber wenn alle so dächten, würde das ja ein ganz neues Weltbild ergeben! Wir sind doch so erzogen worden, dass Mord geahndet werden muss!«

»Das wird und soll es auch weiterhin. Aber kann es nicht sein, dass die Seele, die einem anderen etwas antut, sich *auch* ausgesucht hat, für lange Zeit dafür eingesperrt zu werden? Wenn jemand einen anderen umbringt, dann lädt er viel Schuld oder auch negatives Karma auf sich. Ein Mord ist für jeden etwas Grausames, doch es gibt immer auch eine spirituelle Betrachtungsweise.«

Ich sprach weiter darüber, dass wir keine Macht über das Schicksal haben, aber die Kontrolle darüber, wie wir auf negative Ereignisse reagieren. Wir können uns bedauern, wenn wir etwas verloren oder nicht erreicht haben, oder uns fragen, welche Möglichkeiten uns noch offenbleiben und wie wir das Beste aus der Situation machen können.

Dieser Zusammenhang ist inzwischen auch wissenschaftlich belegt, sowohl in der Medizin, als auch in der Physik. Es ist ein Mechanismus, dem kosmische Gesetzmäßigkeiten zugrunde liegen. Daraus folgt, dass jeder für sich und für die Qualität seiner Gedanken, Worte und Taten und die daraus entstehenden Konsequenzen selbst verantwortlich ist.

Abschließend formulierte ein Teilnehmer so treffend: »Wenn Staatspräsidenten an die Reinkarnation glaubten, würden sie sofort aufhören, Kriege zu führen, und lieber das Peace-Zeichen machen …!«

Das Motiv des inneren Kindes hat in den letzten Jahren in der psychologischen Arbeit eine so große Popularität erfahren, dass die Idee weite Kreise gezogen hat. Auch in meinem Selbsterfahrungsseminar gehe ich in einer Meditation darauf ein.

Eva, eine Teilnehmerin, hatte dabei Folgendes erlebt: Sie läuft hinter einem Kind her und schlägt es. Nach der Meditation bat sie mich um ein persönliches Gespräch und sagte betroffen:

»Das war nicht schön, wo ich doch so ein sanfter Typ bin. Ich kann so ein dramatisches Bild gar nicht akzeptieren, geschweige denn verstehen.«

Ich bat sie, sich noch einmal mit geschlossenen Augen in das Traumbild hineinzuspüren, und sich in dieser Szene mit dem geschlagenen Kind zu identifizieren.

Da brach es plötzlich spontan aus ihr heraus: »So fühle ich mich oft von den ganzen Anforderungen geschlagen, mit denen ich mich durch den Alltag schleppe. Ach, ich bin häufig so ungeduldig und kritisch mit mir, und damit gehe ich über mein Inneres hinweg.«

Unter Tränen erkannte sie plötzlich, dass dieses Bild ihren Umgang mit sich selbst beschrieb. Dadurch wurde ihr deutlich, dass das Bild des Kindes ihre belastete Seelenwelt widerspiegelte.

Und noch eine entscheidende Erkenntnis sollte folgen, als ich sie bat: »Eva, lass doch mal ganz in Ruhe Erinnerungsbilder aufsteigen, ob jemand mit dir in deinem Leben so umgegangen ist, wie du es heute mit dir selbst tust.«

Spontan tauchte nach einigen Minuten eine Reihe von Bildern auf, in denen sie ihren strengen Vater erlebte, der seine Tochter immer kritisierte, wenn sie bestimmten Leistungsanforderungen und Erwartungen von ihm nicht entsprach.

»Jetzt erkenne ich, dass ich mir gegenüber genau so hart bin, wie mein Vater es war!«, stellte sie betroffen fest.

Und diese Erkenntnis hatte etwas absolut Befreiendes für sie, weil sie sich aus der unbewussten Verstrickung mit ihrem strengen Vater lösen und ihre eigene Situation gewissermaßen aus der Beobachterposition betrachten konnte.

Erst inneres Wachsen macht wirklich erwachsen.

»Können wir das innere Kind also verstehen als ein Symbol für unsere frühen emotionalen Erfahrungen von Zugehörigkeit und Miteinander?«, hakte Eva nach.

Ich erwiderte: »Mit der Qualität, wie sich unsere Kindheitserfahrungen – geliebt oder nicht geliebt zu sein – in unserem Lebensgefühl verankert haben, werden wir später geneigt sein, auch eigene Beziehungen zu leben.«

»Und in manchen kritischen Situationen können die kindlichen Ängste von einst wieder aufwachen?«, wollte Eva wissen.

»Ja, auch viele Kämpfe und Probleme in der Partnerschaft sind eigentlich Ausdruck ungelöster Elternbeziehungen. Bleiben uns diese Zusammenhänge jedoch verborgen, werden wir die Schwierigkeiten endlos wiederholen, bzw. sie nur sehr langsam überwinden können. Manchmal werden die Ursachen dieser Probleme den Eltern zum Vorwurf gemacht! Doch selbst, wenn wir *sie* dafür verantwortlich machen, so führt uns das nicht weiter.«

»Mir hilft dann dabei immer das innere Wissen, dass ich mir meine Eltern und all meine Lebensumstände selbst ausgesucht habe«, schloss sie nachdenklich.

Später in der Runde meldete sich Klaus zum gleichen Thema zu Wort: »Ich soll mir meine Lebensumstände selbst ausgesucht haben – den ganzen Mist? Den habe ich mir mit Sicherheit nicht ausgesucht! Wenn ich daran denke, was mir bisher im Leben alles widerfahren ist …! Nee danke!«

Ich lachte und wandte mich ihm zu: »Weißt du, Klaus, du hast Recht mit dem, was du sagst. Als Mensch hätten wir uns für so ein Leben nicht entschieden. Wir würden uns ein ›gutes‹ Leben aussuchen, ohne große Sorgen, immer genügend Geld, vollkommen gesund, eine wunderbare Partnerschaft, liebevolle Kinder und verständnisvolle Eltern. Das wäre unsere Wahl. Ich glaube, bei jedem von uns.«

Ich erntete zustimmendes Gemurmel von der Gruppe. »Es gibt da jedoch noch einen anderen Teil in uns«, fuhr ich fort, »das ist der wichtigere. Er sieht nicht nur ein wunderbares Erdenleben für uns vor – ohne Herausforderungen, Probleme und auch Leid, sondern wägt ab, woran unsere *geistige* Persönlichkeit wachsen kann. Und dieser Teil von uns, unsere Seele, sucht sich die Lebensumstände *vor* der Zeugung aus. Sie braucht diese Voraussetzungen für ihr Erdenleben, um genau diese Erfahrungen als Mensch machen zu können.«

Klaus sah mich aufmerksam an und entgegnete zweifelnd: »Aber dann wäre ja alles vorprogrammiert, und ich könnte gar nichts an meinen Lebensumständen tun?«

»Bleiben wir mal bei deinem ersten Gedanken. Ich sehe es so, dass deine Seele sich die wichtigsten Ereignisse für dieses Leben bereits vorher ausgewählt hat, du als Mensch bist dir dessen aber nicht bewusst. Erst, wenn du deinen Körper wieder verlässt und ins Licht gehst, wird dir einiges klar.«

»Na, ob es dann nicht zu spät ist …«, brummte Klaus und hatte die Lacher auf seiner Seite.

Und das ist immer wieder das Schöne bei allen meinen Gruppen. Keiner möchte irgendjemanden »bekehren«, heitere Gelassenheit ist angesagt. Jeder darf so sein, wie er ist. Jeder ist auf seinem Weg, und niemand ist wertvoller, der bereits mehr über diese Dinge weiß.

»Der Mensch, der gelernt hat, sich selbst die Aufmerksamkeit und Liebe zu geben, die in der Kindheit gefehlt haben, wird einen hohen Grad innerer Freiheit und Lebensfreude gewinnen. Doch was deine Lebensumstände angeht, so kannst du dich entscheiden, wie du mit deinem Schicksal, deinem Leben, umgehst. Bist du jemand, der hadert und jammert, anderen die Schuld gibt oder kannst du zumindest mal darüber nachdenken, ob es nicht doch anders sein könnte?«

»Okay«, lachte Klaus, »ich lasse das mal sacken!«

Von niemandem wird erwartet, über etwas, was ihn persönlich belastet, auch nur ein Wort zu verlieren. Es gibt Teilnehmer, die offen über eine Sache oder ihre Situation sprechen, und solche, die kein Wort sagen möchten und trotzdem von den Prozessen der Gruppe lernen. Oftmals kommen dann diejenigen, die ungern vor der Gruppe reden möchten, zu mir und bitten mich um ein Gespräch.

In so einem Vier-Augen-Gespräch teilte mir Annelie mit, dass ihr Vater sie als Kind oft missbraucht habe.

Ich hörte ihr zu und ließ sie erzählen, was ihre Seele belastete. Ganz zum Schluss brach dann aus ihr heraus, dass ihre Tochter Sabine ihr erst vor Kurzem gestanden habe, dass ihr Großvater – also der Vater von Annelie – auch Sabine missbraucht habe.

»Und das, Gila«, schluchzte sie, »das ist das Allerschlimmste!«

Ich nahm sie in meine Arme und hielt sie eine Weile fest. Dann sagte ich leise: »Ja, das kann ich verstehen, dass du so fühlst, Annelie!«

Einige Jahre danach kam Sabine, die inzwischen erwachsene Tochter von Annelie, in mein Seminar. Sie trug inzwischen einen anderen Familiennamen. So erfuhr ich erst später, wer sie war.

Ziemlich zum Schluss hatte Sabine sich entschieden, der Gruppe ihre Geschichte zu erzählen, obwohl – wie schon vorher erwähnt – das von niemandem erwartet wird. Es ist immer die Entscheidung des Einzelnen, doch die wird dann mit dem Herzen getroffen und von allen anderen respektiert.

»Ich bin jahrelang von meinem Großvater missbraucht worden und durfte und konnte mit niemandem darüber reden. Es war grauenhaft«, bekannte Sabine leise.

»Erst vor einigen Jahren habe ich mich endlich meiner Mutter anvertraut – und dann kam raus, dass es ihr genauso ergangen ist als Kind. Ihr glaubt gar nicht, was da los war! Meine Mutter wollte ihn sofort anzeigen, nur meiner Oma zuliebe haben wir es nicht getan.«

»Wie habt ihr euch danach ihm gegenüber verhalten?«, fragte ich aufmerksam.

»Wir haben die Oma informiert, die total entsetzt war und deren gesamtes Leben nun auf einmal in Scherben lag. Jeglichen Kontakt zum Großvater haben wir abgebrochen. Der jedoch hat der Oma gegenüber alles abgestritten.«

»Wie geht ihr beide jetzt mit dieser Geschichte um, die euer Leben so beeinflusst hat?«

»Nun, die Frage möchte ich dir eigentlich stellen. Der Großvater – er ist nicht mehr mein Opa – ist zerfressen von Magenkrebs. Er liegt zu Hause und kann nicht sterben. Wir wissen das von der Oma. Einerseits ekelt es mich, zu ihm zu gehen, andererseits spüre ich, dass meine Seele Frieden machen möchte mit ihm.«

»Großartig! Sabine«, antwortete ich bewegt, »das ist genau richtig! Dann kann er in Frieden gehen. Er selbst bekommt das, was er getan hat – nicht als Strafe, sondern als Ausgleich zurück. Ihr kennt den Ausdruck: ausgleichende Gerechtigkeit. Du brauchst nicht über ihn zu richten. Seine Seele sucht sich in der Hinsicht neue Erfahrungen aus, von denen sie lernen möchte. Hältst du den Gedanken der Reinkarnation für möglich?«

»Ja, deshalb bin ich hier, Gila! Das hat mich in deinen Büchern schon berührt, dass du nicht so dogmatisch damit umgehst, sondern uns die Entscheidungsfreiheit lässt, an nur *ein* Leben zu glauben – oder auch daran, schon oft gelebt zu haben und noch oft wiederzukehren.«

Nur unter dem Aspekt konnte ich ihr den folgenden Impuls geben: Ich erwähnte den tiefgründigen Bildband »*Ich bin das Licht*« von Neale Donald Walsch, Autor der ergreifenden Bücher: »*Gespräche mit Gott*«. Er schreibt dort über ein Gespräch zwischen einer kleinen Seele und Gott. Diese kleine Seele möchte spüren, wie es ist, Licht zu sein. Ihr Sein besteht jedoch nur aus Licht, da sie in der Einheit lebt und nicht – wie wir Menschen hier auf der Erde – in der Dualität, der Welt der Gegensätze von gut und böse, warm und kalt, alt und jung. Sie aber ist traurig, ihr eigenes Licht nicht ohne das Gegenteil – die Dunkelheit – erkennen zu können.

In aller Liebe bietet Gott ihr an, Mensch zu werden und die Dualität zu erfahren – das Dunkel als Gegensatz zum Licht in einem Erdenleben kennenzulernen.

Und dann geschieht für unser menschliches Bewusstsein das Unbegreifliche: Eine andere Lichtseele trifft eine karmische Verabredung mit dieser kleinen Seele, ihr in ihrem Erdenleben aus Liebe etwas Böses anzutun, damit diese kleine Seele ihre Lebensaufgabe »Vergebung« erfüllen kann. Eine sehr nachdenklich stimmende Geschichte!

Wir als Menschen haben uns der irdischen Gerichtsbarkeit verschrieben, weil unsere Ordnung durch unsere Regeln bestimmt wird.

Gleichzeitig sollten wir jedoch nicht verkennen, dass in der seelischen Ebene das Gesetz der Liebe herrscht. Wie steht es in der Bibel – im Hohelied der Liebe?

»Jetzt aber bleiben Glaube, Hoffnung, Liebe, diese drei;

… aber die Liebe ist die größte unter ihnen.«

»Richtet nicht, auf dass ihr nicht selbst gerichtet werdet«, sagt Jesus.

Kein Mensch ist vollkommen. Immer wieder machen wir Fehler, denn von der Vollkommenheit sind wir weit entfernt.

Wenn es allerdings um andere Menschen geht, sind wir weniger tolerant. Von anderen verlangen wir viel. Und wenn sich diese Erwartungen nicht erfüllen, sind wir in unserer Kritik schnell gnadenlos. Kleine Fehler werden bereits zum Anlass genommen, um harte Strafen zu fordern.

Wenn wir Fehler *machen*, heißt das doch nicht, dass wir fehlerhaft *sind*. Statt konsequent Fehler vermeiden zu wollen, kommt es viel mehr darauf an, wie wir damit umgehen. Das Wort »Fehler« heißt doch nur, dass noch etwas fehlt. Lasst uns diese als das ansehen, was sie sind, nämlich Chancen, etwas dazuzulernen.

Denn Fehlerlosigkeit oder Perfektion ist kein menschlicher Maßstab. Egal, wie sehr wir uns auch bemühen, wir machen Fehler. In allen Berufen, ob wir Autos verkaufen oder Häuser bauen, ob wir Menschen heilen oder Kinder unterrichten, in allen Berufen unterlaufen uns Fehler. Und nicht nur im Beruf sind wir fehlbar. Oft sind wir nur mittelmäßige Eltern, nachlässige Ehepartner, treulose Freunde.

»Richtet nicht!« Was heißt das? Dürfen wir nicht mehr Recht sprechen? Sollen wir Missbrauchtäter frei herumlaufen lassen, so dass neues Leid geschehen kann? Das ist damit nicht gemeint. Das Bibelwort »Richtet nicht, damit ihr nicht gerichtet werdet!«, erinnert uns daran, zuerst unsere eigenen Fehler zu sehen, bevor wir über andere urteilen. Vorsicht, wenn wir uns über andere erheben!

Dieser Satz von Jesus sagt noch etwas: Denk daran, wie Gott *dich* sieht – mit all deinen Fehlern, die du jeden Tag machst. Mit *deinen* kleinen und großen Schwächen, denk daran, wie er *dich* mit all seiner Liebe sieht. Und ist es dann nicht ein gutes Gefühl, nicht selbst gnadenlos gerichtet zu haben über die, die Böses getan haben?

Vielleicht hilft diese tiefgründige Geschichte *»Ich bin das Licht«* dabei, auch in einem Menschen, der einen Mord begangen hat, weiterhin den Menschen zu sehen und nicht nur den Mörder.

Aus diesen Überlegungen heraus stellte ich Sabine die Frage: »Könntest du dir vorstellen, dass du dir in diesem Leben beispielsweise die Vergebung als Lebensaufgabe ausgesucht hast?«

Ich bemerkte, wie es in ihr arbeitete.

»Oh«, bekannte sie und atmete tief durch, »*das* ist aber eine Aufgabe. Ich bin mir nicht sicher, ob ich das schaffe.«

»Ich glaube, Sabine, es hat einen ganz besonderen Sinn, dass du gerade jetzt auf meinem Seminar bist, wo der Großvater an der Schwelle des Todes steht. Es hat eine Bedeutung. Ich spüre ganz stark, dass in der Vergebung Erlösung und Frieden für euch alle liegt.«

»Darüber muss ich nachdenken, Gila. Dazu brauche ich viel, viel Kraft. Vielleicht schaffe ich es, wenn ich mir durch Affirmationen und Gebete Kraft geholt habe.«

»Entscheide nach deinem Herzen, nicht nach deinem Verstand. Dein Verstand richtet, dein Herz und deine Seele möchten Frieden machen mit ihm, wie du selbst eingangs so treffend gesagt hast.«

»Gila, ich würde so gerne lernen, mehr auf die Stimme meines Herzens zu hören. Ich finde es aber manchmal schwierig, diese Stimme aus dem Inneren von anderen inneren Stimmen zu unterscheiden, wie etwa der Stimme des Verstandes. Wie kann ich das lernen?«

»Die Stimme des Herzens ist die Stimme des Gewissens. Und weil wir in der Tiefe unseres Herzens mit allen Wesen verbunden sind, können wir, wenn wir der Stimme unseres Herzens folgen, niemals fehlgehen. Und ebenso wenig können wir etwas tun, was dem wahren Interesse eines Menschen zuwiderläuft. Ganz tief im Herzen wissen wir das alle. Aber wir trauen diesem Wissen nicht immer.«

»Ist es wirklich richtig, meinem Herzen zu folgen und jetzt Frieden mit dem Großvater zu machen?«

»Unser Herz fühlt unmittelbar, was richtig oder falsch ist.«

Die Teilnehmer schwiegen unter dem tiefen Eindruck des Gesprächs, weil jeder von uns nachvollziehen konnte, wie viel Liebe und spirituelles Verständnis dieser junge Mensch brauchte, um hier Vergebung zu vollziehen.

»Sabine, Liebe beinhaltet immer auch Selbstvergebung. Indem wir uns selbst vergeben, sind wir in der Lage, auch allen anderen Menschen um uns herum zu vergeben. Solange der Kampf mit deiner Geschichte im Inneren anhält, solange gibt es auch den Kampf im äußeren Leben. Denn nur, wenn wir innerlich Frieden gefunden haben, hört auch der äußere Krieg auf. Das äußere Leben spiegelt das innere wider.«

»Gila, ich möchte dich gern anrufen, wenn ich es geschafft habe. Darf ich das? Aber ich brauche Zeit«, bat mich Sabine.

»Jederzeit«, antwortete ich beeindruckt und erkannte, wie reif die Seele dieser an Jahren noch so jungen Frau war.

Gleich am Montagnachmittag, einen Tag nach dem Seminar, kam bereits Sabines Anruf.

»Gila? Ich hab's geschafft! Ich hab's wirklich geschafft! Ich stehe noch so unter dem Eindruck des Gesprächs – ich kann noch gar nicht reden!«

Sie rang nach Worten, als sie weitersprach: »Ich bin einfach hingegangen – ohne Voranmeldung. Meine Oma bekam fast einen Schock, war aber sehr berührt von meinem Besuch.«

Sie schluchzte – und schwieg einen Moment. Ich spürte, wie viel Kraft es sie kostete, als sie weitersprach:

»Ich bin dann zu ihm gegangen, habe mich neben ihn gesetzt, den ich über Jahre hinweg gemieden hatte, und habe vorsichtig seine Hand genommen. Dann habe ich die Worte herausgebracht: ›Es ist alles gut, Opa – ich habe wirklich ›Opa‹ gesagt – du kannst in Ruhe gehen. Es ist alles gut zwischen dir, Mama und mir.‹«

Mit eingefallenem Gesicht hat er mich groß angeschaut – und ich suchte vergeblich den Sexualtäter in ihm, dem es fast gelungen wäre, so triebgesteuert unser beider Leben zu zerstören. Es war nichts mehr davon zu spüren. Gott sei es gedankt! Er war nur noch ein alter Mann, dessen Seele um Frieden bat.«

Sabine rang wieder um Fassung. Es dauerte einen Moment, bis sie fortfuhr: »Er konnte kaum noch sprechen, hielt aber meine Hand fest. Meine Oma saß dabei, während ihr die Tränen unaufhörlich die Wangen herunterliefen.«

»Sabine, das meine ich mit der Erfüllung deiner Lebensaufgabe! Ich bin überzeugt davon, dass du einen absoluten Durchbruch in deiner seelischen Entwicklung geschafft hast. Du hast Frieden gemacht mit einem ›Täter‹. Du hast vergeben! Damit hast du ihm den Frieden gegeben, in Ruhe zu gehen. Du hast den Sinn deines Lebens begriffen. Jetzt erst kannst du viel leichter durchs Leben gehen. Der Ballast ist weg, den du bisher lange allein mit dir herumgeschleppt hast. Großartig!«

Ich war sehr bewegt am Telefon, und auch sie spürte, wie mich dieses Erlebnis berührte.

»Danke, Gila«, sagte sie weich.

»Sabine, ich konnte dir nur den Impuls geben, aber die Kraft hast du allein aufgebracht.«

Ich denke noch oft an sie und an ihre bemerkenswerte Erkenntnis – an ihr reifes seelisches Verhalten.

KAPITEL 4

Betrachte immer die helle Seite der Dinge.
Hat sie keine, reibe die dunkle, bis sie glänzt.

ÖSTLICHE WEISHEIT

Der April schien es in sich zu haben. Ein Wochenendkurs sollte noch stattfinden, bevor ich mit meinem Manuskript in die Versenkung verschwand.

Mitten in dieser kreativen Männerphase erhielt ich eines Tages ein Fax von einem Leser meines Husky-Buches namens Tom. Er schrieb nur ein paar Zeilen mit der Aussage, er hätte bisher in seinen Beziehungen die Rolle meines Ex-Partners Rainer eingenommen, wäre aber so berührt von den Ereignissen in meinem Leben, dass er gern mit mir Kontakt aufnehmen würde. Vielleicht könnte er bei mir dadurch einiges wiedergutmachen, was er in seinem Leben angerichtet hätte.

Zum Schluss stand da: »… und was macht mein Mädchen heute?«

Ich war wie vom Donner gerührt. Auch Rainer, der Vater meiner beiden Kinder Dana und Rico, hatte mich stets »mein Mädchen« genannt. Dieser Satz von Tom berührte mich derart stark, dass ich entschied, ihn am gleichen Abend anzurufen.

Ein urbayrischer Dialekt empfing mich. Des Öfteren musste ich nachhaken, um ihn überhaupt verstehen zu können. Ganz zum Schluss unseres Gesprächs erfuhr ich, dass er 14 Jahre jünger war als ich.

Aus diesem Telefonat entstand ein netter Kontakt, der dann auch per E-Mail fortgesetzt wurde, was die Verständigung enorm erleichterte. Doch es war nicht nur der Altersunterschied, der mich davon abhielt, ihn mir als potenziellen Lebenspartner vorzustellen, sondern eher seine etwas kindliche Art. Tom dagegen war offensichtlich hellauf begeistert und dachte, ihm winke eine neue Beziehung.

Eines Abends erklärte er mir am Telefon: »Zum Wochenende komme ich dich besuchen.«

»Hey, mal langsam!«, lachte ich. »Du kannst nicht einfach an einem Tag 650 km zu mir hin- und den gleichen Weg wieder zurückfahren, nur um mir einmal ›Hallo‹ zu sagen. Du musst auch irgendwo schlafen. Hast du darüber mal nachgedacht?«

»Na, das kriegen wir schon hin! Ich schlafe notfalls im Freien, wenn du einen Garten hast.«

Darauf jedoch wollte ich mich nicht einlassen. Er aber ließ nicht locker. Keinesfalls wollte ich das Risiko eingehen, dass er spontan vor meiner Haustür stand. So machte ich ihm einen anderen Vorschlag:

»Tom, was hältst du von folgender Idee: Am nächsten Wochenende halte ich einen Kurs in Bad Mergentheim, ungefähr 300 km von deinem Heimatort entfernt. Ich lade dich zu meinem Seminar ein. So lernst du mich zumindest mal persönlich kennen.«

»Eigentlich möchte ich dich allein sehen«, wich er aus. Da er aber merkte, dass dieser Gedanke bei mir auf einigen Widerstand stieß, ließ er sich nach einigem Hin und Her darauf ein.

So wollten wir uns am Freitag in dem Hotel treffen, wo mein Kurs am darauffolgenden Tag beginnen sollte.

Reni hatte ich von Toms Fax erzählt, und sie war es, die der Sache mehr Bedeutung beimaß als ich. So wünschte sie mir am Telefon ganz besondere Tage – was immer das auch für sie heißen mochte.

»Ich denke ganz stark an dich«, lachte sie durchs Telefon, »mal sehen, wie er auf dich wirkt. Vielleicht magst du ihn ja doch.«

»Klar mag ich ihn«, erwiderte ich locker, »aber nicht unbedingt als Partner, ich habe schon vier Kinder, Reni!«

»Na, warte mal ab, was sich so ergibt!«

Wie verabredet, schob sich Tom dann gegen 15 Uhr durch die Drehtür des Hotels.

Mit seinen 1,93 m war er ein äußerst attraktiver Typ, sportlich und durchtrainiert, jugendlich und unkonventionell gekleidet. Sein lockiges dunkles Haar fiel ihm bis auf die Schulter – ein Mann zum Anbeißen! Ich konnte ihn mir gut im Lendenschurz vorstellen.

Gar nicht so forsch wie am Telefon, kam Tom dann auf mich zu und begrüßte mich links und rechts mit einem Küsschen. Er schien etwas verlegen zu sein.

»Komm, lass uns einen Kaffee auf der Terrasse trinken«, versuchte ich, die Situation ein wenig zu entspannen, doch an eine lockere Konversation zwischen uns war nicht zu denken, nicht nur seinen starken Dialekt betreffend. Er setzte seine gesamten erotischen Geschütze ein und ließ mich seine Absichten sehr deutlich spüren, während ich mir vorgenommen hatte, es bei einer netten Bekanntschaft zu belassen.

Am Telefon hatte ich ihm gesagt, dass ich ihn abends gern in ein Steakhaus ganz in der Nähe vom Hotel einladen wollte. Nachdem wir nun mehr oder weniger die sprachlichen Klippen des Nord-Süd-Gefälles umschifft hatten, machten wir uns gemeinsam auf den Weg.

Er überragte mich um Haupteslänge, obwohl ich auch nicht gerade klein bin.

Während ich neben ihm ging, spürte ich plötzlich, wie seine Hand nach meiner suchte. »O je!«, dachte ich, »was geschieht jetzt?«, war aber so überrascht, dass ich es für einen Moment geschehen ließ. Es war ein denkwürdiger Anblick: ich in einem sportlichen Kostüm – und so ein junger Tarzan neben mir, der auch noch meine Hand hielt! Damit war auch der sittsame Eindruck eines Mutter-Sohn-Verhältnisses endgültig dahin.

Plötzlich sah ich uns im Spiegel einer großen Schaufensterscheibe: Hand in Hand! Meine Fantasie ging mit mir durch – das müsste jetzt jemand von meinen Teilnehmern sehen! Der Gedanke verschaffte mir einen gewaltigen Lachreiz. Erst fing ich an zu gluckern, dann wieherte ich los, während Tom mich unsicher anstarrte. Sein naiver Gesichtsausdruck reizte mich noch mehr, und es dauerte eine Weile, bis ich mich wieder in der Gewalt hatte.

»Was ist los?«, fragte er hilflos.

»Tom, es tut mir leid«, lachte ich immer noch, »ich finde dich wirklich Klasse, aber mit uns beiden – das wird nichts!«

Ich lachte immer noch, so dass es schon fast peinlich für ihn sein musste.

»Warum denn nicht? Das sehe ich aber anders«, gab er mir zu verstehen.

»Na ja, lassen wir das«, wich ich aus, denn wir hatten inzwischen das Steakhaus erreicht. Er schien immer noch sichtlich irritiert zu sein von meiner Lachattacke.

»Ich habe mich so auf dieses Wochenende gefreut«, gab er mir zu verstehen und zog dabei so ein komisches Gesicht, als hätte man ihm sein schönstes Spielzeug weggenommen.

Durch die Bestellung des Essens wurden wir etwas abgelenkt.

Obwohl Tom sich unendliche Mühe gab, einigermaßen Hochdeutsch zu sprechen, musste ich sehr aufpassen, um ihn zu verstehen.

»Was machen wir nach dem Essen?«, wollte er wissen.

»Wir setzen uns noch ein wenig auf die Terrasse unseres Hotels. Sehr spät kann es bei mir nicht werden, weil ich mich noch etwas einstimmen möchte auf den morgigen Tag.«

»Ich habe eine Flasche Wein mitgebracht. Sie steht auf meinem Zimmer. Darf ich dich wenigstens auf ein Glas zu mir einladen, Gila?«

»Weißt du, Tom, vor oder während eines Seminars trinke ich nie Alkohol. Auch sonst mache ich mir nicht viel daraus. Lass es uns einfach noch ein wenig auf der Terrasse gemütlich machen.«

Ich konnte förmlich spüren, wie sich Enttäuschung bei ihm breitmachte, aber da musste er durch.

Schön war es jedoch am nächsten Tag für mich zu erkennen, wie ihn nach anfänglicher Zurückhaltung die Themen von Stunde zu Stunde mehr in ihren Bann zogen.

»Das hätte ich nicht gedacht«, gab er abends unumwunden zu. »Ich bin wirklich nur wegen dir gekommen, Gila. Und nun hat mich dieses Thema doch so stark berührt, dass ich einiges ganz anders sehe.«

Als sich Tom am Sonntagabend von mir verabschiedete, spürte ich einerseits bei ihm die herbe Enttäuschung, die ihn als Mann getroffen hatte. Andererseits jedoch schien er zu erkennen, dass er während dieser beiden Tage sicherlich wichtige Erfahrungen hatte machen können, die ihm sonst vielleicht verwehrt geblieben wären.

Auf meinem Rückweg nach Hause rief mich überraschend Jörg, der Marketingexperte aus Hamburg, an und fragte, ob er mich zwei Tage später bei mir in Halle besuchen könnte.

»Ja, gern«, antwortete ich überrascht, »nicht in Hannover? Hast du es dir anders überlegt?«

»Weißt du, es ist einfach lockerer, wenn wir uns entweder bei mir oder bei dir sehen, als wenn wir uns irgendwo in einer Raststätte treffen«, gab er mir zu verstehen.

Das gefiel mir, wobei es mir nicht um die Fahrt nach Hannover, sondern um seinen Einsatz ging, den er zeigte, um mich kennenzulernen. Gegen Mittag wollte er bei uns zu Hause eintreffen. Siedendheiß fiel mir ein, dass ich am Dienstag einen Handwerker bestellt hatte, aber das ließ sich sicherlich trotzdem einrichten.

Zuhause hörte ich dann auf dem Anrufbeantworter, dass Götz, der andere Hamburger, eine Nachricht für mich hinterlassen hatte.

»Hallo, Gila, hier ist Götz, der aus Krupunder – bin inzwischen auf Tournee. Am Sonntag, den 28. April, sind wir im Gerry-Weber-Stadion in Halle. Wir könnten uns da doch treffen. Ich würde mich freuen. Wenn du magst, ruf mich mal zurück. Tschüs!«

Ich mochte aber nicht! Krupunder hatte ich abgehakt, und mitsamt der angegebenen Handynummer löschte ich diesen Anruf. Er würde schon merken, dass ich kein Interesse hatte. Ich freute mich jetzt einfach auf Jörg.

Ich hatte Yildiz, meine Hauswirtschafterin, schon auf einen Gast zum Mittagessen vorbereitet, und sie hatte dementsprechend bereits alles arrangiert.

»Wie er wohl aussehen mag, Gila?«, lachte sie, während ihre dunklen Augen blitzten. Yildiz sorgte schon seit längerer Zeit für uns alle. Sie war als Kind mit ihrer christlichen Familie aus Kurdistan eingereist und sprach inzwischen hervorragend Deutsch, bis auf einige süße Ausrutscher, die uns stets zum Lachen brachten. Sie hat früh geheiratet und führt mit ihrem Mann Mustafa eine sehr gute Ehe. Ihre beiden Kinder sind tagsüber in ihrer Großfamilie gut untergebracht. Ich spürte, dass sie unsere deutsche Art zu denken immer mehr verstand und auch in ihr Leben integrierte, ohne ihre eigene Kultur dadurch zu beschränken.

Yildiz ist uns allen immer mehr zur Freundin geworden und blüht richtig auf in der Liebe und Anerkennung, die zwischen unseren Kollegen herrscht. Oftmals bleibt sie länger, bis alles erledigt ist, was sie sich vorgenommen hat. Gern erinnere ich mich an ihre berührende Antwort auf meine Frage, ob sie denn diese Stunden auch aufschriebe.

»Weißt du, Gila«, lachte sie, »der liebe Gott schreibt alles auf!«

Verdutzt sah ich sie an – und spürte sogleich die tiefe Wahrheit in diesen Worten.

Jetzt fragte sie neugierig: »Hast du kein Herzklopfen, wenn dich ein Mann besucht, den du noch nicht kennst?«

»Nun, ich freue mich ganz einfach, dass er kommt. Schauen wir mal, ob was daraus wird.«

»Oh, ich bin ganz aufgeregt, Gila!«, meinte Yildiz, während sie weiter emsig in der Küche hantierte, um ein reichliches Menü auf den Tisch zu bringen.

»Yildiz, koch doch einfach ganz normal«, versuchte ich, sie in ihrem Arbeitseifer zu bremsen.

»Aber er soll doch wissen, dass er hier gut versorgt wird«, reklamierte sie auf ihre liebe Art und war einfach nicht zu stoppen.

Gegen 9 Uhr klingelte das Telefon. Es war Jörg.

»Hallo, Gila!«, begrüßte er mich mit seiner aphrodisierenden Stimme.

»Bist du schon unterwegs?«, fragte ich ihn erwartungsvoll.

»Du, da gibt es ein Problem«, bekannte er etwas zögerlich. »Ich glaube, es wäre doch besser, wir würden uns statt bei dir zu Hause in Hannover treffen. Was hältst du davon?«

»Was ist los, Jörg?«

»Nun, weißt du, wenn ich dich jetzt zu Hause besuche – Halle liegt immerhin 250 km von Hamburg entfernt –, und wir beide spüren dann, es ist doch nicht so, wie wir uns das vorgestellt haben, dann habe ich so viel Aufwand betrieben für nichts und wieder nichts. Und die ganzen Kosten …!«

Ich hielt für einen Moment die Luft an. Das gab es doch gar nicht! Zuerst hatte er mir eine Woche lang erzählt, dass man initiativ sein muss, um eine Partnerin kennenzulernen – und jetzt das!

»Jörg, es war doch deine Idee, zu mir nach Hause zu kommen! Ich kann jetzt nicht mehr umdisponieren und nach Hannover fahren. Gegen Mittag kommt ein Handwerker, dem ich einiges erklären muss, damit er dann arbeiten kann.«

»Ja, gut, dann wäre es vielleicht besser, wenn wir uns morgen oder übermorgen in Hannover treffen.«

Enttäuschung machte sich bei mir breit, da ich mich wirklich auf ein Treffen mit ihm gefreut hatte. Andererseits kam mir der Gedanke: Wäre er aus triftigen Gründen verhindert gewesen, hätte ich ohne Weiteres angeboten, ihn am nächsten Tag in Hannover oder auch in Hamburg zu treffen, trotz meines Schreiburlaubs zum Wochenende.

Es war seine Aussage, die mir jetzt zu denken gab, ob er wirklich der passende Lebenspartner für mich war. Ich hatte das Gefühl, dass er zwar im Leben das große Los ziehen, aber den erforderlichen Einsatz trotz großer Ankündigungen dafür nicht investieren wollte – grünes Licht und bremsen!

Und so kam es, wie es kommen musste: Jörg war verschnupft, weil ich dem Handwerker an diesem Tag Vorrang einräumte und auch in aller Klarheit einen weiteren Termin in Hannover nicht mehr wahrnehmen wollte.

»Sag bloß, er kommt nicht!« Yildiz stand die Enttäuschung ins Gesicht geschrieben.

»Nein, er möchte nicht so viel Zeit und Geld investieren«, erklärte ich und fühlte mich inzwischen einfach wieder gut.

»Wenn der wüsste, was er verpasst hat«, murmelte Yildiz vor sich hin, was mich wiederum zum Lachen brachte.

So legte ich auch Jörg mit der erotischen Stimme wieder ad acta. Nur kurz kam mir Götz wieder in den Sinn, – nein, auch er hatte sich erledigt.

»Das war's wohl vorerst mit den Männern«, sagte ich locker zu Reni, die inzwischen angereist war, um für Rico und Dana in den kommenden zwei Wochen da zu sein, während Yildiz wochentags für Essen und Haushalt sorgte. Obwohl Rico inzwischen 16 und Dana 20 Jahre alt waren, hatte ich einfach mehr Ruhe zum Schreiben, wenn Reni als Freundin und Kontaktperson bei ihnen war.

»Hast du jetzt keinen mehr, mit dem du dich treffen willst?«, fragte sie interessiert. »Und Tom? Irgendwie habe ich ja geglaubt, er wäre es gewesen.«

»Er sendet mir immer noch liebevolle E-Mails und hat mir sogar erzählt, dass er nach dem Seminar am Sonntagabend mit seinem Auto hinter mir hergefahren ist. Als ich dann noch eine Tankstelle anfuhr, bog er auch dort ab. Am Telefon hat er mir am nächsten Tag gestanden, dass er nur knapp zwei Liter Benzin auffüllen konnte, da er vorher schon vollgetankt hatte – er dachte, ich würde es mir als Frau doch noch mal überlegen.«

Reni lachte hell auf und meinte: »Ja, ja – die Männer!«

»Weißt du, Reni, ich freue mich jetzt richtig darauf, mein Manuskript in Ruhe zu Ende zu bringen, so wie ich es damals 1996 auch getan habe bei der Ayurveda-Kur. Die Anwendungen dort habe ich weit weniger genossen als die freie Zeit, um mein

Manuskript für das Buch ›… *Mutter Erde, trage mich!*‹ zu beenden.«

»Ja, Gila, und dazu kommt, dass wir beide uns dort kennengelernt haben. Daraus ist bis heute eine wunderbare Freundschaft erwachsen«, sinnierte Reni.

Zum ersten Mal hielt ich in Vorarlberg ein Seminar im Bildungshaus Bezau, besser bekannt als Kloster Bezau. Der wunderschöne Tagungsraum erstreckt sich über drei Geschosse, ohne dass Zwischendecken eingezogen sind. In der ersten und zweiten Etage sind rundherum vier offene Gänge angeordnet, an denen die Zimmer liegen.

Eine geradezu zauberhafte Atmosphäre geht von diesem Raum aus, und da wir die einzige Gruppe zu diesem Termin waren, standen alle Räumlichkeiten für uns allein zur Verfügung – dachte ich zumindest!

Zum Mittagessen gab es Leberknödelsuppe – mein Leibgericht! Iris, meine Mitarbeiterin, war dieses Mal auch mit dabei und saß neben mir am Tisch. Als die Suppe gereicht wurde, wehrte sie ab: »Für mich bitte nicht – ich bin Vegetarierin.«

Als die Leberknödelsuppe wieder weggetragen wurde, folgten meine Augen ihr mit begehrlichem Blick.

»Hättest du die bloß behalten!«, flüsterte ich ihr zu. »Ich hätte sie gern noch gegessen!«

Worauf Iris sofort schaltete und der Bedienung laut hinterherrief: »Wissen Sie was – bringen Sie mir die Suppe wieder! Ich hab's mir überlegt. Ich bin *doch* keine Vegetarierin!«

Den Gesichtsausdruck der jungen Frau, die bediente, kann ich hier nicht beschreiben …

Kurz nach dem Mittagessen nahm ich wahr, dass es zwischen zwei Männern in Ordenstracht – offensichtlich Mönche – und dem Geschäftsführer in seinem verglasten Büro zu erregten Auseinandersetzungen kam. Ich konnte allerdings nicht ausmachen, worum es ging.

Als unser Seminar begann, hatte ich diesen Zwischenfall bereits wieder vergessen. Im Laufe des Nachmittags bat ich die Teilnehmer, sich zu einer geführten Meditation auf ihre Decken zu legen. Es war schön zu sehen, wie sie sich von mir in eine tiefe Entspannung hineinführen ließen. Nur leise Musik lief im Hintergrund. Wie immer herrschte eine wunderbare Stille im Raum.

Gerade hatte ich sie zu ihrem geistigen Entspannungsort, eine wunderschöne Blumenwiese geführt, da geschah es: Eine Tür wurde aufgerissen – und laut schwatzend und lachend kamen die beiden Mönche in ihren braunen Kutten heraus.

Im ersten Moment dachte ich, es sei ein Versehen, und sie wüssten nichts von unserer Meditation. Erschrocken deutete ich ein »Pst!« an. Doch obwohl die meditierenden Teilnehmer deutlich sichtbar waren für die beiden, fing einer von den Mönchen sogar an, laut ein Lied zu pfeifen. Einige der Teilnehmer schlugen jetzt die Augen wieder auf, um zu sehen, was da los war.

Fröhlich vor sich hinpfeifend, staksten die Mönche unbeirrt über die Anwesenden hinweg, die auf ihren Decken lagen, und marschierten dann in Richtung Kapelle.

Inzwischen waren auch die letzten wieder wach, hoben ihre Köpfe und schauten mich abwartend an.

Ich wartete, bis das makabre Schauspiel vorbei war, und grinste: »Da wollte uns wohl jemand provozieren.«

Und dann begannen wir zu lachen! Alle prusteten laut los. Vor der geplanten Meditation fand jetzt eine herrliche Lacheinlage statt. Es war unendlich befreiend – jeder, der dabei war, wird sich gern an diesen Moment erinnern.

Ich hatte zu dem Zeitpunkt keine Ahnung, was da ablief. Doch gleich in der Pause besprach ich den Zwischenfall mit dem Geschäftsführer, dem das Ganze sichtlich unangenehm war.

»Pater Gregor und der andere Mönch kommen aus Polen«, erwiderte er, »und wohnen hier, direkt neben dem Tagungsraum. Natürlich sind sie bei jedem Kurs einer gewissen Geräuschkulisse ausgesetzt. Wenn der Saal besetzt ist, haben sie allerdings strikte Anweisung, den Weg außen herum zur Kapelle zu nehmen. In der vergangenen Woche nun war hier eine Rockband zu Gast, die nächtelang laute Musik machte. Da konnten sie überhaupt nicht schlafen – und jetzt, da ihr ja vor der Meditation eure Musik etwas lauter hattet, dachten sie, es geht schon wieder los. Wahrscheinlich wollten sie sich auf ihre Art revanchieren.«

Ich war etwas ratlos, machte dann aber eine klare Ansage: »Ich bin das erste Mal hier. Und Sie verstehen mich sicher, wenn das ein Dauerzustand werden sollte, möchte ich die weiteren gebuchten Termine absagen, obwohl mir die ganze Atmosphäre hier sehr gut gefällt.«

»Okay«, versprach er hilfsbereit, »ich kümmere mich darum.«

Und ich muss zugeben, dass sich diese Episode zumindest in diesem Seminar nicht nochmals wiederholte.

Einige Monate später sollte dann ein weiterer Kurs in Bezau stattfinden, und ich hatte bereits vorher äußerst gemischte Gefühle, als ich an den provokativen Vorfall mit den Mönchen dachte.

Irgendwie konnte ich sie sogar verstehen. Sie hatten ja einen Grund, sich so zu verhalten, denn sie fühlten sich einfach übergangen, nicht anerkannt. Was konnte ich tun, um sie von vornherein gnädig zu stimmen, wenn wir einmal tagsüber etwas lautere Musik laufen ließen? Sowohl meine Teilnehmer als auch die Mönche sollten sich wohlfühlen, denn wir waren schließlich dort zu Gast und hatten uns anzupassen. Meine Engel – bitte helft mir!

Plötzlich erinnerte ich mich daran, dass der Geschäftsführer gesagt hatte, Pater Gregor käme aus Polen. Mir fiel ein, dass ein Freund unserer Familie perfekt Polnisch spricht.

So kam ich auf die Idee, die stillen, aber auch die etwas turbulenteren Zeiten der drei Seminartage aufzuschreiben. Damit wollte ich den Pater herzlich auf Polnisch bitten, diese zu respektieren. Bei unserer auflockernden Musikeinlage handelte es sich ja nur um dreimal zehn Minuten. Diesen Zettel mit meiner Bitte auf Polnisch sowie einer wunderschönen Lotuskerze wollte ich dem Pater gleich zu Beginn des Seminars überreichen. Ob das vielleicht half?

In Bezau schritt ich dann gleich zur Tat. Ich sah Licht durch die Glastür, die an den Tagungsraum angrenzt, und klopfte. Schritte näherten sich. Es wurde aufgeschlossen. Pater Gregor stand mir gegenüber.

»Ja, bitte?«

»Hallo«, begrüßte ich ihn mit einem freundlichen Lächeln. Er schaute mich finster an.

»Ja? Was ist?«

»Ich möchte Ihnen nur sagen, es tut mir leid, dass es beim letzten Kurs Schwierigkeiten gegeben hat. Ich habe Ihnen hier mal einen Zeitplan erstellt über unsere stillen, aber auch unsere etwas lauteren Zeiten. Und zwar auf Polnisch«, fügte ich stolz hinzu.

»Warum Polnisch?«, fragte der Pater mit hartem Akzent und schaute mich weiter unfreundlich an. »Meinen Sie, ich kann kein Deutsch? Ich komme aus Oberschlesien!«

O je, dachte ich, wieder ins Fettnäpfchen getreten!

»Ach so, ich habe nicht gewusst, dass Sie so gut Deutsch sprechen. Ich dachte mir, es wäre sicher auch für Sie ganz nett, wenn sich jemand die Mühe macht, sein Anliegen mal auf Polnisch vorzutragen. Aber jedenfalls möchte ich Ihnen gern diese Kerze für die Unannehmlichkeiten schenken.«

Er sah mich groß an. »Danke«, sagte er und nahm die Kerze entgegen. Sein Gesichtsausdruck war immer noch abweisend, doch ich hatte das Gefühl, dass seine Abwehr langsam bröckelte.

»Ich danke Ihnen sehr für Ihr Verständnis«, meinte ich erleichtert und verabschiedete mich von ihm, nachdem ich ihm noch den Zettel mit der Abbitte auf Polnisch in die Hand gedrückt hatte.

Es war einfach schön, was dann am nächsten Morgen kurz vor Seminarbeginn geschah! Ich stand gerade am Tisch und zündete die Kerzen an, als die Wohnungstür des Paters aufging. Er sah mich – kam auf mich zu und sagte freundlich lächelnd: »Bitte, ich möchte Sie einladen auf eine Tasse Tee. Bitte, kommen Sie rein! Bitte!«

Total überrascht schaute ich ihn an.

»Oh, das würde ich gern tun«, erwiderte ich verblüfft, »aber in fünf Minuten beginnt unser Kurs. Das geht leider nicht. Danke für Ihr Angebot! Damit haben Sie mir eine große Freude gemacht. Danke!«

Er verstand, dass ich seine Einladung aus zeitlichen Gründen ablehnen musste.

Sämtliche Seminartage verliefen dann absolut ruhig. Für mich war es wunderschön, auch hier wieder zu erkennen, dass man Unangenehmes in Liebe und Verständnis auflösen kann. Harmonie stellt sich ein, wenn man nicht seinem Ego, sondern dem Prinzip der Liebe den Vorrang gibt.

Zu einem meiner Seminare in Bezau hatte sich auch Georg angemeldet. Anfangs wusste nur ich, dass er katholischer Priester ist. Durch die sehr lange Anfahrt aus Norddeutschland, verbunden mit einigen Staus, kam er eine halbe Stunde zu spät bei uns an.

Ausgerechnet zu diesem Kurs waren fast nur Frauen gekommen, das heißt, neben einem Ehepaar war als einzelner Mann nur er vertreten. Äußerlich gefasst sah er in die Frauenrunde.

Georg war ein absoluter Sympathieträger. Nach dem ersten Tag gab er dann schmunzelnd seine Eindrücke zum besten:

»Als ich hereinkam«, grinste er, »dachte ich, ich sehe nicht richtig! Seit 19 Jahren habe ich fast ausschließlich mit Männern zu tun – und nun so was! Aber was mich am meisten wundert, ist, dass ich keine Nähe fürchte.«

Beim Abschied meinte er dann lachend: »Ich habe das Gefühl, als hätte ich Gründonnerstag bis Ostermontag – also Kreuzigung bis Auferstehung – in einem Rutsch erlebt. Doch das Wichtigste ist, ich habe meine Lebensfreude wieder gefunden und kann sie nun wieder weitergeben an diejenigen, die meine Unterstützung brauchen. Acht Jahre Theologiestudium erscheinen mir mit einem Mal in einem anderen Licht, weil ich vieles hier in den drei Tagen auf deinem Seminar ergänzend habe lernen dürfen, Gila. Und jetzt weiß ich endlich, was der Begriff Frauenpower heißt!«

Während dieser gemeinsamen Tage hatte Ute, eine andere Teilnehmerin, abends in der Runde erzählt: »Ich möchte gern mal das Thema Verantwortung beim Visualisieren oder bei den Affirmationen ansprechen, denn mir ist Folgendes passiert:

Mein Mann hat meine Begeisterung für diese Dinge nicht verstanden, er fand es unrealistisch, dass diese Techniken überhaupt funktionieren, und wollte einen Beweis. Wir hatten damals 150 000 Euro Hypothek auf unserem Haus. Er meinte allen Ernstes, ich sollte uns schuldenfrei ›denken‹. Wenn mir das gelänge, würde er seine Meinung revidieren.

Ich, voller Elan, begann zu visualisieren, dass wir die Schulden bezahlt hätten, stellte mir mein Sparbuch vor, spürte es in meinen Händen und ›sah‹ die Summe auf diesem Sparbuch, zugleich verspürte ich ein großes Glücksgefühl.

Das machte ich immer kurz vor dem Einschlafen und nahm das gute Gefühl, dass es Wirklichkeit geworden sei, mit in den Schlaf.

Dann geschah jedoch etwas Unerwartetes: Ganz plötzlich, vier Wochen später, starb der Vater meines Mannes und vermachte uns genau die Summe, die wir brauchten. Das war ganz furchtbar. Meine Schuldgefühle, die mich immer noch plagen, sind der reinste Horror. Ich mochte diesen Mann so sehr, und ich fühle mich so schuldig. Gila, was sagst du dazu?«

»Ute«, gab ich zu bedenken, »dass du da einen Zusammenhang vermutest, kann ich gut verstehen. Doch wir Menschen haben gar nicht die Macht, den Tod eines anderen zu bewirken. Jede Seele sucht sich bereits vor ihrer Geburt aus, wann sie gehen wird. Du kannst darum gar nicht Schuld am Tode deines Schwiegervaters sein.«

»Aber wieso war es genau diese Summe?«

»Vielleicht hatte dein Schwiegervater vorher geplant, euch etwas ganz anderes zu vererben und ist dann durch deine Affirmationen erst darauf gekommen, sein Testament zu ändern und euch mit Geld zu helfen? Kann doch sein, oder?«

»Wäre das denn nicht Manipulation?«, fragte sie zurück.

»Auf keinen Fall, denn du hast ja nur dem Universum vertraut, dass diese Summe kommt, aber nie hast du einen Gedanken daran gehabt, dass der Vater deines Mannes stirbt.«

»Ja, das ist richtig«, sah sie ein, und nach einer kurzen Pause meinte sie, schon deutlich fröhlicher: »Das kann ich so annehmen. Danke, Gila!«

In dem Zusammenhang fällt mir Folgendes ein: George Clooney, der Schauspieler, wurde mal von einer bekannten Frauenzeitschrift befragt: »George, welches war das lustigste Erlebnis mit einem Fan?«

Und er antwortete: »Ich fuhr mal in Richtung Schweiz. Mein Motorrad hatte unterwegs einen Schaden, und ich klopfte bei einem Bauernhof an und bat um Hilfe. Während ich auf den Mechaniker wartete, bot mir der Besitzer im Haus ein Glas Wein und ein Stück Käse an. Plötzlich kam seine Tochter dazu. Kaum hatte sie mich erkannt, fiel sie fast um und bat mich händeringend um Verzeihung. Ich verstand überhaupt nicht, wofür, aber dann erklärte sie mir: ›Es ist alles meine Schuld mit Ihrem Motorradschaden. Ich bin ein absoluter Fan von Ihnen und hatte inbrünstig gebetet und mir immer wieder vorgestellt, wie es wäre, wenn Sie mal persönlich vorbeikommen würden, um mich zu besuchen. Und jetzt wurde das Gebet erhört! Es tut mir so leid wegen Ihres Motorrads!‹ Sie konnte es gar nicht fassen und zeigte mir anschließend als Beweis ein großes Poster von mir in ihrem Zimmer. Auch mich hat diese Situation total bewegt, und ich bin noch des Öfteren zu ihrer Familie zurückgekehrt.«

Beide Aussagen weisen ganz deutlich darauf hin: Unser Unterbewusstsein kann nicht unterscheiden zwischen konstruktiven und destruktiven Erlebnissen. Es wertet nicht wie unser Verstand und nimmt die nächstbeste Gelegenheit beim Schopfe. Es führt den Auftrag aus, ohne zu entscheiden, ob Dinge positiv in unser Leben passen.

Auch darum sollten wir bei all unseren Affirmationen stets das Wohl anderer im Auge behalten.

Wenn ich an dieses Seminar in Vorarlberg denke, fällt mir stets die nette Episode beim Abschluss ein. Alle hatten sich voneinander verabschiedet. Otmar, der letzte Teilnehmer, war gerade dabei, den großen Tagungsraum in Richtung Ausgang zu durchqueren, als ich mich etwas wehmütig im Raum umschaute. All die Dekorationssachen, meine gesamten Bücher und Meditations-CDs, alles musste noch verpackt werden. Es würde noch einige Zeit dauern, bis alles wieder im Auto verstaut war – und dann noch die lange Rückfahrt!

Ich ertappte mich bei dem Gedanken: »Meine Engel, wie schön wäre es, wenn jetzt jemand käme und sagte: Gila, kümmere du dich um deinen Koffer im Zimmer, und lass mich dein Auto packen!«

Kaum war mir dieser Gedanken durch den Kopf gegangen, bemerkte ich, wie Otmar plötzlich kurz vor der Tür haltmachte, sich umdrehte und nachdenklich fragte:

»Sag mal, Gila, hast du eigentlich jemanden, der dir beim Packen hilft?«

Ich dachte – ich träume!

»Nein, Otmar.«

»Komm«, sagte er, »ich helfe dir.«

Ich atmete tief durch, sah ihn an und sagte begeistert: »Gerade habe ich daran gedacht, wie schön es wäre, wenn mir jetzt jemand helfen würde …!«

»Na, siehst du, das passt schon! Aber weißt du, was mir am liebsten wäre? Wenn ich alles ganz in Ruhe allein einpacken könnte. Das tue ich nämlich ausgesprochen gern. Hast du irgendetwas anderes zu tun?«

»Meine Engel, was macht ihr wieder mit mir!«, dachte ich, total berührt. Voller Dankbarkeit übergab ich Otmar den Autoschlüssel und begab mich auf mein Zimmer.

Als ich mit meinem Koffer dann zu meinem Auto ging, fiel mir auf, wie ordentlich Otmar alles verstaut hatte und jetzt dabei war, die letzten Utensilien unterzubringen.

»Ach, Otmar«, entfuhr es mir beim Abschied, »du glaubst gar nicht, wie unendlich dankbar ich dir bin! Ich habe das Gefühl, dass unsere Engel hier wieder im Spiel waren!«

»Ja«, entgegnete Otmar lachend, »das war ganz eigenartig. Ich wollte gerade den Raum verlassen, als mich plötzlich der Gedanke durchfuhr: Gila braucht Hilfe! Und dann habe ich mich umgedreht zu dir und sah dich dort so allein stehen.«

Winkend und hupend fuhr ich dann vom Hof des Hotels.

Zu Hause angekommen, musste ich zu meinem Erstaunen feststellen, dass auch die komplette Stereoanlage vom Hotel mit eingepackt worden war.

O je, war mir das unangenehm! Sofort rief ich dort an und klärte die Situation mit dem Versprechen, dass die Anlage umgehend zurückgesandt würde …

Doch durch seine Hilfsbereitschaft hat Otmar unbewusst dafür gesorgt, dass ich immer noch gern mit einem Schmunzeln an diese Episode zurückdenke.

KAPITEL 5

Wir verlangen, das Leben müsse einen Sinn haben,
aber es hat genauso viel Sinn, wie wir ihm geben.

HEINRICH HEINE

Über Jahre hinweg war Elisabeth die gute Fee in unserem Haushalt gewesen, bis sie uns Ende 2000 aus gesundheitlichen Gründen verlassen musste und dann Yildiz ihre Stelle übernahm. Elisabeth ist gleichzeitig meine Nachbarin. Somit besteht nach wie vor eine ganz besondere Beziehung zu ihr.

Im Oktober 1999 hatte ich sie auf mein Harmonie-Seminar in Oberorke am Edersee eingeladen. Nach dem frühen Tod ihres Mannes vier Jahre zuvor hatte sie durch den Besuch meiner Seminare ihr Leben wieder selbst in die Hand genommen.

Beim Durchgehen der Namensliste fragte ich Elisabeth etwas nachdenklich: »Du bist nächste Woche doch auch mit dabei, nicht?«

»Ja«, strahlte sie, »du glaubst gar nicht, wie ich mich darauf freue …! Es wird mal wieder Zeit!«

Ich schaute immer noch geistesabwesend auf die Namensliste und sprach unbewusst die Worte aus: »Elisabeth, ich sehe da einen Mann für dich!«

»Was – wen denn?«

»Ja, ich habe ihn auf einem Wochenendkurs kennengelernt.

Irgendwie spüre ich eine Verbindung zwischen euch – eigenartig!«

So ganz wohl fühlte ich mich nicht bei dieser Bemerkung, denn Bernd hatte zuvor einen eher schillernden Eindruck auf mich gemacht. Ein privates Gespräch mit ihm hatte bei mir ein eigentümliches Gefühl hinterlassen. Aber das stand im Moment nicht zur Debatte.

»Na, das kann ja was werden!«, ulkte sie, und damit war das Thema vom Tisch.

Doch es kam so, wie ich es schon vorausgespürt hatte, Elisabeth und Bernd flogen quasi aufeinander zu. Es war total berührend, wie sie auftaute und sich immer mehr zu Bernd hingezogen fühlte. Er kam aus Kaiserslautern, wohnte somit einige Hundert Kilometer von ihr entfernt.

Zum Schluss war sie völlig verändert – total offen mit einer wunderschönen Ausstrahlung. Ganz berührt nahm ich sie in meine Arme und fragte: »Und? Wie geht's jetzt weiter mit euch?«

Als sei es das Normalste von der Welt, erklärte Elisabeth: »Bernd zieht morgen bei mir ein.«

Ich gebe zu, ich musste erst einmal schlucken und diese Nachricht verdauen, aber dann nickte ich: »Das ist genau richtig, nur so kannst du ihn kennenlernen.«

Die scheue, zurückhaltende Elisabeth, die ihr Leben lang nur für andere da war, vier Kinder großzog, ihren Mann sehr jung verlor und sich selbst in ihrem Leben immer hinten anstellte, hatte jetzt die Entscheidung ihres Herzens getroffen. Wie immer es auch ausging, es war richtig.

Am Montag danach war das Ereignis natürlich *das* Gesprächsthema zwischen uns. Morgens saßen wir bei uns zu Hause zusammen bei einer Tasse Kaffee. Ich spürte ihr tiefes Gefühl zu Bernd und wollte sie unterstützen, wo immer ich konnte.

»Gila, wie soll ich sonst erfahren, ob wir zusammenpassen? Ich bin nicht mehr so naiv wie mit zwanzig, sondern eine reife Frau mir vier erwachsenen Kindern. Ich kann nicht alle zwei Wochenenden zu ihm nach Kaiserslautern fahren und er an den anderen Wochenenden zu mir. Wir lernen einander viel besser kennen, wenn wir zusammenleben. Es gibt nur zwei Möglichkeiten: Entweder es klappt – oder es klappt nicht! Er hat momentan keine Arbeit. Auch das ist günstig für den Ortswechsel.«

Welche tiefe Lebensweisheit lag in ihren Worten! Wie viel »Wenn und Aber« hat sie sich dadurch erspart. Sicherlich ist es nachvollziehbar, dass ihr Sohn, der noch in ihrem Haushalt lebte, nicht ganz so begeistert war, aber auch er hat letztlich eingesehen – es ist das Leben seiner Mutter, und sie darf darüber selbst bestimmen.

Jetzt möchte natürlich jeder wissen, ob die Beziehung zwischen Bernd und Elisabeth gehalten hat. Ja – drei volle Monate, und dann war Bernd von heute auf morgen verschwunden.

»Ja, bitte! Das habe ich doch gleich gewusst«, höre ich so manchen Leser sagen, »so was kann doch nicht gut gehen!«

Moment! Was ist denn hier nicht gut gegangen? War es nicht die Begegnung mit Bernd, die in Elisabeth wieder das Weibliche weckte? Wurde sie nicht erst durch seine Liebe und Zärtlichkeit wieder resonanzfähig für einen Mann in ihrem Leben – auch wenn diese Beziehung nicht von Dauer war?

Drei Monate nach Bernds plötzlichem Abgang lernte Elisabeth einen wunderbaren Mann kennen, mit dem sie noch heute glücklich und zufrieden zusammenlebt.

Jeder scheinbare Misserfolg trägt stets den Keim eines neuen Erfolgs!

Sie selbst sagt dazu: »Wenn ich mich nicht auf die Begegnung mit Bernd eingelassen hätte, wäre ich verschlossen geblieben und an meinem jetzigen Mann ohne Resonanz vorbeigelaufen.«

Danke, Elisabeth, dass ich mit deiner Zustimmung diese eindrucksvolle Geschichte schreiben durfte. Du hast Mut bewiesen – hast »Ja« zum Leben gesagt, obwohl es anfangs aussah, als hättest du verloren. Durch deinen Mut und dein Vertrauen zum Leben hast du gewonnen!

Bis Montag, den 29. April 2002, hatte ich mich im Gästehaus des Parkhotels Ortkemper in Bad Waldliesborn eingemietet. Dadurch, dass ich täglich nach dem Frühstück mit dem Schreiben begann und erst aufhörte, wenn ich wirklich müde war, kam ich gut voran.

Am Samstag, den 27. April, klingelte gegen 11 Uhr mein Handy. Ich nahm ab.

»Gila? Hier ist Götz. Du weißt doch, der aus Krupunder!«

O je! Krupunder hatte ich überhaupt nicht mehr auf dem Plan gehabt.

»Das ist ja eine Überraschung!«, flötete ich, »an dich habe ich gar nicht mehr gedacht!« Das war zumindest ehrlich.

»Dafür ich aber umso mehr an dich«, meinte er in seiner lieben Art, »denn ich bin morgen in Halle. Können wir uns dort sehen?«

»Morgen? Nein, Götz, das geht nicht – ich bin nämlich in Urlaub.« Gute Ausrede, dachte ich, aber es stimmte ja.

»Och, das ist schade«, meinte Götz etwas enttäuscht. »Wo bist du?«

»In Bad Waldliesborn. «

Das klang schon richtig nach Urlaub. Ich hoffte jedoch, Götz wusste nicht, dass dieser Kurort nur 43 Kilometer von meinem Zuhause entfernt lag. Aber das musste ich ihm ja nicht unbedingt auf die Nase binden.

»Schade! Und wann kommst du zurück?«

»Erst am Montag«, säuselte ich.

»Lass mich mal überlegen«, sinnierte Götz. »Ich glaube, ich habe die Lösung. Wann bist du an dem Montag wieder da?«

O je, was kommt jetzt? Ich war auf der Hut. »So gegen Mittag«, antwortete ich zögernd.

»Wenn am Sonntagabend in Halle die Show zu Ende ist, fährt die Crew der James-Last-Band nachts weiter nach Rostock. Am Montag jedoch ist ein freier Tag für uns, weil die nächste Show erst am Dienstagabend in Rostock stattfindet. Was hältst du davon, wenn ich nach der Show am Sonntagabend im Hotel in Halle bleibe, dich am Montag treffe und dann am Dienstagmorgen mit dem Zug nach Rostock fahre?«

Das berührte mich ganz tief. Mir saß die Geschichte mit Jörg noch in den Knochen. Hier passierte genau das Gegenteil von dem, was zwei Wochen zuvor geschehen war. Da war ein Mann, der nicht nur zwei Hotelübernachtungen, sondern auch noch eine lange Bahnreise von Halle nach Rostock in Kauf nahm – nur für eine Begegnung mit mir.

Krupunder hin, Krupunder her! Sofort stieg in mir ein Gefühl warmer Sympathie für ihn auf. Das war ein gutes Zeichen, egal, was sich hinterher daraus ergeben würde. Diesen Einsatz fand ich einfach stark von ihm. Ich schwenkte um.

»Götz, ich möchte dir jetzt etwas anderes anbieten, was sicherlich einfacher ist. Ich habe die Möglichkeit, meinen Urlaub um einen Tag abzukürzen und schon am Sonntagmittag zurück zu sein. Was hältst du davon?«

»Na, das wäre großartig! Könnten wir uns dann am Sonntagnachmittag um 16 Uhr in der Vorhalle des Sportpark-Hotels am Gerry-Weber-Stadion treffen? Gegen 18 Uhr muss ich dann zum Sound-Check, aber die zwei Stunden dazwischen habe ich Zeit.«

»Ja, okay«, stimmte ich zu, gespannt, wer und was da auf mich zukam.

So verließ ich am Sonntagmorgen einen Tag eher als geplant meinen »Urlaubsort« mit einem fast fertigen Manuskript in der Tasche. Ich hatte das gute Gefühl, dass mein Herzen-Buch im Sommer 2002 erscheinen konnte.

Zu Hause angekommen, halfen mir die Kinder beim Auspacken. Reni war bei einer anderen Bekannten zur Konfirmation eingeladen. Sie sollte erst später zurückkommen, wusste aber, dass ich nachmittags eine Verabredung hatte.

»Eigentlich hatte ich ihn ja schon abgehakt«, hatte ich nach dem Telefonat mit Götz zu Reni gesagt, »und so ganz überzeugt bin ich ja immer noch nicht!«

»Geh einfach hin und schau, was passiert, dann weißt du es«, war Renis Antwort gewesen. »Ich finde, die Erfahrung ist es auf jeden Fall wert. Also, geh hin!«

Dieses Gespräch hatte mich dann doch eingestimmt auf das Treffen mit Götz – und so machte ich mich auf den Weg.

Es regnete in Strömen, als ich losfuhr. Bereits fünf Minuten später bog ich auf den Parkplatz des Gerry-Weber-Stadions ein. Obwohl die Veranstaltung erst um 19 Uhr begann, waren schon etliche Leute unterwegs, die noch Karten für die Show bekommen wollten.

Parkplätze jedoch waren noch genug da, und so stellte ich meinen Wagen in der nächstliegenden Parkzone ab, damit ich nicht so weit durch den Regen laufen musste. Ganz bewusst wollte ich nicht zu früh eintreffen, was sonst immer meine Art ist. Kurz vor 16 Uhr begab ich mich in die Lobby des Hotels und nahm in einer der Sitzgarnituren Platz, um auf Götz zu warten.

Wie fühlte ich mich? Erwartungsvoll? Ja, schon etwas, aber erstaunlicherweise nicht so, wie es sonst der Fall war. Gelassen harrte ich der Dinge, die da kamen. Ich hatte ein etwas undeutliches Foto von ihm, er dagegen war im Besitz eines neueren Fotos, auf dem ich mir – wie ich meinte – sehr ähnlich sah. Doch das sagen ja alle Frauen.

Ich schaute mich um in dem Gewirr von Menschen, die sich in der Hotelhalle aufhielten. Es war ein Kommen und Gehen. Da glaubte ich, Götz zu erkennen, aber es war doch wieder jemand anderes.

Und dann schaute sich jemand suchend um. War er es? Das Bild von ihm zeigte ihn zwar mit etwas vollerem Haar, aber er musste es sein, denn er kam auf mich zu.

»Gila? Schön, dass du da bist.«

»Ich hatte es ja nicht weit. Hallo, Götz!«

Er lud mich an die Bar ein und bestellte für uns beide einen Cappuccino.

Während ich ihn von der Seite ansah, ließ ich ihn auf mich wirken. Er war ungefähr 1,80 cm groß, hatte sehr lichtes, kurz geschnittenes Haar, hellbraune, etwas verträumte Augen und einen Bart. Es war wirklich sein Lachen, das mich auch jetzt in seinen Bann zog.

Wir saßen beide nebeneinander auf einer Bank. Ich bemerkte, wie Götz die vor uns stehende Kerze anzündete, als unser Cappuccino gereicht wurde.

Ich hatte mir fest vorgenommen, ihm bei diesem gemeinsamen ersten Treffen nur das Allernötigste von mir mitzuteilen.

»Erzähl mal etwas von dir«, eröffnete ich also unser Gespräch und hoffte, dass er nicht wieder von Krupunder anfing. Doch das hatte er beim letzten Telefonat auch unterlassen, also bestand Hoffnung.

»Einiges weißt du ja schon von mir, was ich zum Beispiel beruflich mache. Nun, ich bin seit kurzer Zeit geschieden und habe einen 15-jährigen Sohn, der bei seiner Mutter lebt, zu dem ich aber einen sehr guten Kontakt habe.«

»Deiner ist 15? Meiner auch!«, unterbrach ich ihn. Wir stellten fest, dass unsere beiden Söhne vom Alter her nur neun Monate auseinander waren.

Dann berichtete Götz von seiner Ehe – und mir fiel auf, dass er dabei keinerlei Vorwürfe oder Schuldzuweisungen machte, obwohl die Trennung noch nicht lange zurücklag. Sehr abgeklärt und ruhig erzählte er von seiner Frau, kam dann aber auf eine Beziehung zu sprechen, die er nach seiner Scheidung mit Anja, einer Geigerin der James-Last-Band eingegangen war. Diese Sache saß ihm offensichtlich immer noch in den Knochen.

»Ich habe gespürt, was leidenschaftliche Liebe ist, die nicht mehr guttut, sondern schwächt«, sagte er ruhig. »Wir haben es zweimal miteinander versucht. Und jedes Mal war es zuerst der Himmel auf Erden, aber dann das genaue Gegenteil. Ich habe sehr gelitten, das gebe ich zu.«

Ich stellte einige gezielte Zwischenfragen und war wieder erstaunt, wie besonnen er sogar über die dunklen Stunden seiner heftigen Begegnung mit Anja sprach, ohne irgendwelche Wertungen, Beurteilungen oder gar Verurteilungen vorzunehmen. Das gefiel mir sehr.

Auch die nette Art, sein sympathisches Lachen, seine gewählte Ausdrucksweise sprachen mich sehr an. Ich spürte, wie sich unerwartet immer mehr knisternde Energie zwischen uns aufbaute. Nichts war mehr von dem recht langweiligen Gespräch während des ersten Kontaktes zu spüren. Ja, ich mochte ihn – und hörte ihm gern weiter zu.

»Weißt du, Gila, gerade durch meine Krise im vergangenen Jahr habe ich das meiste gelernt – durch Bücher, die mich wieder aufgebaut haben, Bücher über Psychologie, über die Möglichkeit, Fähigkeiten in uns selbst zu aktivieren durch die Kraft unserer Gedanken.«

Ich bekam große Augen. »Was sagst du da?«

Und dann hatte ich das Gefühl, mich auf einem meiner eigenen Seminare zu befinden, soviel bekam ich in der nächsten halben Stunde liebevoll von Götz präsentiert!

Zutiefst beeindruckt hörte ich weiter zu. Da meinerseits kein Kommentar kam, schaute er mich plötzlich aufmerksam an und fuhr dann fort: »Gila, falls das Neuland für dich ist – ich erkläre dir das gern! Ich habe dadurch so viel lernen können und plötzlich gespürt, welche Energie wirklich in uns steckt. Alles können wir erreichen, wenn wir daran glauben! Wenn wir uns etwas intensiv vorstellen und wünschen, dann treten diese Dinge über kurz oder lang in unser Leben.«

Das war zu viel – ich krächzte nur noch: »Noch einmal bitte! Was hast du gerade gesagt?«

Etwas verunsichert sah Götz mich an und fragte vorsichtig: »Überfordere ich dich etwa?«

»Nein«, brachte ich nur noch schwach raus, »ich bin 'ne Professionelle ...!«

Und dann erzählte ich ihm doch von meinem Leben, obwohl ich vorgehabt hatte, beim ersten Treffen kein Wort darüber zu verlieren. Völlig überrascht und glücklich, auf solch eine Resonanz zu stoßen, hörte er mir jetzt zu. Wir merkten gar nicht, wie die Zeit verging.

Ab und zu berührte er mich ganz liebevoll, indem er seine

Hand auf meinen Arm legte, und mein gesamtes Ich signalisierte ihm: Höchstes Interesse!

Plötzlich hörte ich in der Halle verhaltenen Applaus, der stärker wurde. Galt das etwa uns? Nein, das wäre zu viel des Guten gewesen. Überrascht schaute ich mich um – Hansi, also James Last, ging mit seiner Frau und einigen Begleitern durch die Hotelhalle, und die Anwesenden applaudierten, als sie ihn erkannten.

Als Götz Hansi sah, schaute er auf die Uhr. Er musste jetzt zum Sound-Check. Die beiden Stunden waren wie ihm Flug vergangen.

Zum Schluss unseres Gesprächs geschah noch etwas Eigenartiges: Beide sprachen wir in der gleichen Sekunde das Wort »wertvoll« aus. Wir spürten – diese Begegnung würde Folgen haben. Mit einem starken Kribbeln im Bauch, das vorher nicht da war, hakte ich mich bei Götz ein.

»Wo steht dein Auto?«, fragte er und sah mich dabei lieb an.

»Ein Stück weiter unten – auf dem Parkplatz.«

»Ich bring dich hin.«

In der Zwischenzeit hatte es wahre Sturzbäche geregnet, so dass sich auf dem Pflaster riesige Pfützen gebildet hatten. Jetzt war vor dem Hotel viel mehr Betrieb als noch vor zwei Stunden. Alles strömte zum Eingang des Stadions, während Götz und ich in die entgegengesetzte Richtung zum Parkplatz gingen.

»Welches ist denn dein Auto?«

»Dort hinten – das rote!«

Mein Wagen stand inmitten eines kleinen Sees. Ich hatte wohl unwissend in einer Senke geparkt, die sich inzwischen mit Regenwasser gefüllt hatte.

»Tschüs!«, sagte ich und schaute ihn erwartungsvoll an.

»Auch tschüs«, lachte er, nahm mich fest in die Arme und gab mir zärtlich einen Kuss. Alles war schön und stimmig. »Ich rufe dich morgen an, ich habe ja deine Telefonnummer. Hey, ich glaube, ich habe mich verliebt!«

»Ich glaube, ich auch«, bemerkte ich leise.

»Jetzt muss ich doch tatsächlich durch den See zu meinem Auto staksen«, grinste ich ihn an. Gerade wollte ich mich umdrehen, als ich merkte, wie mich zwei starke Arme packten und in die Luft hoben! Ich sah nur noch den Himmel über mir – und unter meinem lauten Gequieke trug mich Götz über das Wasser zu meinem Auto. Ich fühlte mich wie Jane in Tarzans Armen!

Damit hatte er mein Herz im Sturm erobert! Das hatte noch kein Mann für mich getan! Und ich war ja wahrhaftig keine Elfe! Wow – das war eine Begegnung der anderen Art!

Derart beeindruckt von ihm und den Ereignissen dieser vergangenen zwei Stunden, hätte die Heimfahrt ruhig länger dauern können. Viel zu schnell war ich wieder zu Hause.

Ich musste das alles erst einmal in Ruhe sortieren. Die Begegnung mit Götz hatte mich total berührt. Seine Ausstrahlung, seine liebevolle Persönlichkeit, seine Worte und vor allem eine seelische Reife, die ihresgleichen suchte. Ja, ich freute mich auf ein Wiedersehen.

Ich ging noch eine Weile in mich, da ich Reni noch bei unserer Bekannten vermutete. Doch dann hörte ich die Haustür, und Reni, die mit Aisha eine Runde gelaufen war, kam ins Wohnzimmer.

»Du bist ja schon wieder da!«, rief ich begeistert – und dann fiel ich ihr doch wahrhaftig um den Hals, gab ihr drei Küsse und erklärte: »Reni, er ist es!«

Reni war hingerissen. »Siehst du! Gut, dass du hingegangen bist.«

»Ja, das kannst du wohl laut sagen. Und wenn ich dann

noch daran denke, dass ich erst gar nichts mit ihm zu tun haben wollte …!«

Ausgerechnet am gleichen Abend rief Tom, der bayrische Tarzan, an. Ganz offen sprach ich mit ihm über das Erlebnis, das gerade ein paar Stunden alt war.

In seiner etwas kindlichen Art sah Tom das als eine Herausforderung an und konterte: »Och, hätte ich *das* gewusst, dass du auf den Arm genommen werden willst – ich hätte dich durch den ganzen Chiemsee getragen. Aber die Chance hast du mir ja nicht mehr gegeben, als du bei der Tanke abgehauen bist!«

Am nächsten Morgen sprach ich mit meiner Familie über das Erlebnis vom Wochenende, und auch meine Mitarbeiterinnen waren gespannt, wie es nun weiterging.

Gegen Mittag, am Montag, den 29. April 2002, kam folgendes Fax aus Rostock:

Hallo, Gila,

weißt Du, wie schön es ist,
den Menschen zu umarmen,
zu dem Du Dich hingezogen fühlst?
Spürst Du,
wie schön es ist,
Dich mit meinen Händen
über das Wasser getragen zu haben?
Fühlst Du,
wie schön es ist,
wenn sich zwei Herzen begegnen
und die Seelen sich entfalten?
Glaubst Du mir,
wie schön es ist,
mit all meinen Gefühlen
nah bei Dir zu sein?
Und weißt Du,
wie schön es ist,
so intensiv zu erleben,
dass ich lieben kann?

Unsere Begegnung ist ein Geschenk des Lebens an uns beide, und ich wünsche mir, dass sich dieser Keim, der gestern vom Himmel auf die Erde fiel, entwickelt.

Es liegt jetzt an uns, etwas wachsen zu lassen, was unser beider Leben erlebnisreicher macht. Ich möchte mich sehr gerne auf Dich einlassen, um es zu erleben.

Götz

Ich war hin …

Abends rief Götz mich an. Sehr viel Wärme lag in seiner Stimme, als er fragte: »Na, gut nach Hause gekommen?«

»Zuerst mal, Götz, danke für deine Worte, für dein Fax. Du hast mich total erwischt. Mit ganz tiefen Empfindungen bin ich nach Hause gefahren mit einem JA im Herzen – einem ganz festen JA. Ich kann es immer noch nicht ganz fassen, was da gestern eigentlich geschehen ist, aber das muss ich auch gar nicht. Für mich ist es ein Wunder: Zwei Menschen verabreden sich – eine tiefe Begegnung zweier Seelen – Wohlfühlen und liebevolle Vertrautheit. Vielleicht waren es unsere Engel, die den kleinen See schnell gezaubert haben, damit du zur Tat schreiten konntest.«

»Ja, vielleicht«, lachte er, »ehrlich gesagt, wäre ich am liebsten zusammen mit dem Fax auf deinem Schreibtisch gelandet, um deine Nähe und Wärme zu spüren.«

Er brachte mich zum Lachen mit seinem Bild.

Dann sprach er weiter: »Eigenartig! Ganz deutlich spüre ich in mir, dass mein Gefühl zu dir wachsen will und die Begegnung mit deiner Liebe sucht. Gibt es bessere Startbedingungen als diese? Lass uns darauf vertrauen, dass das Leben uns beide an die Hand nimmt, wenn wir es auch zulassen.«

»Wie ist eigentlich dein Tourneeplan? Wann hast du wieder einen Tag frei?«, fragte ich erwartungsvoll.

»Ich habe schon nachgesehen. Am kommenden Sonntag haben wir eine Show in Oberhausen. Danach ist frei, und Dienstag muss ich erst gegen Mittag in Stuttgart sein.«

»Okay«, entschied ich, »ich hole dich nach der Show aus Oberhausen ab. Dann kannst du bis Dienstagmorgen bei uns bleiben und mit dem Zug nach Stuttgart fahren. Was hältst du davon?«

»Super, Gila, das ist Klasse! Aber ist es nicht zu spät für dich, Sonntagnacht um halb eins in Oberhausen zu sein? Denn eher bin ich mit meiner Arbeit nicht fertig. Möchtest du vielleicht vorher die Show ansehen?«

Auch in Halle hatte er mich eingeladen, bei der Show dabei zu sein, doch ich wollte einfach Prioritäten setzen.

»Nein, Götz, später bestimmt, jetzt komme ich lieber direkt.«

Die ganze Woche über baute sich eine ganz besondere Schwingung zwischen uns auf. Ich verspürte auf einmal wieder tiefe Gefühle für einen Mann, und obwohl ich Götz nur einmal für knapp zwei Stunden gesehen hatte, registrierte ich mit Erstaunen, wie sehr ich als Frau auf ihn reagierte.

Ich lernte plötzlich, SMS auf meinem Handy zu schreiben, was ich vorher noch nie getan hatte. Unzählige SMS gingen in dieser Woche hin und her. Es war einfach wunderschön. Und die Vorfreude, ihn bald wieder zu sehen, stieg von Tag zu Tag.

KAPITEL 6

Wie die Sonne das Eis schmelzen lässt,
so verfliegen Missverständnisse,
Misstrauen und Feindschaft durch Freundlichkeit.

ALBERT SCHWEITZER

Am Samstagabend kam Rico noch kurz zu mir ins Schlafzimmer, um mir eine gute Nacht zu wünschen. Ich hatte ihm vorher natürlich von Götz erzählt, auch dass ich ihn Sonntagnacht von Oberhausen abholen würde.

Plötzlich bemerkte er die zweite Bettdecke und das Kissen neben mir und starrte mich mit großen Augen an.

»He«, argwöhnte er, »sag bloß, der Typ schläft bei dir!«

»Ja.«

»Bist du da ganz sicher?«, meinte er etwas hilflos.

»Ja.«

»Na, ich weiß nicht, ob ich das gut finde …«

O je! Das war eigentlich nicht geplant, an das frisch gemachte Bett neben mir hatte ich überhaupt nicht gedacht. Vier Jahre lang hatte ich allein geschlafen. Ganz behutsam wollte ich Götz vor allem mit Rico bekanntmachen. Doch nun war's geschehen.

»Na ja, warten wir mal ab. Du wirst ihn bestimmt mögen …«

Der Sonntag verlief dann in einer ganz eigenartigen Spannung. Immer wieder versuchte ich, mir Götz' Gesicht vorzustellen – es war einfach nicht möglich. An einzelne Merkmale konnte ich mich zwar erinnern – lichtes Haar, kurzer Bart, warme hellbraune Augen, ein liebes Lachen und eine enorm sympathische Ausstrahlung. Doch das Bild als Ganzes fehlte mir noch. Dauernd schaute ich auf die Uhr.

Götz schien es wohl ebenso zu gehen, denn am Nachmittag erhielt ich folgendes Fax von ihm aus Oberhausen:

Hallo Gila,

ich bin schon gar nicht mehr richtig bei der Sache, weil ich nur noch bei Dir bin.
»HERR, LASS ABEND WERDEN!«
Dein Navigations-Gerät kannst Du getrost abschalten, wir werden wie Magneten aufeinander zustreben.
Was soll ich Dir jetzt noch schreiben, wo ich nur noch die Stunden zähle und auf die Uhr schaue?
Ich freue mich so sehr auf heute Abend, dass ich ziemlich »sprachlos« bin.

Ich umarme Dich mit meiner ganzen Liebe
Götz

Und das nach nur zwei Stunden, in denen wir persönlich zusammen waren! Ich spürte ganz deutlich, dass zwischen ihm und mir in dieser Woche eine ganz besondere Schwingung entstanden war, die weit mehr ausmachte als die Erwartung, miteinander zu schlafen.

Als ich seine Zeilen las, schoss mir auf einmal siedendheiß der

Schluss meines Herzen-Buches durch den Kopf. Genau einen Tag vor unserem ersten persönlichen Kontakt hatte ich das letzte Kapitel mit den Gedanken beendet:

Werde ich spüren, wenn irgendwann auch wieder mein Engel
der Partnerschaft sich mit dem Engel meines Partners in
Verbindung setzt, um ein heimliches Arrangement zu treffen –
eine Begegnung, die meiner jetzigen Einstellung entspricht:
»Ich habe aufgehört zu suchen – ich lasse mich finden«?
Werde ich spüren, wenn diese Engel gemeinsam einen Plan
für zwei Menschen entwerfen, um alles für die beiden in
die richtigen Bahnen zu lenken?
Ich glaube daran, dass es so sein wird.

Danke, ihr Engel, dass ihr euch so unmittelbar und so deutlich gezeigt habt!

Mit tausend Schmetterlingen im Bauch fuhr ich Sonntagnacht nach Oberhausen, um Götz abzuholen. Was würde sein, wenn wir uns wiedersähen? Wie würde die erste Nacht mit ihm sein, obwohl es ja fast morgen wäre, wenn wir nach Hause kämen? Wie würden Rico und Dana auf ihn reagieren, die unter meiner vorangegangenen Partnerschaft so gelitten hatten? Glücklicherweise hatten sie sich mir damals anvertraut, so dass ich von heute auf morgen reagieren konnte.

Ab 24 Uhr konnte ich Götz telefonisch wieder erreichen, weil dann der Bühnenabbau größtenteils beendet war. Und genau um diese Zeit fuhr ich vor der Stadthalle in Oberhausen vor. Es war so weit. Gleich würden wir uns wiedersehen. Mein Herz klopfte laut, als ich ihn anrief.

»Hi, Gila!«, sagte er fröhlich. »Wo stehst du?«

»Am Haupteingang vor der Stadthalle.«

»Nimm die hintere Einfahrt, dort, wo all die LKWs stehen. In einer halben Stunde bin ich bei dir, okay?«

In diesen dreißig Minuten gingen mir all die Ereignisse, unsere Telefonate, der Inhalt unserer SMS und seiner täglichen Faxe durch den Kopf. Es war eine zauberhafte Schwingung, in der ich mich befand.

Und dann sah ich, wie Götz auf mein Auto zusteuerte. Ich stieg aus – schaute ihn an – und wir nahmen uns ganz fest in die Arme. Unsere Lippen berührten sich – es war der Höhepunkt einer ganz besonderen Woche …

Meine unbemannte Zeit war zu Ende. Götz schlug ein – auf seine sympathische Art.

Seit Langem hatte Rico mich gebeten, ein Fernsehgerät in seinem Zimmer aufzustellen. Da das nur mit einigen technischen Veränderungen möglich war, hatte ich bisher abgelehnt, aber auch, weil ich so immer noch ein Auge darauf werfen konnte, welche Sendungen er sich ansah. Um nun Rico in Bezug auf Götz ein gutes Gefühl zu geben, hatte ich Götz gebeten, das Gerät aus dem Fernsehzimmer zu holen und zusammen mit Rico eine neue Kabelverbindung zu legen. Dabei wollte ich mich bewusst heraushalten und den beiden das Feld überlassen.

Am Montagmittag holten wir Rico gemeinsam von der Schule ab, und die beiden mochten sich auf Anhieb. Ricos Sympathie stieg immens, als Götz ihm dann half, den Fernseher in seinem Zimmer anzuschließen.

Nach kurzer Zeit spürte auch Rico, wie schön es war, endlich wieder einen Mann im Haus zu haben, der ihm immer mehr ein väterlicher Freund wurde. Auch Yildiz sowie meine anderen Mitarbeiterinnen mochten Götz ausgesprochen gern. Er gehörte bald mit zur Familie, obwohl er ja noch im Großraum Pinneberg seine Wohnung hatte.

Nach dem Ende der James-Last-Tournee blieb Götz zum Wochenende jetzt stets bei uns, während er wochentags als selbstständiger Tontechniker für eine Hamburger Firma tätig war.

Eines Abends saßen wir bei mir zu Hause zusammen auf der Couch. Götz mochte es ebenso gern wie ich, wenn an etwas kühleren Tagen das Feuer im Kamin brannte und abends eine warme Atmosphäre durch brennende Kerzen geschaffen wurde. In dieser Stimmung führten wir gern tiefgehende Gespräche.

So ist zum Beispiel ein immerwährendes Thema, das auch viele meiner Teilnehmer beschäftigt, Beziehungsstress – oder wie wir es früher gern nannten »Liebeskummer«.

Als ich Götz nach seiner Beziehung zu Anja fragte, stopfte er sich besonnen seine Pfeife. Er schaute ins Kerzenlicht und sagte leise: »Es ist noch gar nicht so lange her, dass ich vom siebten Himmel in die Hölle stürzte, als sich die Frau von mir trennte, für die ich Liebe und Leidenschaft verspürte. Sie hatte es wohl eher gemerkt – unsere Beziehung hatte keine Chance. Warum verwechseln wir bloß so oft Leidenschaft mit Liebe?«

»Ich glaube«, warf ich ein, »der wesentliche Unterschied ist schon im Wort selbst angedeutet. Leidenschaft schafft Leiden, Liebe nicht. Leidenschaft ist eine starke Kraft. Man will etwas unbedingt haben. Die Leidenschaft ist eine Macht, die uns beherrscht.«

»Das stimmt. Bei Anja habe ich selbst erlebt, dass Beziehungen, die überwiegend über sexuelle Leidenschaft beginnen, im Chaos enden können. Aus meiner Sicht ist Leidenschaft eine Sucht. Und Süchte beengen und machen uns unfrei.«

Ich dachte über diese Worte nach und fuhr fort: »Die Liebe dagegen ist ganz anders geartet. Die Liebe sucht nicht die Erfüllung für uns selbst, sondern wünscht sich nur das Beste für den anderen. Sie ist eine zarte, sanfte Empfindung, sie *ergreift* uns nicht, sie *berührt* uns. Die Liebe spüren wir im Herzen, die Leidenschaft hingegen im Bauch. Liebe bedeutet, das Gemeinsame zu suchen und nicht das Trennende. Liebe heißt, Freiraum und Freiheit zu genießen und sie dem anderen ebenso zu gewähren, ihn in seiner Eigenheit und Einzigartigkeit zu respektieren.«

Götz schwieg eine Weile, ehe er antwortete: »Für mich ist es so, dass eine gute Beziehung Liebe und Leidenschaft in sich vereint hat.«

»Ja, das sehe ich auch so. Stell dir eine brennende Kerze vor«, griff ich seinen Gedanken auf, »du siehst das Feuer – und du siehst die Kerze. Während du mit der Kerze der Liebe jedes Feuer entzünden kannst, kann das Feuer der Leidenschaft unsere Kerze schnell durch seine Hitze zerstören.«

Götz nickte und meinte: »Auch in anderer Hinsicht fällt mir ein Vergleich zu unserem Leben ein. Beispielsweise ist Verliebtsein für mich die Vorstufe der Liebe. Wie ein Baum nicht immer nur blühen kann, sondern sich aus den Blüten Früchte entwickeln, ergibt sich Liebe aus dem Verliebtsein.«

»Ein schönes Beispiel«, warf ich ein, und nach einer Weile kam mir die Frage in den Sinn: »War Anja eigentlich der Grund für das Scheitern deiner Ehe?«

»Nein, ich habe sie erst nach der Trennung von meiner Frau kennengelernt. Sie war Geigerin ohne festes Engagement bei der James-Last-Band, wo sie für jemanden einsprang. Was meine Ehe dagegen betrifft, so habe ich mich nach achtzehn Jahren – ohne akuten Anlass – von meiner Frau getrennt. Das war eher ein schleichender Prozess.

Aber die Trennung von Anja war schlimmer. Ich konnte kaum

noch schlafen, war einsam, verunsichert. Als einzigen Trost hörte ich immer nur, dass die Zeit alle Wunden heilt.«

»Und wie lange hat es gedauert, bis du darüber hinweg warst?«

»Fast ein ganzes Jahr. Erst dann hatte ich meine bohrenden Selbstzweifel und marternden Ängste, von nun an allein sein zu müssen, endlich hinter mir gelassen. Damals allerdings zerriss es mir fast das Herz.«

Ich hing meinen Gedanken nach. Vor diesem Gefühl ist niemand gefeit. Ein Schmerz, den wohl jeder von uns schon gefühlt hat: Hals über Kopf verlieben wir uns – und werden zurückgewiesen!

Wenn eine Beziehung zerbricht, der Partner geht und uns mit den Scherben unserer Träume zurücklässt, fühlen wir uns verraten und verloren, gedemütigt und gekränkt. Ziehen uns zurück und trauern. Liegen nachts wach. Essen kaum noch oder stopfen uns voll mit Süßigkeiten. Rauchen eine Zigarette nach der anderen oder ertränken unser Leid im Alkohol. Fühlen uns von Gott und der Welt verlassen. Nutzlos, wertlos, hoffnungslos! Und warten dennoch mit pochendem Herzen auf ein Signal. Vergebens!

Was ist Liebeskummer? Nur ein psychischer Ausnahmezustand, eine seelische Beeinträchtigung, die mit der Zeit vergeht? Ein Mix aus verletzter Eitelkeit, Angst vor dem Alleinsein und Gram über den Verlust einer geliebten Person? Oder eine ernste Erkrankung, die Leib und Leben gefährdet und sogar in Depression und Selbstmord enden kann?

Leise Musik lief im Hintergrund, während Götz' Worte in mir nachwirkten.

»Fast jeder, der leidet«, fuhr ich fort, »durchläuft fünf Phasen. In der ersten spürt oder wittert er, dass etwas nicht stimmt – ahnt die Bedrohung der bisherigen Sicherheit seiner Beziehung durch veränderte Aussagen, merkwürdige Blicke oder ausbleibende körperliche Zuwendung.«

»Ja, es war plötzlich alles anders bei ihr. Anja entzog sich mir, und ich wusste gar nicht, warum.«

»In der zweiten Phase dann wird die Trennung konkret, Lähmung oder Leere ist die Folge. Durch den drohenden Verlust des Partners bricht die bisher gültige Selbstsicht zusammen. Man ist buchstäblich fassungslos. Es gibt keinen Halt mehr, keinen Verlass auf alltägliche Gewohnheiten; viele fühlen sich in diesem Zustand, als ob sie nur noch funktionieren.«

Götz nahm einen Zug aus seiner Pfeife und erzählte weiter: »Genau. Für mich ist damals auch eine Welt zusammengestürzt. Ich war wie ferngesteuert. Wie tot. Wie im Delirium bin ich herumgelaufen. Zur Hilflosigkeit verdammt, weil sie durch ihr Schweigen signalisierte: Es ist sinnlos, irgendetwas dagegen zu tun.«

»Wie im Lehrbuch«, lächelte ich, »denn in der dritten Phase versucht man, die Trennung aufzuschieben oder zumindest abzufedern. In diesem Abschnitt kommt es häufig wieder zu zeitweiligen Annäherungen, die aber ebenso mühselig wie oftmals aussichtslos sind.«

»So ging es auch Anja und mir«, meinte Götz nachdenklich, »wir wollten es doch noch mal miteinander versuchen. Dann aber wurde klar, dass die Liebe endgültig gescheitert ist.«

»Das war klassisch gesehen die vierte Phase! Die Einsicht, verlassen worden zu sein, rührt eine verschüttete Urangst auf – die Angst des Babys nach der Geburt. Der paradiesische Zustand im warmen und schützenden Bauch der Mutter ist vorbei, nun muss es fürchten, nicht mehr wahrgenommen zu werden.«

»Stimmt! Auch bei mir war die Trennung von Anja der Auslöser, sich wieder mutterseelenallein zu fühlen«, sinnierte Götz.

»Ich habe mich mit Vorwürfen geplagt, mein Selbstwertgefühl sank auf null.«

Er schwieg eine Weile und fuhr dann fort: »Ich bin dann viel gejoggt als Ablenkung und bin dadurch wieder einigermaßen zu mir selbst gekommen. Immer noch besser, als Trost im Alkohol zu suchen.«

»Ja, damit hat dann die letzte Phase begonnen. Erst nachdem du den Verlust akzeptiert hattest, war es dir möglich, den Fokus auf deine Zukunft zu richten und aus dem Wir wieder zum Ich zu kommen.«

»Genau, da erst habe ich gemerkt, dass ich mich wieder öffnen konnte – auch für eine neue Partnerin. Spätestens damit war dann der große Schmerz vorbei.«

In dem Zusammenhang fällt mir eine andere Begebenheit ein: Angelika, eine junge Frau, war mir aufgefallen, weil sie beim Seminar so starke Rückenschmerzen hatte. In der Pause bat sie mich dann um ein persönliches Gespräch und beklagte sich darüber, dass sich ihr Partner vor Kurzem von ihr getrennt hatte. »Gila, alles tut noch so weh. Was kann ich bloß tun, dass ich nicht dauernd an ihn denke?«

»Jetzt im Moment ist nur Ablenkung angesagt – den Fokus ändern«, antwortete ich. »Du darfst ruhig trauern. Mach doch ruhig mal ein Trauerritual! Schreib zum Beispiel den Namen deines Ex-Partners auf einen Zettel und verbrenne ihn. Oder nimm ein Foto zur Hand, und verabschiede dich von seinen positiven und negativen Eigenschaften!«

»Ja, das ist gut! Du glaubst gar nicht, wie wütend ich manchmal noch bin …!«

»Angelika, Wut tut gut! Ohne sie dauert der Prozess des Loslassens länger. Aber lang anhaltende und ungezügelte Wut kann in

Hass übergehen. Hass bedeutet geronnene negative Energie und eine Vertiefung der Abhängigkeit. Jede Weiterentwicklung wird damit blockiert. Du bindest den anderen durch dieses Gefühl!«

Ich spürte, wie traurig sie war, als sie fortfuhr: »Ich zwinge mich quasi dazu, mir nach außen hin nichts anmerken zu lassen und cool zu sein. Aber ich merke, dass es mir dabei nicht gut geht.«

»Traurigkeit, die man verdrängt«, gab ich ihr zu verstehen, »schwächt auch dein Immunsystem. Dein Rückenleiden kann ohne Weiteres die Folge solch unterdrückter Gefühle sein.«

»Weißt du, wenn ich so einsam bin, dann reizt es mich schon, mal wieder einen Gruß per Handy ganz unverbindlich an ihn zu senden. Ich gebe ja zu, ich habe die Hoffnung, dass er sich dadurch wieder meldet.«

»Sei es dir selbst wert«, meinte ich abschließend, »den Kontakt endgültig abzubrechen – ohne weitere SMS oder Grüße, und entferne sentimentale Erinnerungsstücke. Wenn du magst, so schreibe ein spezielles Loslass-Tagebuch, in dem du die Beziehung mit all ihren schönen, aber auch unguten Erlebnissen aufarbeitest.«

Ihr Gesicht hellte sich auf. »Ja, das ist ein guter Vorschlag! Ich habe immer gern Tagebuch geschrieben, aber zuletzt gar keine Freude mehr daran gehabt. Gila, das mache ich, danke!«

Während ich sie liebevoll in meine Arme nahm, meinte ich lächelnd: »Man kann sich nicht aussuchen, wann man liebt, Angelika. Und sollte ich selbst mal in diese Situation kommen, dann gib mir alles, was ich dir jetzt so weise geraten habe, wieder zurück, okay?«

Ein Lächeln huschte über ihr Gesicht, als sie wieder zur Gruppe zurückging.

Ende Mai 2002 – Götz und ich kannten uns jetzt einen Monat – lud ich ihn zu einem Selbsterfahrungsseminar ein, das ich in Sasbachwalden in der Nähe von Baden-Baden leitete.

Auf dem Weg dorthin besuchten wir Günter Ilse, über den ich bereits in meinen anderen Büchern berichtet habe. Ihn lernte ich im November 1983 kennen. Dieser Kurs, den er leitete, hat mein Leben von heute auf morgen total verändert. In meinem Husky-Buch habe ich über diese Begegnung und die Zeit vor, zwischen und nach meinen beiden Auswanderungen berichtet.

Günter ist mir in den vergangenen zwei Jahrzehnten ein sehr guter Freund geworden, auch seine Frau Röschen, bis sie im Februar 2000 ins Licht ging. Nun begegneten sich Günter und Götz zum ersten Mal bei Günter zu Hause in Heidelberg.

»Da seid ihr ja!«, rief er fröhlich aus, als wir bei ihm eintrafen und nahm mich in die Arme. »Und das ist Götz?«

Auch Götz war ganz angetan von Günters liebevoller Ausstrahlung. Doch wer ist das nicht? Beeindruckend, wie unser Freund – bereits 2002 weit in den Siebzigern – vital und voller Lebenskraft jetzt auch allein sein Leben meistert.

»Was für eine Aussicht!«, meinte Götz bewundernd, als er auf die Terrasse der großen Penthousewohnung trat, die den Blick über ganz Heidelberg freigibt.

Bereits zuvor am Telefon hatte ich Günter die Geschichte der Begegnung zwischen Götz und mir erzählt. Obwohl sich die beiden gerade erst kennengelernt hatten, entwickelte sich sofort eine wunderschöne Schwingung zwischen ihnen.

»Weißt du, Götz«, meinte Günter nachdenklich, als wir später zusammen beim Kaffeetrinken saßen, »ich glaube, die Begegnung zwischen Gila und dir ist schicksalhaft. Und Schicksal ist nichts anderes als Schwingung, die Form annimmt – wir sind die Schöpfer.«

»Also ist es so«, spann Götz den Gedanken weiter, »dass alles mit unserer Schwingung übereinstimmen muss nach dem Gesetz der Resonanz?«

Ich nickte und bemerkte: »Oftmals werde ich von Teilnehmern gefragt, warum sie trotz Affirmationen etwas nicht bekommen. Der Grund ist, dass es nicht zu ihrer Schwingung passt. Sie können sich manches noch so sehr wünschen, sie werden es einfach nicht bekommen. Anderen dagegen fällt es gleich in den Schoß, weil es ihrem Lebensplan entspricht, obwohl sie gar nicht mal daran gedacht haben.«

»Sind dann Affirmationen überhaupt noch nötig?«, fragte Götz aufmerksam.

»Die Frage ist berechtigt«, erwiderte ich, »ich sehe es so, dass wir mit ihnen die Richtung für unser Lebensschiff setzen und uns somit nicht so sehr auf Abwege begeben. Nehmen wir von vornherein keinen Kurs auf, vergeuden wir kostbare Energie mit eventuellen Umwegen.«

Günter gab zu bedenken: »Wir haben die Freiheit, uns für oder gegen etwas zu entscheiden, doch die Verantwortung für die Folgen unserer Entscheidung tragen wir immer selbst.«

Götz hakte nach: »Freiheit? Was bedeutet das? Dass wir machen können, was wir wollen? So viel Vergnügen haben können, wie wir wollen? Ich glaube nicht an so eine Form von Freiheit.«

»Ja«, stimmte Günter zu, »spätestens, wenn wir das tatsächlich ausprobieren, merken wir sehr schnell, dass wir uns dadurch im seltensten Fall tatsächlich wohler fühlen. Wirklich frei sind wir, wenn wir uns wieder an unsere eigene göttliche Energie erinnern, losgelöst von alten Mustern. Das verleiht uns Kraft und Stärke. Wie ein Fels in der Brandung senden wir diese hohe Energie aus, ohne dass uns irgendetwas von außen noch ins Wanken bringen könnte. Diese Freiheit sollten wir suchen und für uns verwirklichen.«

»Genau das geschieht«, bestätigte ich Günters Worte, »wenn ich meine Affirmationen schreibe. Ich setze mich mit meiner eigenen schöpferischen Kraft in Verbindung – mit meiner mir von Gott verliehenen Kreativität. Und damit schaffe ich meine Lebensumstände. Außerdem werden dadurch eventuelle Zweifel eliminiert.«

»Du erntest, was du säst«, erklärte Günter, »wenn du Weizen säst, dann erntest du Weizen. Du kannst nicht Weizen säen – und Hafer ernten oder umgekehrt. Das ist ein universelles Gesetz. Wenn du zu anderen freundlich bist, erntest du Freundlichkeit. Wenn du ablehnend bist, erntest du Ablehnung. Wenn du dir ärgerliche, deprimierende oder ängstliche Gedanken machst, dann fühlst du dich auch ärgerlich, deprimiert und ängstlich. Achte also darauf, was du säst.«

Götz war total angetan, dass er in Günter nun einen anderen Menschen kennenlernte, der die gleichen Gedanken und eine identische Einstellung hatte wie ich, für die auch Götz inzwischen immer sensibler wurde.

»Na ja«, sagte er zu Günter, »ich bin mal gespannt, wie die nächsten Tage ablaufen. Es ist das erste Mal, dass ich Gila als Seminarleiterin und auch die Resonanz der Teilnehmer erlebe.«

Und es war ein absolutes Hi-Light für Götz, der diese Zeit als intensive Erfahrung erlebte.

In einer Diskussionsrunde stellte dort unter anderem jemand die Frage, wie man zwischen dem Alpha- und dem Beta-Zustand unterscheidet.

»Wenn wir wach sind«, antwortete ich, »befinden wir uns im Beta-Zustand, während des Einschlafens und in der Traumphase dagegen im Alpha-Zustand. Und dann arbeitet hauptsächlich unser Unterbewusstsein.«

»Und was ist Dösen?«, wurde weiter gefragt.

»Liegen wir beispielsweise vor dem Fernseher, und unsere Gedanken gehen ganz woanders hin, sind wir am Dösen. Auch Dösen und Tagträumen geschieht im Alpha-Zustand. Alles, was um uns herum passiert, zum Beispiel eine Schreckensmeldung, geht ungefiltert ins Unterbewusstsein. Und im Gegensatz zum Bewusstsein nimmt das Unterbewusstsein kritiklos sämtliche Informationen als wahr an.«

Dann ging es weiter um das Thema der unbewussten Beeinflussung, und ich stellte die Frage:

»Habt ihr schon mal gemerkt, dass der Ton lauter wird, wenn die Werbung kommt?«

»Ja, die verfolgen uns bis aufs Klo!«, sagte jemand belustigt.

»Wir sollten aufpassen«, warf ich ein, »was wir da so unkontrolliert in unser Unterbewusstsein – unser bestes Stück – hineinlassen.«

»Mein bestes Stück sitzt aber woanders«, griente ein Teilnehmer.

»Darüber möchte ich jetzt mit dir nicht diskutieren«, lachte ich und schloss die Runde.

Während der Mittagspause bei einem Spaziergang durch den Wald sagte Götz: »Mir ist in diesen Tagen so deutlich bewusst geworden, wie sehr unsere persönliche Sichtweise entscheidet, ob die Welt uns wie ein Freund oder wie ein Feind erscheint. Unsere Umwelt kann vollkommen oder unvollkommen sein, sie kann schön oder hässlich sein, sie kann gerecht oder ungerecht sein. Wie wir sie und auch die Menschen um uns herum erleben, hängt von unseren Gedanken ab – dem Blickwinkel, unter dem wir alles betrachten. Das Gute *und* das Böse existiert. Worauf wir uns jedoch gedanklich konzentrieren, bestimmt, was wir erleben und fühlen.«

Ob du glaubst, du schaffst es – oder ob du glaubst, du schaffst es nicht: DU hast immer Recht.

»Weißt du, Gila«, fuhr Götz fort, »interessant finde ich, wie viele der Anwesenden nicht wegen irgendwelcher Probleme gekommen sind, sondern einfach, um neue Kraft und Energie zu tanken.«

»Genau, und das Besondere daran ist«, entgegnete ich, »hier begegnen sich Menschen, die bereit sind, ihre Maske abzulegen. Steine bröckeln, die ihre Seele eingemauert haben – schön, das zu erleben. Trost und Freude miteinander zu teilen, Liebe und Aufmerksamkeit von den anderen zu bekommen, den anderen aber auch liebevolles Interesse zu geben. Oft wird angenommen, dass sich nur jemand anmeldet, der eine akute Situation lösen möchte oder ein dickes Problem hat. Das ist nicht so. Für meine Engel-Seminare, die ich meistens im November halte, haben viele Teilnehmer ›Abos‹ abgeschlossen – sie kommen immer wieder gern, um zumindest einmal im Jahr neu aufzutanken. Hier wird der Mensch als Mensch gesehen, egal, ob Industrieller, Arzt, Staatsanwalt oder Abhängiger.«

Genau so eine Konstellation fanden wir auch auf diesem Seminar vor, zu dem sich Ulrich angemeldet hatte, von Beruf Staatsanwalt. Zugleich war auch Jenny gekommen, von der ich durch ihre Eltern wusste, dass sie nicht nur mehrere Entzüge hinter sich hatte, sondern auch durch ihre Drogenabhängigkeit bereits im Gefängnis gewesen war. Dort in der Bibliothek hatte sie meine Bücher gelesen. Das Schöne war, dass sie jetzt *selbst* ihr Leben von Grund auf ändern wollte. Deshalb war sie gekommen.

Und wie das Leben so spielt, fanden sich gleich zu Beginn genau diese beiden zu einem gemeinsamen Gespräch. Nur ich konnte ihr Grinsen deuten, als einer vom Leben des anderen erfuhr. Während dieser gemeinsamen Tage konnten beide sehr viel gegenseitiges Verständnis füreinander aufbauen und dementsprechend Vorurteile abbauen.

Jenny lernte hier plötzlich eine ganz andere Seite der Menschen kennen, die sie vorher verachtet hatte.

»Ihr ward alle Spießer für mich«, sagte sie frei heraus. »Du, Ulrich, warst natürlich mein Gegner! Du hattest Schuld, dass ich eingebuchtet wurde! Nur du!«

Ulrich grinste, als Jenny weitersprach: »Jeder hatte Schuld an meiner Drogensucht, jeder! Meinen Eltern geht es wirtschaftlich so gut, dass sie alles getan haben, um mich clean zu bekommen, vor lauter Angst und Sorgen um mich und ihren guten Ruf. Alles haben sie bezahlt bisher – und genau das war's! Ich hatte gar kein Motiv, selbst etwas zu tun. Auch dieses Seminar wollten meine Eltern bezahlen. Doch dieses Mal habe ich gesagt: ›Nein, das ist jetzt meins! Das schaffe ich selbst!‹ Und gegen den Willen meiner Eltern habe ich bei Gila im Büro angerufen und darum gebeten, ganz kleine Beträge bezahlen zu dürfen. Und das macht mich unheimlich stolz.«

Wir alle waren berührt von ihrer Erkenntnis, diese Kraft, die sie vorher *gegen* sich, ihre Gesundheit und die Gesellschaft gerichtet hatte, jetzt *für* ihr Leben einzusetzen.

Ich durfte später Zeugin ihrer positiven Entwicklung werden. Statt Herausforderungen als Bedrohung anzusehen und sich mit Drogen zu betäuben, fand sie im Laufe der Zeit immer mehr Lösungen mithilfe von Büchern, die ihr ganz andere Möglichkeiten für ihr Leben aufzeichneten. Die Energie, die sie lange Zeit in die Sucht gesteckt hatte, setzte sie jetzt für die Lösung von Herausforderungen ein.

Woher kommt das Wort *Sucht?* Die Seele *sucht* ihre Aufgabe. Und genau das ist es, was ich meine.

Jenny hat sich zum Ziel gesetzt, selbst Sucht-Therapeutin zu werden. Vielleicht musste sie all das durchleben, um später eine gute Therapeutin zu werden, die durch authentische Erfahrungen anderen besser helfen kann.

Jenny, wenn du diese Worte liest – sie sind dir gewidmet! Ich weiß, dass du es schaffst!

Eine Episode werde ich wohl immer in Erinnerung behalten: Am letzten Abend gibt es auf dem Selbsterfahrungsseminar eine wunderschöne Paar-Übung.

»Denkt daran«, so leitete ich dieses Ritual wie immer ein, »es ist und bleibt eine heilige Handlung. Und das erfordert auch den nötigen Ernst. Einen von euch führe ich jetzt in die Meditation, und der andere bleibt wach. Dann, nach einer Weile, gebe ich dem, der wach bleibt, das Zeichen, dass er damit beginnen kann, euch ganz leise eure eigenen Affirmationen ins Ohr zu flüstern.«

Alles war still – leise Musik erklang im Hintergrund, als ich mit der Meditation begann. Nach etwa zehn Minuten war es dann soweit: Der wache Teilnehmer konnte flüsternd mit der Eingabe beginnen. Nachdem er alle Lebenswünsche vorgelesen hatte, begann er wieder von vorn – wie bei einer Endlosschleife. Nach einer gewissen Zeit sollte meine Stimme dann wieder einsetzen.

So geschieht es – fast immer!

Auch an diesem Abend beobachtete ich die Paare während der Zeit der flüsternden Eingabe, sensibilisiert, ob mich jemand brauchte. Es kommt immer wieder vor, dass jemand etwas lauter spricht und ich leise hingehe und ein »Pst!« andeute.

Doch dieses Mal war es anders. Mir fiel auf, wie Melanie als meditierende Teilnehmerin dauernd den Kopf hob und ihr Körper krampfartig zuckte, als ihr Jenny die Affirmationen eingab.

Um die anderen nicht zu stören, ging ich leise zu den beiden, konnte aber nichts ausmachen, merkte aber jetzt, dass Melanie sich offensichtlich vor Lachen schüttelte.

Jenny guckte mich hilflos an, während ich ihr das Zeichen gab, weiterzumachen.

Immer wieder das Gleiche: Bei einer gewissen Formulierung erfolgte ein erstickter Lachkrampf. Ganz behutsam legte ich meine Hand auf den Kopf von Melanie, um ihr dadurch Energie der Ruhe zu geben.

Als diese wunderschöne Übung dann vorbei war, stand Melanie auf und bekam vor Lachen kaum ein Wort heraus.

»Gila«, gluckste sie, »du kannst dir gar nicht vorstellen, was passiert ist. Du hast doch unsere Affirmationen überflogen, ob irgendwo noch eine Formulierung zweideutig oder negativ ist.«

»Na klar«, antwortete ich, und wartete auf das, was da kommen sollte.

»Erinnerst du dich noch an meine Glaubenssätze?«

»Nein, Melanie, wenn ich sie gelesen habe, sind sie wieder weg bei mir.«

»Okay, ich hatte aufgeschrieben: Ich bin dankbar für die vielen Impulse zum Glücklichsein, die ich immer wieder erhalte – nach deinem Buchtitel.«

Und wieder bekam sie vor Lachen kein Wort heraus. Aber dann kam es: »Weißt du, ich muss wohl etwas undeutlich geschrieben haben – und Jenny las mir stets aufs Neue vor: Ich bin dankbar für die vielen ›Pilze‹ zum Glücklichsein, die ich immer wieder erhalte! Und das mindestens 20-mal! Was mache ich bloß mit den vielen Pilzen?«

Den Rest des Abends wurde nur noch über die Pilze gelacht …

Eine Woche nach dem Seminar besuchte ich Götz das erste Mal in Hamburg und war angenehm überrascht, wie harmonisch und funktionell seine kleine Wohnung eingerichtet war – einfach zum Wohlfühlen! Und dabei lernte ich den Krupunder-See kennen, der uns fast um unsere Beziehung gebracht hätte.

Es war ein heißer Tag. Als ich nachmittags losfuhr, zeigte das Thermometer immer noch weit über 30 Grad an. Gegen 17 Uhr traf ich bei ihm in Krupunder ein.

Götz' Wohnung lag in der 5. Etage eines Mehrfamilienhauses in der Nähe der S-Bahn-Station, direkt unterm Dach. Und es war heiß – nicht nur draußen!

»Magst du was trinken?«, fragte Götz fürsorglich, »einen Caipirinha vielleicht?«

»Ja, gern«, entgegnete ich durstig. Caipirinha hatte ich zwei Wochen zuvor zum ersten Mal auf unserem Sommerfest in Halle getrunken, er hatte sehr erfrischend nach Limonen geschmeckt!

So saß ich am Küchentisch und sah Götz interessiert zu, wie er mit den Zutaten hantierte – richtig professionell, mit Eis-Stößel, Limonen, Rohrzucker und noch einigen anderen Sachen. Er machte ein richtiges Ritual daraus.

»So«, meinte er und stellte dann zwei Gläser mit jeweils zwei Strohhalmen vor uns auf den Tisch, »dann lass es dir mal schmecken!«

Durstig wie eine Bergziege zog ich an den Strohhalmen. Innerhalb von Sekunden war nur noch zerstampftes Eis im Glas.

»Hast du noch einen?«, fragte ich munter. Götz sah mich etwas merkwürdig an und meinte: »Klar, gib mal dein Glas, ich mach dir noch einen.«

Immer noch durstig sah ich ihm erwartungsvoll zu, wie er geschickt wieder alles zusammenmixte und mir einen zweiten Caipirinha kredenzte.

»Wow, ist der gut!«, bemerkte ich bewundernd und trank auch das zweite Glas leer.

Plötzlich fiel mir auf, dass Götz mich aufmerksam musterte – und im gleichen Moment wurde mir irgendwie anders!

»Sag mal«, fragte ich vorsichtig, »da ist doch kein Alkohol drin, oder?«

»Kein Alkohol?«, krächzte Götz ungläubig, »40 Umdrehungen pro Glas, Gila!«

Mit offenem Mund starrte ich Götz an. »Aber auf dem Sommerfest vor zwei Wochen war garantiert keiner drin! Und da habe ich ihn zum ersten Mal getrunken. Ich kenne ihn nicht anders«, lispelte ich inzwischen, »aber dieser hier schmeckt auch gut – sehr gut sogar!«

Götz grinste breit: »Gut, dass wir das geklärt haben. Ich dachte schon, du hättest ein Alkoholproblem!«

Inzwischen fühlte ich mich federleicht und hielt ihm erneut mein Glas hin. »Nee«, säuselte ich »im Moment hab ich damit gar keins. Kann ich bitte noch einen haben?«

Ich brauche wohl nicht zu erwähnen, dass es ein ganz besonders lockerer und wunderschöner Abend wurde …

Einen Gedanken ohne Gefühl gibt es nicht. Im Alltag, so glauben wir zumindest, spielen Gefühle eine eher untergeordnete Rolle. Vor allem Kopfmenschen sprechen gern von Gefühlsduselei und behaupten, dass in bestimmten Situationen nun mal besser der Verstand Regie führen sollte.

Aber geht das überhaupt, allein den Kopf walten zu lassen? Nein, das ist nicht möglich. Ob Ärger oder Angst, Freude oder Stolz, selbst banalste Ereignisse wie der Anblick frischen Obstes auf dem Markt oder die Tatsache, dass der Tank des Autos mal wieder leer ist, lösen vielfältige Emotionen in uns aus – wie ich später selbst erfahren sollte …

Empfindungen begleiten uns in jeder Sekunde unseres Lebens. Woher weiß man das so genau?

Seit Anfang der 90er-Jahre ist es durch die Computertomographie möglich, unser Gehirn in Aktion zu beobachten und exakt zu lokalisieren, welche Region mit welchem Gefühl verbunden ist. Und dadurch wird sogar wissenschaftlich bewiesen: Gefühle sind bei allen Prozessen dabei. So etwas wie einen reinen, emotionslosen Gedanken gibt es nicht.

Wer Angst, Wut oder Trauer herunterschluckt, tut sich selbst keinen Gefallen, sondern läuft auf Dauer sogar Gefahr, depressiv oder krank zu werden. Dass selbst nicht gelebte positive Gefühle wie Mitgefühl oder Leidenschaft zum Problem werden können, weiß man allerdings auch. Man hat beobachtet, dass sich bei Menschen, die ihre Gefühle angeblich im Griff haben, eher Stress entwickelt als bei denen, die ihre Gefühle ausleben.

»Soll man negative Gefühle denn einfach verdrängen, Gila?«, kam die Frage im Seminar auf.

»Nein, nicht verdrängen, sondern umlenken – den Fokus ändern! Wenn wir immer wieder über Dinge, die uns sehr belasten, nachdenken oder ständig darüber reden, so wachsen sie. Vor allem erleben wir das bei negativen Gefühlen wie Neid, Wut oder Verzweiflung. Umso wichtiger ist es, bei solchen Gedanken und Gefühlen möglichst blitzartig umzuschwenken – den Schalter von dunkel auf hell zu legen.«

»Verdrängen wir sie denn damit nicht?«, wurde dann gefragt.

»Nein, wir verdrängen nicht die Energie – die ist ja weiterhin da –, sondern verändern ihre Qualität, nämlich von negativ in positiv!«

»Und wenn ich mich über jemand anderen ärgere ...!«

»Ein interessanter Einwurf! *Wer* ärgert sich über jemand anderen?«, schmunzelte ich.

»Na, ich!«

»Genau! Wir haben schon oft davon gehört, dass Menschen, die eine Rolle in unserem Leben spielen, uns unbewusst mit ihren Reaktionen als Spiegel unserer Persönlichkeit dienen. Wir alle kennen solche Gedanken, dass uns der Partner nervt, wir eigentlich viel lieber jemanden, der völlig anders ist, an unserer Seite hätten. Und doch hat gerade diese Eigenschaft, die wir bei dem anderen ablehnen, die uns sogar manchmal zur Weißglut bringt, viel mit uns selbst zu tun.«

Richtig handelt, wer auch negative Gefühle als Teil seiner Persönlichkeit akzeptiert. Im Ganzen gesehen sind Gefühle also zu unserem Besten. Sie helfen uns, den Weg durch eine Welt zu finden, die voller Unwägbarkeiten ist und in der wir mit dem Verstand allein zugrunde gehen würden.

Costa, ein junger Mann, sprach dann über seine Lebenssituation: »Bei uns in der Familie wurde nie groß über Gefühle geredet. Wir sind Griechen. Es wird viel gelacht, geweint und laut erzählt, viel mehr als bei den Deutschen. Aber niemand sagt, warum er fröhlich oder traurig ist. Und genau da liegt das Problem! Bin ich mir über meine Gefühle nicht im Klaren, so habe ich sie, wenn es mal in mir brodelt, auch nicht unter Kontrolle. Erst hier bei euch habe ich das Gefühl, dass ich Zugang zu mir selbst finde.«

Er erzählte von der Zeit, in der dann vieles zusammenkam. Ständig gab's Zoff mit seiner Freundin. Seit sieben Jahren waren sie ein Paar, aber im Grunde kannten sie sich kaum. Weder sie noch Costa hatten gelernt, über ihre Gefühle zu reden.

Um sich abzulenken, war er viel weggegangen, hatte getrunken und so gut wie nichts gelernt. Er wollte Kraftfahrzeugschlosser werden. Die Praxis machte ihm keine Probleme, aber die Theorie! Als er das dritte Mal durch die Prüfung gefallen war, rief er noch vom Auto aus seine Freundin an und sagte verzweifelt: »Das war's mit dem Job!« Doch von ihr war kein Verständnis zu erwarten. Sie verließ ihn.

Er bekam eine unsagbare Wut – auch auf sich selbst. Mit dieser Wut im Bauch stand er völlig neben sich. Als er so weit unten war, dämmerte ihm langsam, dass nur er allein für seine Gefühle verantwortlich war. Ihm wurde plötzlich klar, dass er sich nur allein aus diesem Jammertal befreien konnte.

»Inzwischen bin ich nämlich viel ehrlicher zu mir selbst und spreche die Dinge an, die mich ärgern. Das ist im Moment zwar unangenehm, aber führt dazu, dass ich meist nur kurz sauer bin und dann versuche, gleich etwas zu ändern.«

»Und – wie ging's weiter mit deinem Job?«, fragte jemand aus der Gruppe.

»Ich habe eine Umschulung zum Tischler gemacht und bin heute selbstständig. Der Laden läuft, der Kontakt zu den Kunden ist gut. Wutausbrüche kann ich mir nicht mehr erlauben. Von daher war das damals eine äußerst heilsame Lektion.«

Wir brauchen irgendein Ventil für unsere Gefühle. Früher war es das Tagebuch, dem wir uns anvertrauten. Indem wir uns alles von der Seele geschrieben haben, ging es uns besser.

»Nach wie vor ist das eine gute Möglichkeit, Spannungen aufzulösen, indem wir unsere Gefühle in Worte kleiden und zu Papier bringen.«

Eine Teilnehmerin meldete sich zu Wort: »Ich habe das so gemacht: Mein Chef hatte mich meiner Meinung nach ungerecht behandelt, aber ich wusste, wenn ich dem mal richtig die Meinung sage, dann fliege ich raus. In meiner Erregung habe ich ihm einen ausführlichen Brief geschrieben – ihm so richtig offen einmal die Meinung gesagt, mir alles von der Seele geschrieben.«

»Und wie hat er reagiert?«, kam die Frage auf.

»Den Brief habe ich natürlich nicht abgesandt, denn das war auch gar nicht meine Absicht. Aber *mir* ging es dadurch schlagartig besser! Die dumpfen, bohrenden Gefühle waren wie weggeblasen!«

Wie sehr unsere Gefühle auch unsere menschliche Existenz bestimmen, ist mir anhand einer Ansprache des Dalai Lama deutlich geworden.

Er sagte, einige seiner Freunde behaupteten, Wut und Hass seien so sehr Bestandteil der menschlichen Natur, dass die Menschheit immer davon beherrscht sein würde.

Darin sei er jedoch anderer Auffassung, meinte er. In unserer gegenwärtigen Form existierten wir Menschen seit ungefähr 100 000 Jahren. Wäre der menschliche Geist in dieser Zeit in erster Linie von Wut und Hass dominiert worden, dann hätte sich seiner Überzeugung nach die Anzahl der Menschen auf diesem Planeten verringern müssen. Doch ungeachtet all unserer Kriege würden wir heute feststellen, dass die Weltbevölkerung zahlreicher sei als je zuvor. Daraus könnten wir klar ersehen, dass Liebe und Mitgefühl auf der Welt vorherrschten.

Das lässt hoffen! Gerade im zwischenmenschlichen Bereich haben Gefühle ganz besondere Aufgaben. Ohne Zuneigung gäbe es keine Annäherung – Liebe schafft Nähe.

So gesehen sind Gefühle konzentrierte Lebenserfahrung. Im Gegensatz zum nüchtern kalkulierenden Verstand fragt unser Unterbewusstsein bei jeder Erfahrung: War das gut? Hat das Spaß gemacht, Lust bereitet? Soll das wiederholt werden? Oder war es schlecht, schmerzhaft, mit Misserfolg verbunden?

»So ist das doch auch bei der Flugangst?«, wollte Annette, eine

Teilnehmerin, wissen. »Immer, wenn ich nur daran denke, bekomme ich schon absolute Panik. Darum bin ich auch erst einmal mit meiner Familie in Urlaub geflogen. Wie kann es sein, dass solche Panik entsteht? Rational habe ich doch gar keinen Grund dafür?«

»Ja, das ist interessant: Wie machtlos wir unseren Gefühlen zuweilen gegenüberstehen, merken wir daran, wenn wir uns im Flieger panisch am Sitz festkrallen, obwohl wir genau wissen, dass es statistisch gesehen kein sichereres Verkehrsmittel gibt.«

»Das sage ich mir ja auch immer wieder, aber das begreift nur mein Kopf.«

Das brachte mich auf eine Idee, und ich wies darauf hin: »Ich zum Beispiel habe im Flugzeug immer meinen Flugzeugsegen bei mir.«

»Flugzeugsegen? Was ist das denn?«, fragte sie interessiert. Ich erzählte ihr, dass ich diesen damals von Peter Wenzel bekommen hatte, meinem Freund und Lebenslehrer, über den ich in meinem Mutter-Erde-Buch ausführlich berichtet habe.

Gern möchte ich an dieser Stelle sowohl den Flugzeugsegen als auch den Autosegen veröffentlichen. Vielleicht gibt es den einen oder den anderen, für den das eine Hilfe sein kann.

Flugzeugsegen

Dieses Flugzeug ist von Gottes Geist durchdrungen.
Göttliche Intelligenz erfüllt und segnet alle seine Teile.
Das Göttliche Gesetz der Ordnung lenkt die Sterne,
die Sonne und den Mond auf ihren Bahnen,
und so sind auch der Pilot dieses Flugzeuges
und die ganze Crew von Göttlicher Ordnung geleitet.
Gottes geistige Gegenwart erfüllt uns alle hier an Bord
mit wohltuendem, tiefen Frieden.
Ich ruhe jetzt ganz sicher in der beschützenden
göttlichen Gegenwart.
Alles ist gut – ich fühle es jetzt!

Autosegen

Göttliche Energie lenkt mich und mein Auto.
Dieses Auto ist von Harmonie und Frieden durchdrungen.
Jedes Teil und jede Funktion
sind in vollkommener Ordnung.
In diesem Auto herrscht eine friedvolle,
entspannende Atmosphäre.
Ich erreiche auf guten Straßen und harmonischen Wegen
immer zur richtigen Zeit das richtige Ziel,
denn Gott lenkt mich und mein Auto!

KAPITEL 7

Jeder Fehler, den du machst, sollte dich duldsamer werden lassen für die Fehler der anderen.

VERFASSER UNBEKANNT

Im August 2002 wollten wir nach Kärnten in Urlaub fahren. Rico und Sascha, Götz' Sohn, waren fast gleichaltrig und verstanden sich auf Anhieb. Auch Aisha, unsere Golden-Retriever-Mischlingshündin, kam mit, da wir am Ossiacher See von Hanni, die schon bei vielen Seminaren dabei gewesen war, eine größere Doppelhaushälfte hatten mieten können. Hanni bewohnte mit ihrer Familie die eine Hälfte des Hauses – ihre Mutter die andere. Da ihre Mutter während dieser Zeit selbst in Urlaub war, stand das Haus zu unserer Verfügung.

Götz und Sascha waren bereits am Vortag von Halstenbek angereist. Ich traute meinen Augen kaum, als Götz, eher ein sanfter, warmer Typ, dann aus seinem Chrysler-Van ausstieg – in einem so grellbunten Hawaiihemd, dass es fast wehtat! Er hatte es doch wohl hoffentlich nur für die Fahrt nach Halle angezogen – vielleicht, um allen zu zeigen, es geht in Urlaub?

Weit gefehlt! Mindestens vierzehn weitere Stunden sollte er mich am nächsten Tag mit diesem Hawaiihemd beglücken, während ich tapfer versuchte, mich mehr auf Kärnten als auf Hawaii einzustimmen.

Ja, ja, ich weiß schon, was jetzt kommt! Meine Leser und Seminarteilnehmer könnten mich jetzt mit meinen eigenen Waffen schlagen und mich beim Wort nehmen: »Moment mal, Gila, warst *du* es nicht, die uns in deinen Büchern und im Kurs immer wieder gesagt hat: Alles darf so sein, wie es ist?«

Stimmt, meine Lieben, und trotzdem hatte ich so meine Schwierigkeiten mit dieser leuchtenden Farbfülle. Ich bin auch nur ein Mensch und eine Frau, die liebt und sich neben und mit ihrem Partner wohlfühlen möchte …

Während der Fahrt sprach Götz dann darüber, dass er vor Kurzem seine gesamten Ersparnisse in einen geschlossenen Fonds eingezahlt hätte. Und er erzählte, zu welch enorm attraktiven Konditionen er sein Geld angelegt hätte.

Obwohl ich so gut wie gar nichts über diesen Fonds wusste, sträubten sich bei mir eigenartigerweise die Nackenhaare, und ich spürte, irgendetwas war da nicht in Ordnung. Zum ersten Mal kam es dadurch zwischen uns zu Diskussionen, die zwar sachlich, aber doch kontrovers verliefen.

»Es ist zwar deine Angelegenheit, Götz, wie du dein Geld anlegst, aber du hast mich gefragt, was ich davon halte. Und das ist eben meine Meinung.«

Vorher hatten wir nie über finanzielle Dinge gesprochen. Plötzlich erlebte ich Götz als jemanden, der zu dem damaligen Zeitpunkt wenig Gespür zu haben schien für Menschen, die offensichtlich mehr an seinem Vermögen als an seinem Wohlergehen interessiert waren. Doch auch daraus durfte er später lernen.

In Villach angekommen, fühlten wir uns sofort wohl in dem geräumigen Zuhause, und auch Aisha suchte sich gleich ihren Platz.

Am nächsten Tag wollten wir erst einmal groß einkaufen gehen. Vereinbart war für jeden von uns der gleiche Betrag an Kostgeld, wovon die Einkäufe erledigt werden sollten. An der Fleischtheke des Supermarktes packten wir dann für Aisha zwei frische, rohe Schweineohren ein, die wir ihr abends als Leckerei präsentieren wollten.

Als wir an der Kasse abrechneten, kam mir auf einmal der Gedanke: Was ist mit den Extrakosten für Aisha? Dosenfutter hatten wir zwar genug mitgebracht, aber wenn ich jetzt für sie etwas kaufte, wollte ich Götz zumindest anbieten, diese Beträge gesondert abzurechnen. Ich war sicher, dass er mich erstaunt ansehen und sagen würde: »Gila, das kann es doch wohl nicht sein, dass du diesen einen Euro für Aisha extra abrechnen willst …!«

In dieser festen Überzeugung machte ich ihm dann den Vorschlag, worauf Götz unerwartet erwiderte: »Ja, wenn du das so möchtest.«

In dem Moment sank meine Stimmung auf den Nullpunkt. Schlagartig erinnerte ich mich an meine bisherigen Beziehungen, wo ich es war, die alle versorgt hatte. Bis auf eine Ausnahme war immer wieder das gleiche Muster in meinem Leben zu erkennen: Ich versorgte die Männer! Und genau das wollte ich nicht mehr! Auch wenn Götz bei uns war, kam ich allein für den Haushalt auf. Das war auch ganz in Ordnung für mich. Und nun der eine Euro für zwei Schweineohren!

Ich spürte ein Grummeln in meinem Bauch, und meine Sensoren sprangen an: leichtsinnige Geldanlage – schrilles Hawaiihemd – Pfennigfuchser!

Ich versuchte, meine Empfindungen zu ordnen und den Fokus wieder auf Urlaub umzulegen. Diesen Gefühlen in Bezug auf Götz wollte ich einfach keine Energie mehr geben, denn ich wusste, je mehr mein Unterbewusstsein an die Oberfläche brachte, umso schneller geriet ich in die Rolle des Opfers.

Trotzdem hielt meine nachdenkliche Stimmung den ganzen Nachmittag an. Erst abends wurde es besser, als ich daran dachte, dass wir noch zusammen mit Hannis Familie Karten spielen wollten. Mit einem frisch gebackenen Apfelkuchen fanden wir uns dann alle vier später bei Hanni ein, während Aisha mit ihrem Schweineohr hinter uns hertrottete. Da sie an Dosenfutter gewöhnt war, sah sie es mehr als Spielzeug an und schleppte es nun überall mit hin.

Gerade hatte ich jedem ein Stück Kuchen auf den Teller gegeben, als Hanni Aisha das Ohr aus der Schnauze nahm und hochhielt, der festen Meinung, es handele sich um ein Spielzeug …

Den Aufschrei, der dann folgte, kann ich hier nicht beschreiben! Wir konnten gar nicht so schnell gucken, wie das Schweineohr voller Abscheu und Ekel von Hanni in hohem Bogen in die Luft geschleudert wurde – und dann direkt auf dem Kuchenteller ihres überraschten Mannes Herbert landete!

Trotz unserer Lachsalven konnte ich mit meiner Kamera sowohl Hannis speziellen Gesichtsaudruck als auch den denkwürdigen Augenblick festhalten, als Herbert das Schweineohr mit der einen Hand an seinen Kopf hielt, in der anderen den Kuchenteller …

Dieser Urlaub schien es in sich zu haben. Zum ersten Mal lebten wir außerhalb meiner vertrauten Umgebung als Familie zusammen. Sascha hatte mich vor dem Urlaub nur kurz kennengelernt. So war es verständlich, dass er anfangs Schwierigkeiten hatte, mich als neue Partnerin seines Vaters zu akzeptieren.

Während Rico und Sascha den Urlaub mehr als genossen, traten zwischen Götz und mir weitere Unstimmigkeiten auf. Vielleicht lag es auch mit daran, dass ich mich selbst zu sehr unter Druck setzte. Um meine Pflichten als Mutter zu demonstrieren, kochte und backte ich täglich für die ganze Familie. Allen wollte ich wohl beweisen, wie gut ich auch ohne Hauswirtschafterin auskam.

Götz war zwar seit längerer Zeit das Single-Leben gewohnt, aber er liebte es auch, gemeinsam mit mir und den beiden Jungen gemütlich zu essen.

Weniger gut fand ich dagegen seine Loyalität zu Sascha und Rico, die des Öfteren davor, danach und *anstatt* des Essens mit ihren mitgebrachten Laptops kommunizierten. Demonstrativ aß ich deshalb manchmal allein, wenn nach dem ersten Rufen keiner kam.

Hier in Kärnten hatte ich das Gefühl, irgendetwas lief grundlegend schief. Von Tag zu Tag wurde mir klarer, unser Leben als Familie war noch nicht alltagstauglich. Über vieles konnten Götz und ich miteinander reden, doch es gab auch grundsätzliche Dinge, über die sich einfach nicht diskutieren ließ. Und so musste ich für mich allein entscheiden, ob bei aller Übereinstimmung zwischen Körper, Geist und Seele auch das Alltagsleben stimmig werden konnte.

Daneben störten mich noch weitere Punkte, die ich plötzlich durch das tägliche Zusammenleben an Götz wahrnahm und die ich vorher noch nicht bemerkt hatte. Es waren Kleinigkeiten, an sich zu banal, um sie aufzuzählen, aber wichtig genug für die Abrundung des ganzen Bildes, die mich kurz vor Ende unseres Urlaubs einen einsamen Entschluss fassen ließen.

Natürlich ist mir bewusst, dass aller Ärger mit uns selbst zu tun hat, dass Dinge, die mich bei anderen stören, unerlöste Muster bei mir selbst sind. Nur so können sie mich überhaupt aus der Ruhe bringen. Habe ich diese Prozesse dagegen selbst schon durchlaufen und sie gelöst, begegne ich anderen in dieser Hinsicht mit mehr Gelassenheit, als jetzt hier in Kärnten.

Warum hatte ich Götz denn die Übernahme für Aishas Extraportion angeboten? Wirklich, um *seine* Großzügigkeit zu testen – oder um ihm vielleicht zu demonstrieren, wie großzügig und fair *ich* war?

Als ich nach dem Urlaub diese Situation mit ihm besprach, bekannte er freimütig: »Gila, darüber habe ich mir gar keine Gedanken gemacht. In dem Moment, als du das Thema ansprachst, hatte ich das Gefühl – du möchtest es so. Also habe ich einfach zugestimmt.«

Doch hier in Kärnten, wohl mehr um Götz zu provozieren, machte ich die Bemerkung, dass wir als Paar auf Dauer keine Chance hätten. Damals wusste ich noch nicht, dass Götz absolut keine Spielchen spielt und »verpackte Diplomatie« für ihn ein Fremdwort ist, wie auch bei der Aufrechnung des Schweineohrs.

Er reagierte fassungslos, nahm dann aber nach einigen Diskussionen meine Entscheidung als gegeben hin – ohne noch weitere Versuche zu unternehmen, mich umzustimmen. Irgendwie wäre es mir lieber gewesen, er hätte mehr um unsere Beziehung gekämpft.

Ich mag es, wenn ein Mann um mich kämpft. Viel zu wenige haben das in meinem Leben getan. Meine heimliche Sehnsucht war immer, dass sich ein Mann mal für mich ein blaues Auge holte, nicht von mir, wohlgemerkt, von Mann zu Mann! Was für ein Gefühl! Allein dafür könnte ich ihn lieben. Ich würde sein blaues Auge hegen und pflegen, versprochen! Doch *die* Hoffnung kann ich bei Götz aufgeben. Er will kein blaues Auge – er redet lieber.

So informierte er auch abends im Alleingang die Jungen, die äußerst betroffen und auch traurig reagierten. Als er sie fragte, ob wir die letzten drei Tage noch in Kärnten bleiben sollten, fassten beide den Entschluss, diesen für sie so schönen Urlaub am übernächsten Tag abzubrechen.

Kurz – dieser Urlaub ging daneben, und das lag sicherlich nicht nur an den anderen! Was hatte ich nur angerichtet! Und doch war ich zu stolz, das Ganze wieder in Ordnung zu bringen! *Ich* hatte ja schließlich meine Gründe …

Das Haus, das wir von Hanni gemietet hatten, lag an einer ruhigen Straße inmitten einer kleinen Siedlung. Gerade war ich dabei, für die Rückfahrt alle mitgebrachten Utensilien in der Küche einzupacken, als ich plötzlich gellendes Geschrei, das nicht aufhören wollte, vor dem Haus vernahm. Schreie einer Frau – und mitten auf der Straße nahm ich ein Auto mit Warnblinklichtern wahr.

O je, dachte ich, da ist etwas passiert! Ich ließ alles stehen und liegen und rannte nach draußen. Und dann sah ich es – mitten auf der Straße lag eine Katze, die überfahren worden war. Sie lebte noch und zuckte – Blut lief aus ihrem Mund.

Götz war hinter mir hergelaufen und kümmerte sich gleich um die Katze. Ich ging zu der Frau, die immer noch völlig entsetzt auf das Tier starrte, während sie die verstörte Autofahrerin mit heftigen Vorwürfen überschüttete.

Ich nahm sie in die Arme, hielt sie ganz fest, streichelte ihren Kopf und redete ihr unablässig gut zu, bis sie sich schließlich wieder einigermaßen beruhigt hatte und nur noch leise weinte.

»Sweety«, schluchzte sie immer nur, »Sweety …!«

»Ist das Ihre Katze?«

»Nein«, schluchzte sie, »sie gehört meiner Nachbarin, aber die ist momentan nicht zu Hause.«

Zusammen gingen wir zu dem verletzten Tier. Götz hatte inzwischen eine Decke geholt und die Katze ganz behutsam in den

Kofferraum des Autos gelegt. Ihm ging das Ganze genauso nahe wie mir.

»Gibt es hier einen Tierarzt?«, fragte er die Fahrerin.

»Ja, im nächsten Dorf.«

»Können wir zusammen mit dem Tier dort hinfahren? Ich lasse den Kofferraum auf und setze mich dazu, falls die Katze noch in der Lage sein sollte, in Panik herauszuspringen. Ich glaube das zwar nicht, aber sicher ist sicher.«

»Okay«, entgegnete die Fahrerin betreten.

»Bis nachher«, sagte Götz leise zu mir und setzte sich ganz vorsichtig zu dem schwer verletzten Tier. Dann verließ das Auto im Schritttempo mit Götz und der Katze den Unfallort.

Hanni, die nachmittags von dem Vorfall gehört hatte, kam bestürzt zu mir, und ich erzählte ihr bewegt, was geschehen war.

»Und? Ist Götz schon wieder da?«, fragte sie.

»Nein, wir warten noch auf ihn.«

Zwei Stunden später kam Götz dann zurück. Man sah ihm an, wie fertig er war. Und als er leise erzählte, dass die Katze es nicht mehr geschafft hatte, weinte er in meinen Armen …

Bereits am nächsten Tag fuhren wir die 1000 Kilometer wieder zurück. Schweigend saßen wir nebeneinander und hingen beide unseren Gedanken nach. Ab Kassel graute mir vor der letzten Verabschiedung, denn Götz wollte abends noch weiter nach Halstenbek fahren, um Sascha zu seiner Mutter zu bringen, und dann in seine eigene Wohnung zurückzukehren.

Es versetzte mir einen Stich, als ich hörte, wie Sascha auf der Rückbank mit seinen Freunden telefonierte. »Ja, ich komme ein paar Tage eher zurück. Mein Vater und seine Freundin haben sich getrennt. Hat wohl nicht funktioniert mit den beiden!«

Ich spürte auf einmal deutlich, dass der Abschied auch den beiden Jungen nahe ging, die im Urlaub Freunde geworden waren. Götz und ich hatten vereinbart, einander in der nächsten Zeit weder zu schreiben noch anzurufen.

Dann kam der letzte Augenblick. Wir hielten uns noch einmal fest in den Armen und nahmen Abschied voneinander – endgültig …

Von Freitag bis Dienstag hielten wir durch – dann ging abends gegen 21 Uhr das Telefon. Mit Freude, aber auch Wehmut vernahm ich seine vertraute Stimme.

»Gila?«

»Ja – wir sollten doch nicht anrufen …!«, reklamierte ich schwach.

»Ja, ich weiß, aber ich habe dir einen Brief geschrieben – soll ich ihn mal aufs Fax legen?«

»Okay«, nickte ich – und dann: »Götz?«

»Ja?«

»Ich habe dir auch einen Brief geschrieben – soll ich den *auch* mal aufs Fax legen?«

Ich hörte ihn leise lachen.

»Ja, bitte! Möchtest du als Erste?«

»Nein«, antwortete ich, »besser du!«

»Okay.«

Beide Briefe enthielten Worte der Liebe, aber auch des Verständnisses füreinander, weil es eben nicht gut gehen kann zwischen zwei Menschen, wenn einer von beiden nicht will. Unsere Worte waren fast identisch.

Aufgewühlt von dem Telefonat und unserer gegenseitigen Briefaktion, ging ich zu Bett, merkte aber, dass ich lange nicht einschlafen konnte. Hin und her wälzte ich mich – ich kam einfach nicht zur Ruhe.

Normalerweise habe ich einen guten Schlaf, aber diese Situation schaffte mich.

Ich stand wieder auf und dachte, jetzt nehme ich mir einen Drink, und da ich kaum Alkohol trinke, ist das für mich immer eine Garantie für guten Schlaf.

Gesagt – getan!

Kurze Zeit später verspürte ich bereits die angenehme Wirkung und ging wieder zu Bett. Leider – oder in diesem Fall zum Glück – hatten meine Engel wohl etwas anderes mit mir vor. Meine Bedenken, unsere Beziehung betreffend, lösten sich in Luft und Liebe auf – vor allem in Letzteres.

Plötzlich sah ich alles in rosarotem Licht: dieser nette Typ, mit dem man so schön blödeln konnte, der mich immer wieder zum Lachen brachte – der so tiefsinnige Gedanken und Schlussfolgerungen einbrachte – der so jugendlich freundschaftlich mit Rico umging – mit dem ich gern ins Bett ging, den wollte ich wirklich aufgeben – nur wegen eines Schweineohrs?

Mein Widerstand schmolz von Minute zu Minute wie Butter in der Sonne. Alle Bedenken flossen den Bach hinunter – doch statt zur Ruhe zu kommen, wurden meine Gedanken noch unruhiger. Genau das Gegenteil von dem trat ein, was ich mir von dem Drink erhofft hatte.

Ich hielt es im Bett nicht mehr aus. Leichtfüßig lief ich wieder ins Wohnzimmer und nahm noch einen Drink. Vielleicht konnte ich dann endlich einschlafen. Und jetzt schnell wieder ab ins Bett!

Erstaunlicherweise begann mein Bett etwas zu schwanken – und alles war plötzlich noch leichter und einfacher! Wieso war ich eigentlich jemals auf den Gedanken gekommen, dass Götz und ich nicht zusammenpassten?

Alle schweren Grübeleien der vergangenen Tage hatten sich

blitzartig aufgelöst: Hawaiihemd? Ebay! – Geldanlage? Sein Problem! – Schweineohr? Klare Ansage fällig! Mein einziger Gedanke war jetzt: Wie kann ich erreichen, dass er zurückkommt?

Ach ja, das Telefon! Seine Pinneberger Telefonnummer kannte ich auswendig, und es gelang mir wahrhaftig noch, die Zahlen in der richtigen Reihenfolge einzugeben.

Götz lachte laut auf, als er meine Stimme wieder hörte, und fragte: »Kannst du nicht schlafen?«

»Gö-öötz, bist du spontan?«

»He, was ist los?«

»Bist du spontan, Götz?«

»Ja, eigentlich schon.«

Meine Stimme bekam den gewissen erotischen Unterton, als ich ihm das bedeutungsvolle Angebot machte: »Ich lasse die Haustür offen.«

»Die Haustür – welche?«

»Na, meine!«

Ein kurzer Moment des Verstehens – und dann sagte er nur mit rauer Stimme: »Okay.«

Im Morgengrauen hörte ich, wie sich die Schlafzimmertür leise öffnete. Etwas benebelt lüftete ich meine Bettdecke – und spürte dann, wie kalt er war, als er sich nach langer Zeit endlich wieder bei mir ankuschelte – auf Holländisch sagt man: »Een dronken vrouw is een engel in bed.«

Ich glaube, das brauche ich nicht zu übersetzen …

Ende September 2002 sollte Götz mit der James-Last-Band für zwei Wochen nach China fliegen. Das Wochenende vorher verbrachten wir zusammen bei mir.

Auf einem längeren Spaziergang durch die Felder mit Aisha sprach Götz über die anstehende Tournee.

»Übrigens möchte ich dir sagen, Gila, dass auch Anja in China mit dabei ist. Wie du weißt, ist sie damals nur ab und zu für jemand anderen eingesprungen, aber für China ist sie als Geigerin fest eingeplant. Ich finde, das solltest du wissen.«

»Danke, dass du es mir gesagt hast. Und? Was macht das mit dir?«, fragte ich ihn vorsichtig.

»Das weiß ich noch nicht. Die Zeit mit Anja ist zwar vorbei, aber wie es wird, wenn wir uns täglich wieder begegnen, kann ich noch nicht sagen«, gab er ehrlich zu.

Erstaunlicherweise hatte ich wenig Bedenken bei seinen Worten. Inzwischen hatte ich Götz sehr lieb gewonnen und wusste, dass ich mich auf ihn verlassen konnte. Er ist ein sehr klarer und fairer Partner und würde mir offen sagen, wenn es auf dieser Tournee wieder zu einer Annäherung zu Anja käme.

So flog Götz mit der James-Last-Band von Frankfurt nach Hongkong, von wo aus die Tournee dann durch verschiedene chinesische Städte führte.

Mehrmals rief er aus China an, ohne dass wir dabei über Anja sprachen. Ich fragte nicht – und er sprach nicht von ihr. Kurz vor seiner Rückkehr allerdings deutete er an, dass er Heimweh nach mir habe.

»Inzwischen habe ich dein Husky-Buch gelesen, Gila. Jetzt verstehe ich erst einiges, was mir vorher unklar war. Weißt du, ich will jetzt ganz schnell wieder bei dir sein«, sagte er leise. Zärtlichkeit klang aus seiner Stimme.

Für mich hieß das in Bezug auf Anja, dass sich seine Gefühle offensichtlich trotz des ständigen Umgangs miteinander auf der Tournee beruhigt hatten. Aber es hieß auch für mich, dass Götz durch das Lesen meines Buches wieder einen Schritt weitergekommen war in seinen Erkenntnissen. Direkt nach unserem Kennenlernen hatte er es ganz bewusst abgelehnt, mein Buch zu lesen, und gesagt:

»Ich möchte mir erst selbst ein Bild von dir machen, das sich sicher hinterher in einigen Facetten verändern wird. Aber ich möchte dich gern unbeeinflusst erleben.«

Während ich bei meinem Angebot mehr an die geistig-seelischen Aussagen dieses Buches gedacht hatte, musste meine Geschichte aus der Perspektive eines Lebenspartners sicherlich auch andere Schlussfolgerungen enthalten. Genau die wollte er laut seiner Aussage erst mal selbst erkennen. Nun hatte er das Buch auf der Tournee gelesen.

Während Götz nun mit der Band in China weilte, fand ein Selbsterfahrungsseminar in Teisendorf an der deutsch-österreichischen Grenze in der Nähe von Salzburg statt. Am Sonntag sollte auch Götz wieder von Hongkong nach Frankfurt zurückfliegen.

Nach dem Mittagessen gibt es bei den 4-tägigen Seminaren immer eine etwas längere Pause, da auch Abendeinheiten stattfinden. Gern ruhe auch ich mich dann etwas aus, um für den Rest des Tages fit zu sein.

In meinem Zimmer der Tagungsstätte war mir aufgefallen, dass die Toilette etwas unangenehm roch, wahrscheinlich, weil diesmal Mal keine Klobürste vorhanden war. Doch dem konnte man ja abhelfen. So begab ich mich nach dem Mittagessen direkt zur Rezeption und bat um Putzmittel und Klobürste.

»Das brauchen Sie doch nicht selbst zu machen«, war die verständliche Reaktion, »wir schicken Ihnen gleich eine Dame, die das erledigt.«

Dadurch sah ich jedoch meine Mittagsruhe gefährdet und beharrte darauf, diese Aktion selbst auszuführen, obwohl man mir erneut versicherte, das sei doch nicht meine Aufgabe.

»Geben Sie her!«, lächelte ich bereitwillig, »das ist schon in Ordnung!«

Etwas irritiert überreichte mir der junge Mann an der Rezeption die beiden Utensilien und meinte: »Ich schicke Ihnen trotzdem gleich noch jemanden rüber.«

Klobürste und Reinigungsmittel unterm Arm, ging ich über den Hof zum Tagungshaus, in dem auch mein Apartment lag. Einige Teilnehmer, die mir unterwegs begegneten, lachten laut auf. »Gila, was hast du denn vor?«

»Kloputzen!«, lachte ich zurück. »Ihr wisst doch, vor dem Verdienen kommt das Dienen!«

»Von *der* Seite haben wir's noch nicht gesehen ...«, kam als fröhlicher Kommentar zurück.

In meinem Apartment hatte ich dann umgehend für eine etwas andere Duftnote gesorgt und konnte mich jetzt in Ruhe aufs Ohr legen. Ich überlegte, ob ich meine Tür dieses Mal abschließen sollte, falls doch noch jemand vom Personal käme, entschied mich aber, meiner Einstellung treu zu bleiben und sie aufzulassen. Nachdem ich dann zur Ruhe kam, schlief ich auch bald ein.

Eine Weile später vernahm ich im Schlaf ein dumpfes Klopfen an der Außentür meines Apartments. Vermutlich hatte man mir doch noch jemanden geschickt. Ich versuchte, das Klopfen zu überhören – die Putzfrau würde wohl merken, dass ich nicht gestört werden wollte – und schlief wieder ein.

Mit einem lauten Aufschrei fuhr ich plötzlich hoch, als sich jemand direkt zu mir ins Bett legte. Was war denn *jetzt* los?

»Hilfe, die Putzfrau!«, waren meine Gedanken. Zu allem Überfluss spürte ich auch noch einen Bart an meinem Gesicht. Mit schreckgeweiteten Augen sah ich meine angebliche Bettgenossin an. Es war nicht die Putzfrau – es war Götz! Aus Hongkong! Ich muss ihn angeschaut haben wie einen Außerirdischen.

Ich verstand gar nichts mehr! Er war doch in China – und sollte doch erst am Sonntag nach Frankfurt fliegen! Wie kam er hierher? Es war doch erst Samstag – und er war noch nie vorher in Teisendorf gewesen.

»Nein«, schüttelte ich immer wieder ungläubig den Kopf, während Götz mich mit Tränen in den Augen einfach nur festhielt und so wie er war, zu mir unter die Decke kroch.

Ohne ein Wort zu sprechen, konnte auch ich ihn nur fest in meinen Armen halten, aber immer wieder hob ich meinen Kopf, um nachzuschauen, ob er es wirklich war. Erst später konnten wir die ganze Situation klären.

»Ich dachte, du wärst noch in Hongkong und flögst erst heute Nachmittag zurück. Irgendwie hatte ich gespeichert, dass du erst am Sonntag in Frankfurt ankommst.«

»Nein«, entgegnete er weich, »es war schon klar, dass wir heute gegen Morgen in Frankfurt landeten. Und als ich dort am Flughafen stand, musste ich mich entscheiden, entweder mit dem Zug nach Hamburg zu fahren, das Wochenende allein in meiner Wohnung oder bei dir und der Gruppe in Teisendorf zu verbringen. Wie du gemerkt hast, habe ich mich dann für dich entschieden. Dreimal musste ich umsteigen, aber glücklicherweise liegt der Bahnhof in Teisendorf recht nahe an eurer Tagungsstätte!«

Jetzt erst sah ich, dass er sein ganzes Gepäck von seiner zweiwöchigen China-Reise dabeihatte. Er musste ordentlich geschleppt haben, denn der Bahnhof liegt immerhin 300 Meter entfernt.

»Hast du mein Klopfen nicht gehört?«, fragte mich Götz dann. Ihm war die Freude über das Wiedersehen sicher genauso anzusehen wie mir.

»Doch, aber ich dachte, es wäre die Putzfrau.« Lachend erzählte ich ihm die vorausgegangene Episode.

»Ich habe angeklopft, weil ich nicht wusste, ob es auch wirklich dein Zimmer war. Man hatte mich von der Rezeption hierhergeschickt, ohne mir die Zimmernummer zu sagen. Und als keiner auf das Klopfen reagierte, habe ich die Klinke heruntergedrückt. Ich wusste, es musste dein Apartment sein, da die Tür nicht abgeschlossen war.«

Die Teilnehmer reagierten total überrascht, als ich zum gemeinsamen Kaffeetrinken plötzlich Hand in Hand mit einem Mann an meiner Seite erschien. Sie spürten sofort, dass etwas Ungewöhnliches geschehen war. Ich hatte zwar vorher kurz darüber gesprochen, dass es nun Götz in meinem Leben gab, er sich aber momentan in China auf Tournee befand.

Alle waren angetan von dieser gelungenen Überraschung und registrierten die tiefe Freude, die Götz durch sein Erscheinen in mir ausgelöst hatte.

Obwohl er ja erst später zur Gruppe gestoßen war, herrschte zum Schluss bei allen die Übereinstimmung, dass Götz' Anwesenheit eine weitere Bereicherung gewesen sei. Und das nicht nur, weil er mein Partner ist, sondern weil er sich liebevoll, aber doch zurückhaltend mit eingebracht hat.

KAPITEL 8

Ein Lächeln kostet weniger als Elektrizität
und bringt mehr Licht.

ABBÉ PIERRE

Von Oktober bis Anfang Dezember 2002 war Götz mit der James-Last-Band auf Europa-Tournee. Anfang November hatte auch ich ein paar Tage frei. Die Band sollte zwei Tage in Wien bleiben, freitags war Aufbautag, und die erste Show war für Samstagabend angesetzt.

Als ich am Freitagnachmittag in Wien landete, erwartete mich Götz am Flughafen – mit einer Baccara-Rose in der Hand. Schon liefen bei uns die Tränen bei unserer herzerweichenden Umarmung. Ein mitreisendes Ehepaar war schwer beeindruckt, hatte ich ihnen doch zuvor erzählt, ich besuche meinen Mann in Wien für ein Wochenende. Sie wussten nicht, dass wir uns erst fünf Monate zuvor kennengelernt hatten.

»Siehst du«, hörte ich sie ihrem Mann zuflüstern, »das ist wahre Liebe!«

Götz und ich fuhren ins Hotel. Ich war voller Vorfreude auf ihn, das Wochenende und auch auf die Show, die allerdings erst am Samstagabend stattfinden sollte.

Beim Einchecken meinte Götz plötzlich: »Schau, Gila, da ist Pablo, unser Percussion-Spieler!«

Pablo war mir neben Tommy, einem weiteren Tontechniker der Band, aus Götz' Erzählungen schon vertraut. Die beiden waren es gewesen, die Götz mal während einer anfänglichen Phase der Unsicherheit in unserer Beziehung durch ein klares Gespräch wieder in die Spur brachten.

»Hi, Pablo! Das ist Gila, von der ich dir schon so viel erzählt habe. Gila, das ist Pablo!«, stellte uns Götz einander vor.

Ich sah Pablo an, und sofort erfasste mich das Gefühl starker Sympathie. Spontan nahm ich ihn in die Arme, so wie ich es immer tue, wenn ich jemanden begrüße, den ich mag.

Sofort spürte ich die Verwunderung in Pablos Körperhaltung und registrierte blitzschnell, wie er erstarrte.

»O Himmel – ich schon wieder!«, dachte ich, während mir die Schamröte ins Gesicht stieg. Sofort schrillten bei mir sämtliche Alarmglocken. Alle Kindheitsmuster der Ablehnung traten jäh aus meinem Unbewussten hervor. Wie fühlt man sich, wenn man offen auf einen anderen Menschen zugeht und dessen Ablehnung spürt? Was macht das mit einem Menschen, der vielleicht noch nicht so gefestigt ist? Betreten löste ich mich von ihm und versuchte, die Situation mit den Worten zu retten: »Götz hat mir schon so viel von dir erzählt, Pablo, ich freue mich riesig, dich endlich kennenzulernen.«

»Ganz meinerseits«, lachte er mir voller Sympathie zu, die jedoch mein Gefühl, ihn mit meiner Umarmung kalt erwischt zu haben, kaum mildern konnte.

Götz, dem mein Gefühlswirrwarr offensichtlich entgangen war, fragte Pablo unbefangen: »Sehen wir uns heute Abend beim Essen?«

»Ja«, erwiderte Pablo, »Hansi hat übrigens die ganze Mannschaft zum Heurigen eingeladen. Für 19 Uhr sind zwei Busse bestellt.«

»Das ist ja super!«, sagte Götz zu mir, »so lernst du Hansi, seine Frau Christine und die Band mal außerhalb der Show kennen.«

Immer noch mit mir im Zwiespalt wegen meiner »Überfalls-Umarmung« bei Pablo, nahm ich mir vor, in den nächsten Tagen zu jedem äußerst zurückhaltend zu sein.

Das Ganze beschäftigte mich so sehr, dass ich versuchte, meine Reaktion auf Pablo zu analysieren – was war denn eigentlich geschehen?

Durch meine Seminartätigkeit begegne ich vielen Menschen, die über meine Bücher bereits eine Beziehung zu mir aufgebaut haben. Den meisten bin ich dadurch schon vertraut, obwohl sie mich noch nicht persönlich kennen. Und das ist für mich stets ein Anlass, sie zur Begrüßung in die Arme zu nehmen, auch wenn mancher anfangs damit gar nicht rechnet. Doch das tue ich voller Überzeugung. Ich sehe einen Menschen nie so wie er kommt, sondern immer so wie er geht. Und das ist auch gut so.

Wahrscheinlich konnte ich aber unbewusst nicht mehr differenzieren zwischen den Programmen: Kennenlernen meiner Teilnehmer oder anderer Menschen, die mir sympathisch sind – mein liebevolles Programm heißt: Umarmen!

Aber dem wollte ich jetzt Einhalt gebieten! Pablo war doch kein Teilnehmer, und ich hatte wirklich das Gefühl, ihn mit meiner Umarmung überfordert zu haben. Damit war jetzt Schluss, nahm ich mir vor – und schlagartig ging es mir besser!

Als wir abends vor dem Hotel auf die Busse warteten, machte mich Götz mit Hansi bekannt, der als James Last in die Geschichte eingegangen ist. Was für eine Persönlichkeit! Dabei meine ich weniger seinen Bekanntheitsgrad, sondern eher seine liebevolle und absolut harmonische Ausstrahlung. Flippig gekleidet, wirkte Hansi trotz seiner Reife sehr jugendlich. Es war seine innere Einstellung, die ihn so jung sein ließ.

Es wurde ein ganz besonderer Abend für alle. Ungefähr hundert Band- und Crew-Mitglieder saßen bis spät in die Nacht bei deftigem Essen zusammen, wobei ich auch Charlotte, Christines Mutter, kennenlernte.

Christine ist eine bemerkenswerte und sehr feinfühlige Frau. Jeder konnte die tiefe Verbundenheit zwischen ihr und ihrem Mann Hansi spüren.

Als gegen Mitternacht ein Rosenverkäufer erschien, hatte der Glückliche sofort Feierabend, denn Hansi kaufte ihm seinen gesamten Rosenvorrat ab und schenkte ihn seiner Frau. Auch alle anwesenden Damen bekamen eine Rose.

An dem Abend geschah es immer wieder, dass jemand ein Lied anstimmte und alle aus purer Lust am Leben mitsangen, ohne dass der Showeffekt dahinter stand. Eine zauberhafte Schwingung des Wohlfühlens, der Gemeinsamkeit und der Sympathie untereinander baute sich auf. Es war ein so wunderschöner Abend für mich, dass ich es kaum beschreiben kann. Selbst Götz, seit Anfang der Achtzigerjahre Mitglied der Crew, bemerkte auf dem Weg ins Hotel:

»Gila, das, was wir heute erlebt haben, war etwas ganz Besonderes! Hansi lädt seine Band zwar des Öfteren ein, aber diese Stimmung, diese Eigendynamik, die plötzlich entstand, baut sich nicht jedes Mal auf, obwohl die Band eine große Familie ist.«

Da ich neben Charlotte, Christines Mutter, der einzige Gast in Wien war, lernten wir beide uns am nächsten Tag näher kennen. Auch sie wirkt noch sehr jung und erntet immer ungläubiges Staunen, wenn sie darauf angesprochen wird, dass sie Hansis Schwiegermutter ist.

Gegen Mittag fuhr ich mit Götz zusammen zur Wiener Stadthalle, wo die Licht-Crew bereits dabei war, die komplette Bühne zu beleuchten.

Da kam plötzlich ein junger Mann auf uns zu. »Mensch, da ist ja auch Tommy!«, meinte Götz fröhlich, »jetzt lernst du auch *ihn* mal kennen!«

Und dann geschah es!

Bevor Tommy mir die Hand geben konnte, hatte ich ihn schon in die Arme genommen! Wieder das gleiche Programm! Es war einfach stärker als mein Verstand. Himmel, noch mal! Tommy erstarrte – und ich schien im Erdboden zu versinken!

»Das ist also Gila«, sagte er dann freundlich und sah mich nett, aber etwas distanziert an, während ich mich innerlich wand wie ein Regenwurm.

Ich war so betroffen, dass ich kaum noch ein Wort sprach während der nächsten Stunde. Daran hatte ich mit Sicherheit noch einige Zeit zu knacken. Nur gut, dass Götz zum Bühnenaufbau musste und ich beim Zuschauen etwas Ablenkung fand. Immer mehr faszinierte mich dann, wie sich von Minute zu Minute die leere Bühne schnell und präzise in ein komplettes Szenario verwandelte.

Die Show am Abend war einfach Klasse. Dieser Rhythmus – diese Lebendigkeit! Es gab von allem und für alle etwas – ein Feuerwerk bekannter Melodien, getragen und spritzig! Das erwartet man gar nicht, wenn man die zauberhaften Melodien der Siebzigerjahre der James-Last-Band im Ohr hat, die allerdings auch nicht zu kurz kamen – einfach rundherum gelungen!

Nach der Show hieß es dann Abschiednehmen von Götz für einige Wochen. Bis Anfang Dezember war er noch unterwegs, ohne dass wir uns zwischendurch mal sehen konnten. Als Crew-

Mitglied fuhr er mit dem Nightliner nach dem Abbau der Bühne nachts noch weiter nach Graz, während ich mit der Band und in Pablos Begleitung im Bus ins Hotel fahren sollte. Am nächsten Mittag wollte ich dann von Wien zurück nach Hause fliegen.

Als die Show zu Ende war, erblickte ich Pablo in der Menge. Etwas verlegen wegen meiner Überschwänglichkeit am Vortag wollte ich ihn heute zurückhaltender begrüßen.

Und? Was passierte? Pablo kam auf mich zu – nahm mich voller Schwung in seine Arme und begrüßte mich auf die gleiche herzliche Art wie ich ihn am Vortag! Wow! Ich hätte jubeln können!

Und als ob das nicht schon gereicht hätte, kam kurze Zeit später auch Tommy auf mich zu, um sich zu verabschieden. »Tschüs, Gila! Bis zum nächsten Treffen. Passt gut aufeinander auf!« Auch er nahm mich dann voller Herzlichkeit in seine Arme. Jetzt war alles wieder stimmig. Ich war wieder in meiner Mitte – ein wunderbares Gefühl!

Diese Geschichte habe ich schon des Öfteren erzählt, wenn es sich ergeben hat. So mancher muss sich erst wieder an die Nähe eines anderen gewöhnen, doch im gleichen Maße, wie ich Nähe zu anderen geschehen lasse, komme ich mir selbst wieder nahe. Lebe ich bewusst auf Distanz zu anderen, so ist auch in mir eine Distanz zu mir selbst entstanden.

Ich brauche die anderen so nötig wie die Luft zum Atmen! Wie will ich meinen Beruf ausüben, wenn es keine Menschen gäbe? Keiner ist eine Insel. Wir können uns nicht allein entwickeln. Wie immer auch unsere Pläne aussehen mögen, wir brauchen andere Menschen – lebensnotwendig!

Wenn ich mich also bei Pablo und Tommy bei der ersten Begegnung distanziert verhalten hätte, wäre wohl kaum die herzliche Reaktion am nächsten Tag von beiden gekommen.

Und ich behaupte einfach mal: Wenn uns danach zumute ist, einen anderen Menschen zu umarmen – es gibt ja immer einen Grund dafür –, dann lasst es uns doch tun! Und wenn ich es mir gestatte, meinen Gefühlen freien Lauf zu lassen, dann muss ich auch so fair sein, dem anderen das Gleiche zu erlauben – auch, dass er sich seinen Gefühlen entsprechend verhalten darf und meine Umarmung momentan *nicht* erwidert. Das ist vielleicht ernüchternd, so wie bei mir, aber nicht mehr als recht und billig! Ein anderer darf sich so verhalten, auch wenn ich eine bestimmte Reaktion erwarte! Und wenn ich dann enttäuscht bin oder mich schäme dafür, dann darf ich an mir selbst arbeiten, so wie auch ich es getan habe. Doch wie war das noch mit der Erwartung?

Enttäuschung ist nicht erfüllte Erwartung!

Nur so kann es gehen! Der ein oder andere wird sich mit unserem Verhalten vielleicht etwas überfordert fühlen. Wir müssen ihm nur zugestehen, dass er sich genauso verhalten darf, wie er es tut, ohne dass wir uns auf den Schlips getreten fühlen. Denn wenn wir unserem Herzen folgen, kann nie etwas verkehrt sein. Unser Verstand dagegen ist es, der abwägt, ob es passend ist – ob der andere es vielleicht ablehnen könnte –, ob dann nicht wieder eine Verletzung mehr gespeichert würde.

In dem Zusammenhang erinnere ich mich an eine andere Begebenheit. In einem kleinen Hotel, ein Familienbetrieb mitten in der Lüneburger Heide, hatte ich zum ersten Mal ein Seminar abgehalten. Dieser Kurs war sehr kurzfristig eingefügt worden. So blieb keine Möglichkeit, vorher den Tagungsraum und die Zimmer persönlich zu begutachten.

»Haben Sie auch genug Einzelzimmer?«, hatte ich am Telefon gefragt, da dies eine grundsätzliche Voraussetzung für meine Buchung ist.

»Ja«, kam die etwas zögerliche Antwort, »einige haben wir schon, aber neben ein paar Doppelzimmern haben wir noch Apartments, die getrennte Schlafräume haben.«

Ich musste mich jetzt einfach auf diese Aussage verlassen. Diejenigen, die ein Einzelzimmer gebucht hatten, aber jetzt im Apartment untergebracht werden sollten, riefen wir an und wiesen sie auf die Situation hin – und alle stimmten zu.

Bei der Anreise gab es jedoch Probleme. Durch den runden Geburtstag der Hotelchefin waren die Apartments völlig unerwartet anderweitig vergeben worden, so dass sich unsere Teilnehmer, zwar mit Preisnachlass, aber mit den einfachen Doppelzimmern zufriedengeben mussten. Trotz heftiger Diskussionen mit der Hotelleitung unter Hinweis auf die vertragliche Buchung war man nicht bereit, uns die Apartments wieder zur Verfügung zu stellen – eine große Herausforderung für mich und die Gruppe.

»Das ist ja vielleicht ein Mist!«, meinte Christa enttäuscht, die gerade angereist war. »Ich lebe jetzt schon so lange allein, dass ich es einfach nicht mehr gewohnt bin, jemandem nachts so nahe zu sein, den ich nicht kenne. Das habe ich mir aber ganz anders vorgestellt.«

Wie gut konnte ich sie verstehen! Mir wäre es genauso gegangen. Doch das nächste Hotel, in das sie hätte ausweichen können, lag zu weit entfernt. Da die Situation auch einige weitere Teilnehmer betraf, sprach ich das Thema noch vor Beginn des Seminars offen an.

»Auch ich bin überrascht darüber, dass man sich hier nicht an abgeschlossene Verträge hält, doch wir haben keine Möglichkeit mehr umzubuchen. Ihr seid alle voller Erwartung angereist und habt Anspruch auf ein gutes Seminar – und genau das machen wir jetzt zusammen! Ich möchte euch einfach bitten, diese Situation – so wie sie jetzt ist – anzunehmen. Es wäre schade, wenn sich eure Stimmung davon beeinträchtigen ließe. Lasst uns das Beste daraus machen.«

Ich war so dankbar, dass die Teilnehmer sich dann ohne Murren darauf einließen.

Christas Zimmergenossin war Sybille. Am ersten Tag beäugten sich die beiden etwas vorsichtig. Nach der ersten Nacht stöhnte Christa dann: »Ich habe kaum ein Auge zugetan. Sybille schnarcht wie ein kanadischer Holzfäller!«

»Ich verstehe dich«, nickte ich, »aber es gibt nur die Möglichkeit, jetzt durchzuhalten.«

Erstaunlicherweise ging es in der zweiten Nacht schon besser – und die dritte brachte dann die überraschende Wende.

»Weißt du, Gila«, sagte Christa morgens amüsiert, »es ist ganz komisch. Ich höre Sybille nachts kaum noch. Und wenn, dann stört es mich nicht mehr. Wie kommt das bloß?«

Belustigt über ihre ehrliche Aussage erwiderte ich:

»Du selbst hast dich verändert – bist weicher und offener geworden.«

»Ich glaube«, meinte sie nachdenklich, »jetzt erst bin ich wieder in der Lage, Nähe zuzulassen. Gila, du hast im Seminar einen Satz gesagt, der ist mir nicht mehr aus dem Kopf gegangen:

In dem Maß, wie wir Nähe zu anderen geschehen lassen, kommen wir uns selber wieder näher.«

Es war beeindruckend! Und das Schöne ist, dass die beiden dadurch Freundinnen geworden sind. Bei allen weiteren Seminaren, die sie danach besuchten, haben sie von vornherein ein Doppelzimmer gebucht.

Auch eine andere Geschichte in diesem Hotel kommt mir dabei wieder in den Sinn.

Unser Tagungsraum war der einzige Saal in dem Haus. Einen Tag vor der Anreise der Teilnehmer hatte ich ihn ganz liebevoll und heimelig ausgestattet. Es duftete angenehm – und die brennenden Kerzen sorgten für eine warme Atmosphäre.

Unsere Schuhe bleiben vor der Tür, denn unser Raum, in dem auch meditiert wird, soll grundsätzlich nur mit Socken betreten werden.

Wir saßen gerade alle kuschelig auf unseren Decken, als plötzlich die Tür aufging, und ein Geschwader von 10–12 Herren nacheinander eintrat, überrascht stehen blieb und uns total perplex anschaute.

Es war der Bürgermeister mit allen Dorfgrößen, dem Pfarrer, dem hiesigen Arzt – und wer sonst alles noch dabei war!

»Oh«, meinte der Bürgermeister betreten, »wird hier heute nicht gefeiert?«

»Nein«, meinte ich, froh darüber, dass die ganze Mannschaft nicht schon vorher in unsere Meditation geplatzt war. »Wieso?«

»Nun, die Chefin feiert heute ihren sechzigsten Geburtstag!«

Und dann fiel mein Blick auf ihre Füße! Alle, aber auch alle, standen da verlegen in Socken herum – die komplette honorige Gesandtschaft! Sie hatten die Schuhe draußen vor der Tür gelassen!

Erst fing einer von unserer Gruppe an zu lachen, dann prusteten alle los.

»Ach, du lieber Himmel«, versuchte sich der Pfarrer dann aus der Affäre zu ziehen, »wir haben gedacht: Was sind denn das für neue Sitten hier – die vielen Schuhe vor der Tür! Da haben wir unsere eben auch ausgezogen!«

Alles bog sich vor Lachen – auch die Besockten, als sie sich umdrehten, um draußen schnellstens wieder in die Sicherheit ihrer so vertrauten Welt hineinzuschlüpfen.

Am Nachmittag des nächsten Tages fuhr ich mit dem Bus zum Wiener Flughafen. Ich war schon sehr zeitig da, weil ich bereits morgens im Hotel ausgecheckt hatte. So stöberte ich am Flughafen noch etwas in den Shops herum.

In aller Ruhe ging ich dann zum Schalter, wo ich die Erste war. Ich sah, wie der junge Bodensteward noch ein paar Unterlagen ordnete, bevor er den Schalter öffnete. Direkt hinter mir hatte sich inzwischen auch die Dame mit ihrem Mann eingefunden, die bei meiner Ankunft die Begrüßung zwischen Götz und mir so liebevoll kommentiert hatte.

»Na, Ihr Wochenende muss aber schön gewesen sein!«, bemerkte sie fröhlich. »Sie haben Ihren Mann sicher lange nicht gesehen!«

Lachend nickte ich ihr zu und wusste, dass sie damit die so gefühlvolle Umarmung zwischen Götz und mir meinte. Jetzt wurde unser Schalter geöffnet, der junge Mann winkte mich heran und bat mich um Flugschein und Pass.

Ich überreichte ihm die beiden Dokumente. Er nahm meinen Pass, schaute mich kurz an – dann sah er in mein Flugticket, schaute mich wieder an und nahm dann erneut meinen Pass, den er längere Zeit studierte.

Ein Gefühl, als ob irgendetwas nicht stimmte, stieg in mir auf. Was war los? War das Ticket nicht in Ordnung?

»Einen kleinen Moment, bitte«, bemerkte er höflich, griff zum Telefon und gab leise meinen Namen durch. Warum bloß?

Ein starkes Unbehagen stieg in mir auf. Verwechselte er mich? Wurde ich etwa gesucht? Verrückter Gedanke! Doch solche Szenen, wie ein unbedarfter Bürger plötzlich nichtsahnend für jemand anderen gehalten wurde, hatte ich des Öfteren schon mal im Film gesehen. Wie schnell man doch in eine solche Denkweise hineinrutscht!

Die Reihe der ankommenden Passagiere hinter mir wurde länger, während der junge Mann erneut zum Telefon griff und wieder meinen Namen durchgab. Obwohl ich mir äußerste Mühe gab, verstand ich nicht viel. Jetzt wurde ich unruhig.

Aufmerksam schaute mich die Dame an, die mich zuvor auf das wunderschöne Wochenende angesprochen hatte. Ich spürte, wie auch sie sensibilisiert war.

Dann endlich legte der junge Mann den Hörer auf, nahm wieder meine Papiere, schaute mich an und fragte: »Sind Sie Gila van Delden?«

»Ja«, antwortete ich angespannt. War mein Pass nicht in Ordnung? Hatte ich vielleicht versehentlich Götz' Pass eingesteckt?

»Sind Sie die Buchautorin?«

Fassungslos starrte ich ihn an. »Ja, warum?«

»Und Sie leiten auch Seminare?«

»Ja.«

Der junge Mann wurde jetzt von einer Kollegin abgelöst, ging um den Schalter herum, trat auf mich zu und fragte: »Würden Sie mir dann bitte folgen?«

»Wohin?«, fragte ich total irritiert und verstand die Welt nicht mehr. Was hatten meine Bücher und meine Tätigkeit damit zu tun, dass ich hier in Wien am Abflugschalter stand und nach Hause wollte, meine Dokumente bis ins Kleinste überprüft wurden – ich mich äußerst unbehaglich fühlte und die Leute in der Schlange hinter mir sicherlich dachten, ich würde verhaftet.

Dann sagte er in feierlichem Ton: »Meine Mutter und auch ich haben alle Ihre Bücher gelesen, und sie war im vergangenen Jahr sogar bei Ihnen auf einem Seminar!«

»Sagen Sie bloß!«, murmelte ich und musste ihn wohl etwas seltsam angeblickt haben. Doch schlagartig fiel die Spannung von mir ab, und ich fragte ihn belustigt nach seinem Namen. Durch ein paar besondere Details seiner Familie, die er mir dann erzählte, konnte ich mich auch sofort wieder an seine Mutter erinnern.

Er strahlte mich an und meinte: »Ich habe gerade die Erlaubnis eingeholt, dass ich Sie in die VIP-Lounge begleiten darf, wo Sie sich bis zum Abflug aufhalten können. Ich bringe Sie dann persönlich zum Flugzeug.«

Das hätte ich filmen mögen! Ob man mir das zu Hause glauben würde? Man konnte förmlich spüren, wie stolz er war! Möglicherweise war ich ja seine erste »VIP« – Very Important Person? Das würde die Sache erklären.

Etwas verlegen folgte ich ihm, bis er mich dann in eine Art Bar führte und mich dort dem Geschäftsführer vorstellte. Beim Betreten des Raumes sah ich ein paar andere bekannte Gesichter aus der Wirtschaft, aus Funk und Fernsehen. Man schaute mich an – und nickte mir freundlich zu. Aha, jetzt war ich also auch eine VIP!

»Bitte, bedienen Sie sich – alles, was hier steht, ist als Einladung gedacht für unsere Gäste, sowohl das Essen, als auch Getränke aller Art. Fühlen Sie sich einfach wohl«, strahlte mich der junge Bodensteward an. »Ich hole Sie dann kurz vor dem Abflug hier ab.«

Immer noch aufgewühlt, drückte ich ihm die Hand und dankte ihm für so viel Aufmerksamkeit. Dann verließ er mit einem fröhlichen Winken die VIP-Lounge.

Total beeindruckt von dieser liebevoll gemeinten Aktion schaute ich mich um. Die Salate, alles vom Feinsten! Hungrig war ich jedoch nicht. Es war ein El Dorado für Freunde von Cocktails und härteren Sachen! Das Einzige, was ich mir nahm, war eine Schale mit Erdnüssen.

Irgendwie fühlte ich mich ziemlich verloren so allein am Tisch. Wenn noch jemand anders dabei gewesen wäre, hätten wir herzlich über die Situation lachen können. Nein, hier wollte ich nicht stundenlang warten, denn unser Flieger hatte wegen einer Bombendrohung noch fast zwei Stunden Verspätung. Trotz des plötzlich erwachten VIP-Gefühls stand ich nach kurzer Zeit auf und verließ diese für mich ungewohnte Stätte.

Erst als ich dann im Abflugraum dem mir bekannten Ehepaar begegnete, fühlte ich mich wieder wohl und ging auf die beiden zu.

»Wo sind Sie denn so plötzlich geblieben?«, fragte mich die Dame interessiert. »War mit Ihren Papieren etwas nicht in Ordnung?«

Erleichtert erzählte ich in kurzen Worten von meinem bedeutungsvollen, aber nicht ganz freiwilligen Abstecher in die VIP-Lounge. Jetzt konnte auch *ich* herzlich darüber lachen.

Der junge Mann kam dann später noch zu uns und verabschiedete sich persönlich von mir. Es hatte ihn nicht gestört, dass ich die VIP-Lounge bereits früher wieder verlassen hatte.

Ich drückte ihm die Hand und sagte dankbar: »Grüßen Sie Ihre Mutter ganz, ganz herzlich von mir!«

Es war schön für mich zu sehen, wie gern er mir diese Aufmerksamkeit hatte zuteilwerden lassen. Es lag so viel Gutes in seiner Aktion – und dafür bin ich ihm wirklich sehr dankbar!

Renate, wenn du irgendwann einmal dieses Buch lesen solltest, dann nimm es wieder als Beweis dafür, was du für einen aufmerksamen, wunderbaren Sohn hast! Obwohl ich mich nie als VIP fühlen werde, hat er mir durch seine Achtsamkeit ein ganz besonderes Erlebnis als zauberhaften Abschluss meiner Wien-Reise beschert!

KAPITEL 9

Auf Dauer nimmt die Seele die Farbe deiner Gedanken an.

MARC AUREL

Der Wissenschaftler Rupert Sheldrake prägte Anfang der 1990-er Jahre den Begriff des »morphogenetischen Feldes«. Diese unsichtbaren Energiefelder zeigen, dass Menschen über räumliche oder zeitliche Entfernung hinweg verbunden sind und miteinander korrespondieren. Ob Familie, Firma oder Nation – das Verhalten oder Befinden eines Einzelnen beeinflusst immer auch das gesamte Energiefeld.

Der Volksmund sagt es in ähnlicher Form: »Die Kette ist immer so stark wie ihr schwächstes Glied.«

Manche Heiler beschreiben diese korrespondierenden Felder wie folgt: Wenn Mann und Frau ein Kind zeugen, entsteht eine genetische Initialverbindung vom Herzzentrum der Mutter zum Ei und vom Herzen des Vaters über sein Sperma. Diese Verbindung zwischen Eltern und Kind bleibt bestehen, unabhängig, ob ein Kind bei seinen leiblichen Eltern aufwächst oder nicht. Diese energetischen Lichtstränge bestehen von den Eltern zu den Großeltern und zu Onkeln, Tanten, Vettern und Cousinen. Sie setzen sich fort durch alle Blutsbande im großen genetischen Lebensbaum, der in Urzeiten zurückreicht.

Mit diesem Bild vor Augen können wir uns gut ein großes, genetisches Lichtnetz vorstellen, das zuerst alle in einer Familie, dann die Menschen einer Nation und letztlich die ganze Menschheit verbindet.

Yvonne stellte diesbezüglich eine Frage im Seminar: »Wenn ich mal einen Stadtbummel mache, dann passiert es immer wieder, dass ich danach todmüde nach Hause komme. Womit hat das zu tun?«

»Ja, das ist auch meine Frage«, meinte Max. »Ich bin Krankenpfleger. Manchmal fühle ich mich fit, ein andermal bin ich regelrecht ausgepumpt.«

»Um zu verstehen, was mit euch beiden los ist, möchte ich gern mal einen Begriff erklären«, schaltete ich mich ein. »Wir Menschen besitzen nicht nur einen materiellen Körper, sondern auch einen Energiekörper. Unseren sichtbaren Körper kann man anfassen, während man den unvergänglichen Energiekörper nicht sehen, aber spüren kann. Weiß jemand, wie man diesen auch noch nennt?«

»Das ist die Aura eines Menschen«, bekam ich zur Antwort.

»Richtig. Dieser Ausdruck ist fast allen Menschen geläufig. Die Aura ist vergleichbar mit einer Glühbirne: Sobald sie mit Energie versorgt wird, strahlt sie Licht und Wärme aus, fließt kaum Energie, ist das Licht sehr matt. Funktioniert die Birne gar nicht, bleibt alles dunkel und kalt. Mit uns Menschen verhält es sich ebenso: Wenn uns reine Energie aus dem Kosmos durchströmt, werden wir zu lebendigen Wesen; durchfließt uns keine Energie mehr, so stirbt unser Körper. Der energetische oder feinstoffliche Körper des Menschen besteht aus mehreren Teilen: der Aura, den Chakren, den Meridianen und aus unserer unsterblichen Persönlichkeit – unserer Seele.

Jeder weiß, wovon die Rede ist, wenn es heißt: Was für eine

Ausstrahlung! Ob positiv oder negativ, wir können die Aura unserer Mitmenschen förmlich spüren.«

»Woher kommt der Name – Chakra?«

»Aus dem indischen Kulturkreis. Dort bezeichnen Heilkundler besondere Punkte der Aura als Energiezentren, sogenannte Chakren. Gemäß der Chakra-Lehre besteht der Körper aus fließenden Energien, wobei sich die sieben Haupt-Chakren entlang der menschlichen Wirbelsäule befinden. Jedes dieser Zentren soll für bestimmte Bereiche der körperlichen Gesundheit sowie für geistig seelische Empfindungsebenen verantwortlich sein. Die Chakren durchstrahlen den Körper und beeinflussen somit unseren Kreislauf, den Hormonhaushalt, aber auch Emotionen und Gedanken. Störungen und Blockaden des Energieflusses könnten sich daher sowohl auf psychischer als auch auf physischer Ebene bemerkbar machen.«

»Ja!«, nickte eine Teilnehmerin zufrieden, »ich habe mal im Fernsehen eine Sendung gesehen von einem Motivations-Trainer. Der rief auch immer: Chakra, Chakra!«

Gelächter ertönte. Lachend erklärte ich ihr, dass diese Parole »Tschakka«, die der Trainer dort jeweils als Schlachtruf ausstößt, seine eigene Erfindung ist und nichts mit dem indischen Wort zu tun hat. Frei übersetzt heißt Chakra: »drehendes Rad«.

Nachdem wieder Ruhe eingekehrt war, wollte Max wissen: »Durch dieses Energiefeld bekommen wir doch auch unbewusst viele Informationen über andere, oder?«

»Ja, wir Menschen laufen wie mentale Sende- und Empfangsstationen durchs Leben. Ich glaube, dass das gesamte Universum nicht aus Materie, sondern aus Energie besteht, und wir wissen, dass Energie nie vergeht. Gerade, wenn wir in Kontakt mit vielen anderen Menschen sind, strömen unbewusst sowohl kraftvolle Informationen als auch auslaugende Energien in uns ein.«

Und zu Yvonne gewandt, sagte ich: »Beispielsweise knüpfst du während deines Stadtbummels mit allen Menschen energetische Kontakte innerhalb eines Radius von einigen Metern. Kann es sein, Yvonne, dass du ein mitfühlender Mensch bist?«

»Stimmt!«

»Schau mal, sobald dein feinstofflicher Körper spürt, dass ein Passant sich einsam fühlt, nimmst du diesem – unbewusst natürlich – einen Teil seiner negativen Energie ab, um ihm zu helfen. Nach etwa einer Stunde fühlst du dich ausgelaugt. Viele Menschen kommen deshalb erschöpft aus der Stadt oder aus großen Einkaufszentren zurück, weil sie fremde, dunkle Energie in ihren Energiekörper aufgenommen haben.«

»Und wie ist das bei mir?«, wollte Max wissen.

»Bei dir liegt der Fall anders. Du verschenkst deine Lebenskraft an Menschen, denen du helfen möchtest, wenn sie Lebensenergie benötigen. Dann fließt die Energie aus deinem Energiekörper in den des anderen. Das ist oft der Grund, weshalb manche Therapeuten nur kurze Zeit intensiv mit ihren Patienten arbeiten können.«

»Und was kann ich dagegen tun?« Max schaute mich aufmerksam an.

»Dem Energieverlust kannst du bewusst ein Ende setzen, zum Beispiel durch Affirmationen. Wenn du dich immer wieder auf die Kraft in deinem Leben konzentrierst, dann bekommt *diese* Seite Energie, nach dem Gesetz der feinstofflichen Ebene: Gleiches zieht Gleiches an – Ungleiches stößt einander ab. Indem du dich zum Beispiel täglich in deiner Vorstellung in weißes, kraftvolles Licht einhüllst, bist du energetisch geschützt und ziehst Licht und Liebe an.«

»Ich habe noch eine weitere Frage, Gila«, meinte Max, »welche Macht hat Intuition über unser Leben? Können wir ihr trauen?«

»Ohne Intuition wäre Langeweile für unser Leben vorprogrammiert. Wir setzen damit zwar auf volles Risiko, aber dafür bringt sie auch mehr Spaß in unser Leben.«

»Wie meinst du das denn?«, fragte Max etwas irritiert.

»Nun, wenn der Verstand NEIN – aber die Intuition JA sagt, wir jedoch der Intuition folgen, dann erst beginnt das Leben! Wenn ich damals nicht nach Whitehorse in die Yukon Territories ausgewandert wäre, stünde ich wahrscheinlich heute nicht hier.«

Ich sprach über diese feine Stimme – dieses ganz zarte Gefühl, welches wir rational manchmal gar nicht erklären können. Intuition ist Eingebung. Ein Gedankenblitz, der entsteht, ohne dass wir in dem Moment wissen, woher er kommt. Der schlagartig eine Wahrheit offenbart und eine Entscheidung klarer macht. Der dem Leben einen neuen Kick geben kann.

Woher wissen wir manchmal nach einer kurzen Begegnung, dass ein Mensch für uns sehr wichtig werden könnte? Durch einen Funken, einen Ideensplitter, der sich dann in unserem Kopf festsetzt!

»Intuition ist immer da, ob wir auf sie hören oder nicht«, fuhr ich fort. »Unser gesamter Erfahrungsschatz aus Erlebnissen und Prägungen wird von ihr angezapft.«

»Sind positiv gestimmte Menschen eigentlich empfänglicher dafür?«, wurde ich gefragt.

»Ich glaube, ja. Es ist ja bekannt, dass wir beispielsweise beim Lachen Glückshormone produzieren. Dadurch sind wir offener, kreativer – und die Intuition hat leichteres Spiel. Sie kann aber noch viel mehr: Sie hilft uns, uns selbst besser kennenzulernen. Wenn wir sorgfältig auf ihre Signale achten, spüren wir, welche Fähigkeiten und Talente, die wir unter Umständen noch nie wahrgenommen haben, vielleicht noch unentdeckt in uns schlummern. Wir sehen zum Beispiel einen Bericht über jemanden, der sich für gesellschaftliche Randgruppen engagiert. Plötzlich kommt intuitiv das Gefühl auf ›Das ist es‹, und wir lassen uns darauf ein. Durch diesen Impuls erkennen wir vielleicht unsere Lebensaufgabe. Jeder verfügt über Intuition. Sie ist permanent auf Sendung. Die Frage ist nur, wie effektiv man sie nutzt.«

»Kann man sich eigentlich immer auf seine Intuition verlassen?«, kam die Frage auf.

»In manchen Fällen kann sie auch versagen. Wenn wir nicht gut drauf oder gestresst sind, kann sie sich nicht frei entfalten, und es geschieht, dass wir ihre Eingebungen verzerrt wahrnehmen. Ich will euch mal ein Beispiel geben, wie selbst harmlose Düfte unsere Intuition völlig durcheinanderbringen können:

Ein Mann sieht auf einer Party eine Frau, und von Weitem wirkt sie auf ihn sympathisch. Er geht zu ihr hin, aber das Gespräch beginnt mühsam und ist schließlich völlig verkorkst. Die Frau ist dem Mann auf einmal total unsympathisch. Warum? Es sah doch anfangs ganz anders aus? Der Grund ist ihr Parfüm. Vor Jahren ist er von seiner besten Freundin, die sich genau mit dem gleichen Duft einhüllte, gelinkt worden. So ist in seinem Unterbewusstsein gespeichert: Vorsicht – Verrat – Rückzug antreten!

Aber, meine Lieben, es gibt auch Situationen, in denen wir uns einfach auf die Sternschnuppen unserer Intuition verlassen müssen. Zumindest, wenn wir wollen, dass das Leben spannend bleibt.«

Götz' Tournee mit der James-Last-Band endete Anfang Dezember 2002. Das Abschiedsessen mit Hansi und der Band sollte in Hamburg stattfinden. In Wien hatte Hansi mich eingeladen, dabei zu sein, und ich freute mich sehr auf diesen Abend.

Kurz vorher hatte Götz mich gefragt, ob ich mir vorstellen könnte, mit ihm zusammen in meinem Haus in Halle zu leben, das heißt, dass er bei mir einziehen wollte.

Nach dem Ende meiner letzten Beziehung hatte ich mir fest vorgenommen – nie wieder mit einem Mann zusammenzuleben! Zwei getrennte Wohnungen, möglichst nicht allzu weit voneinander entfernt, wären perfekt. Und nun diese Frage!

Ich hatte Götz ganz offen meine Einwände erklärt, und er verstand sie. Trotzdem gab er zu bedenken:

»Schau mal, Gila, wir kennen uns jetzt sieben Monate. Beide haben wir gemerkt, wie viel wir einander bedeuten. Du hast mich mit deinem Einfluss sehr viel weiter gebracht in meinem Leben. Ich glaube aber auch, dass ich in unserer gemeinsamen Zeit einiges für dich tun konnte.«

»Ja, das stimmt Götz«, gab ich unumwunden zu.

»Und deshalb, denke ich, es ist besser, unser Zusammenleben auszuprobieren. Wenn vorher die Konstellation zweier Menschen nicht passte, so ist das sicherlich ein Erfahrungswert, aber man kann diese Erkenntnisse nicht in jede Beziehung übertragen.«

Auch damit hatte er Recht. Und doch wollte ich noch nicht sofort eine Entscheidung treffen …

Inzwischen hatte ich gelernt – und beste Erfahrungen damit gemacht –, meine Engel um Hilfe zu bitten. So gab ich auch diese Frage, ob das Zusammenleben mit Götz für beide gut sei, an sie ab und bat sie darum, mir ein Zeichen zu geben. Sie wissen es besser als jeder Mensch hier auf Erden, dem seine eigenen Muster oftmals noch im Wege stehen.

In einem Selbsterfahrungsseminar lernte ich Wolfgang und seine beiden Kinder Janina und Wolfi kennen. Vier Monate zuvor hatte Wolfgang seine Frau Karin und die beiden ihre Mutter durch Krebs verloren.

Einem inneren Impuls folgend, hatte mir Wolfgang, kurz nachdem Karin ins Licht gegangen war, einen Brief geschrieben. Mein Mutter-Erde-Buch sei seiner Frau bis zuletzt eine große Hilfe gewesen.

Tief bewegt über seine dankbaren Worte hatte ich ihn angerufen und ein langes gutes Gespräch mit ihm geführt.

Nun waren nicht nur die drei zu meinem Seminar gekommen, sondern auch Karins Freundin Renate. Dagegen war Otto, Renates Mann und praktischer Arzt, nur als Gast dabei. Er nutzte die Zeit tagsüber, um sich auf seine anstehende Akupunktur-Prüfung vorzubereiten. Bei dem herrlichen Wetter saß Otto auf der Terrasse vor unserem Tagungsraum. Erst abends zur Gute-Nacht-Geschichte kam er dazu.

»Und ich dachte, ihr seid intensiv am Arbeiten!«, scherzte er, weil er uns von draußen immer wieder herzhaft hatte lachen hören.

»Das ist das Leben, Otto!«, bestätigte ich. »Es ist nicht immer nur ernst. Mit Humor und Lachen geht alles viel leichter.«

Auch Janina und Wolfi, damals fünfzehn und achtzehn Jahre alt, fanden bei uns ihr Lachen wieder.

Und doch verspürte ich während der ganzen Zeit eine eigentümliche Schwingung. Obwohl ich Wolfgangs Frau Karin persönlich nicht gekannt hatte, spürte ich ganz deutlich, sie war bei uns.

»Wolfgang, Karin ist hier«, sagte ich nach einer Meditation leise zu ihm. »Es geht ihr gut – sie ist voller Liebe und so dankbar, dass ihr alle jetzt hier seid!«

Bei meinen Worten traten Tränen in Wolfgangs Augen. Auch

für seine beiden Kinder waren diese Tage etwas ganz Besonderes. Wie gut tat es ihnen, in der momentan so schweren Zeit abgelenkt zu werden!

In der Abschlussrunde sprach dann die fünfzehnjährige Janina gelassen die Worte aus: »Gila, dieser Kurs war echt cool! Er hat nur einen Fehler.«

»Und welchen?«

»... dass er nicht noch drei Wochen länger dauert.«

Danke, Janina.

Einige Wochen später rief mich Renate an. »Gila, jetzt hast du auch noch Otto angesteckt. Er will tatsächlich mitmachen! Wir haben uns beide für das Engel-Seminar im November entschieden. Sind da noch Plätze frei? Was hältst du davon?«

O je, dachte ich. Ich hatte Otto zwar als einen absoluten Sympathieträger kennengelernt – aber gleich mit den Engeln anfangen? Zögernd antwortete ich: »Renate, meiner Meinung nach wäre es besser, wenn Otto zuerst am Harmonie-Seminar, das genau eine Woche vorher stattfindet, teilnähme. Im nächsten Jahr kann er sich dann auf die Engel einlassen.«

»Ja, gut«, antwortete Renate, »das habe ich mir vorher auch schon überlegt. Dann schicke ich dir die Anmeldungen. Wir freuen uns jetzt schon.«

Vier Wochen vor dem Termin rief Renate mich jedoch an und sagte ganz aufgelöst: »Gila, stell dir vor, wir müssen doch tatsächlich für unsere Seele von Hund einen Hundeführerschein machen! Er – ein Kampfhund? Der kämpft höchstens mal um die Wurst! Und jetzt kommt's! Genau an dem Wochenende, an dem wir zu dir kommen wollten, findet jetzt die Prüfung statt. Was nun? Können wir nicht doch eine Woche später zum Engel-Seminar kommen?«

Ich bekam eine Gänsehaut und dachte: »Okay, meine Engel! Ihr habt gewonnen!«

Zu Renate sagte ich dann gefasst: »Weißt du, wenn unsere Engel etwas planen, dann geschieht es auch. Offensichtlich solltet ihr beide von Anfang an zum Engel-Seminar kommen, sonst wäre das mit dem Hund jetzt nicht passiert.«

Und Otto sollte später der Hit auf unserem Seminar werden!

Ich bin dankbar, dass ich fast alle meine Kurse bisher bei guter Gesundheit leiten konnte. Selten kommt es vor, dass mich mal eine Erkältung erwischt, und wenn überhaupt, dann glücklicherweise bisher immer zu Hause. Meine Engel haben wohl ein Einsehen mit mir.

Nun war es jedoch mal wieder geschehen – nachts ein Kratzen im Hals und am nächsten Tag die Stimme lädiert! Danke, meine Engel! Es waren ja noch neun Tage bis zum nächsten Kurs.

Normalerweise habe ich innerhalb von einer Woche eine Erkältung auskuriert. Aber dieses Mal war es anders. Meine Stimme wurde nicht besser, sondern blieb ganz weg, und zwei Tage vor dem Seminar belustigte mein Kicksen die gesamte Mannschaft im Büro. Telefonieren war unmöglich.

Irmi sagte besorgt: »Gila, heute ist Dienstag, du hörst dich an wie ein verrosteter Kühlschrank in den letzten Zügen. Morgen bist du schon unterwegs nach Süddeutschland. Willst du nicht besser heute noch zum Hals-Nasen-Ohren-Arzt gehen?«

»Ach, weißt du, Irmi«, wich ich aus, »das kann ich immer noch.«

»Und wann?«, hakte sie unbarmherzig nach. »Mittwochs sind die Arztpraxen geschlossen.«

»Na ja, wenn es nicht besser wird, gehe ich noch am Donnerstagmorgen am Seminarort zum Arzt. Ich habe doch meine Engel um Hilfe gebeten – und ich glaube ganz fest daran, dass sie mir helfen.«

»Das tue ich ja auch«, gab Irmi zu, »aber andererseits weiß ich ja, wie unwohl du dich fühlst, wenn du nicht deine ganze Kraft in das Seminar einbringen kannst.«

Sie hatte ja Recht. Ich nahm mir vor, wirklich zum Arzt zu gehen, wenn keine entscheidende Besserung eintreten sollte. Am Mittwoch jedoch konnte ich mich zumindest schon einigermaßen wieder verständlich machen.

So wies ich einen Tag später zu Beginn des Kurses die Gruppe gleich darauf hin, dass meine Stimme nicht ganz in Ordnung sei. Und da stellte sich heraus, dass ein Teilnehmer HNO-Arzt war, der mir umgehend seine Hilfe anbot.

Danke – meine Engel, für diese wunderbare Lösung!

Im November nahmen Otto und Renate dann an meinem Engel-Seminar teil. Laufend musste sich Otto anhören, ob er schon mal Kontakt aufnehmen wollte zur nächsten Dimension, um seinen Patienten Mut zu machen, wenn er mit seinem Latein am Ende war.

Bereits einige Zeit vorher hatte ich leichte Halsschmerzen verspürt, die aber jetzt von Tag zu Tag stärker wurden.

Zuerst versuchte ich, mit Reiki-Energien der Sache Herr zu werden, doch es schien nicht zu helfen. Als ich kaum noch schlucken konnte, sprach ich mit Otto über meine Symptome.

Er untersuchte mich und meinte: »Dein Hals ist ziemlich gerötet. Tut's sehr weh?«

Ich nickte.

»Ich hoffe für dich, Gila, dass es nur eine Halsinfektion ist.«

»Wieso, was sonst?«

»Du sagtest, du hast die Beschwerden schon etwas länger, aber jetzt erst so stark? Und du hast es bereits mit Reiki versucht? Hoffentlich ist es dann keine Schilddrüsenentzündung. Wenn es der Hals ist, hilft Antibiotikum. Hältst du bis Montag durch, bis du zum Arzt gehen kannst?«

»Ich will es versuchen, doch die zeitliche Situation in den kommenden Tagen ist sehr angespannt. Am Montagmorgen fahre ich gleich weiter nach Hamburg, weil ich Götz zum Abschiedsessen der James-Last-Tournee begleite. Am Dienstagmorgen fahre ich dann von Hamburg zurück und hole sofort Reni vom Bahnhof ab. Zusammen geht es dann am Nachmittag nach Süddeutschland zu unserer gemeinsamen Freundin Claudia, die an dem Tag auch noch Geburtstag hat. Und am nächsten Morgen geht's gleich weiter mit Claudia und Reni zum nächsten Engel-Seminar nach Teisendorf.«

»Das heißt – volles Programm!«

»Dafür ist aber der ganze Monat Dezember frei – und auch der halbe Januar. Aber mal eine andere Frage an dich, Otto, hast du einen Rezeptblock dabei?«

»Nein, aber einen Bierdeckel.«

Ich kannte seinen versteckten Humor und schaute ihn groß an.

»Im Ernst, Gila, ein Bierdeckel reicht. Das Medikament – meine Praxisnummer und meine Unterschrift – das ist alles!«

Trotz der Halsschmerzen musste ich grinsen.

Und wirklich – bis nachmittags hatten die Damen von der Hotelrezeption dann wirklich den Bierdeckel eingelöst …

Dennoch spürte ich auch in den nächsten Tagen keine Linderung. Durch die zeitliche Abfolge der vielen Termine kam ich gar nicht zum Nachdenken, was mit mir los sein könnte.

So fuhr ich mit Reni zu Claudia nach Sinsheim. Von dort aus wollten wir am nächsten Tag zusammen zum letzten Seminar des Jahres weiterfahren, wo ich auch Ingrid aus München wiedersehen sollte, die mit mir zu den Filmaufnahmen nach Whitehorse geflogen war.

Claudia hatte für uns alle am Dienstagabend sehr liebevoll das Abendessen vorbereitet – doch ich spürte, bei mir ging gar nichts mehr. Ich lag auf ihrem Sofa und fieberte. Mein Kopf dröhnte. Alle Engel im Himmel bat ich, mir Kraft zu geben und in den kommenden Tagen ganz nahe bei mir zu sein. Ich brauchte jetzt wirklich all meine Energie für das Seminar.

Als sich weder Hals- noch Kopfschmerzen durch das Antibiotikum besserten, ahnte ich, dass meine Seele etwas nicht verkraftete – aber was? Wie ließ sich dieses starke körperliche Symptom erklären?

Ich freute mich dann sehr, in der Tagungsstätte Ingrid wiederzusehen, und bis auf meine Freundinnen wusste niemand etwas von meiner Verfassung. Jeden Morgen meditierte ich in meinem Zimmer und bat alle meine Engel, mir zu helfen und bei mir zu sein.

Und dann war es für mich wie ein Wunder: Sobald ich morgens den Seminarraum betrat, waren die Kopfschmerzen wie weggeblasen, auch die Halsschmerzen hielten sich in Grenzen. Es schien, als ob ich von meinen Engeln durch das Seminar getragen würde.

Direkt am Montag danach ging ich zum Internisten, der dann wirklich eine Schilddrüsenentzündung feststellte, die gezielt behandelt werden konnte.

Wie so oft, versuchte ich diesen körperlichen Symptomen auf den Grund zu gehen. Was beschäftigte mich so stark, dass meine Seele meinen Körper als Wegbereiter brauchte? Immer wieder dachte ich darüber nach, bis ich dann die Lösung hatte: Es musste etwas damit zu tun haben, dass Götz bei mir einziehen wollte. Bei dem Gedanken fühlte ich mich immer noch nicht wohl.

Was hieß das nun? Warum fühlte ich mich so unwohl? Warum wurde ich sogar krank? Warum gerade die Schilddrüse? Hatte ich meine Engel nicht um Zeichen gebeten?

Nach einigen Überlegungen kam ich der Sache dann auf den Grund. Mir fiel ein: Das Kehlkopf-Chakra – eines unserer sieben Haupt-Chakren – hat auch mit der Schilddrüse zu tun. Und dieses Chakra steht unter anderem auch für die Eigenschaft Verantwortung. Doch wieso das? War mir die Verantwortung zu groß, die ich teilweise mit Götz' Einzug übernahm? Ich dachte an die Trennung meiner vorangegangenen Partnerschaft. Auch diese Beziehung hatte so wunderbar begonnen und vier Jahre danach abrupt geendet, weil Missbrauch im Spiel war.

Meine Bedenken galten weniger dem gemeinsamen Leben mit Götz, als vielmehr meiner Entscheidung, nie wieder ständig mit einem Partner zusammen leben zu wollen.

Wie hatte ich doch so bedeutungsvoll bei dem bewussten Telefonat gesäuselt? »Ich lasse die Haustür offen …!«

Und nun stand Götz tatsächlich vor der Tür …

Zwischen den Tourneen, die meistens mehrere Monate dauerten, nahm Götz oftmals bei Einzelveranstaltungen einen Job als Techniker an. So war er an diesem Sonntagmorgen erst gegen 7.30 Uhr müde nach Hause gekommen und gleich zu Bett gegangen. Noch immer stand meine endgültige Entscheidung aus, ob er bei mir einziehen konnte.

Während er nun schlief, nahm ich mir ein wenig Zeit für mich und begann, in einem Magazin zu lesen. Plötzlich wurde ich von einem Artikel gefesselt mit der Überschrift: »Du bist auf der Welt, um zu lieben, und nicht um geliebt zu werden.«

»Provokativ, aber stimmig!«, dachte ich, und schnell nahmen mich die Fallbeispiele gefangen. Ich bin mir nicht mehr sicher, wer genau es war – vielleicht ein östlicher Weiser –, aber dort stand zu lesen: Alle, die ihn um Rat fragten, erhielten immer nur diesen einen Satz zur Antwort:

»Du bist auf der Welt, um zu lieben,
und nicht um geliebt zu werden.«

Die Anwesenden waren überrascht und konnten anfangs mit dieser Aussage nicht viel anfangen. Sie sahen den Ratgeber nur erstaunt an. Nach einer Weile jedoch – ohne dass er weitere Erklärungen abgab – begannen sie zu verstehen.

Auch ich ließ die Worte ganz tief in mich einsinken und erkannte urplötzlich, dass mit dieser Aussage in der Tat sämtliche Probleme zu lösen sind. Auf einmal fielen all meine Bedenken in Bezug auf Götz' Einzug von mir ab – und auch, ob die Beziehung zwischen ihm und mir von Dauer wäre.

Niemand gibt uns die Sicherheit, dass eine Partnerschaft zwischen zwei Menschen ewig dauert. Doch wenn wir bereit sind, das Leben ohne Netz und doppelten Boden anzunehmen, dann beginnt unsere Lebenskraft und Lebensfreude zu wachsen. Wie bei einer Pflanze, die vertrauensvoll aus der Erde schießt und einfach Sonne und Regen für ihr Wachstum voraussetzt.

Wenn wir lieben, heißt das, vom anderen nicht zu erwarten, dass er unsere Liebe erwidert. Das ist eine Liebe, die weder bedingt noch fordert. Der Gedanke – wenn du etwas für mich tust, dann tue ich auch etwas für dich – enthält Bedingungen. Und wenn dann diese nicht erfüllt werden, reagieren wir mit Enttäuschung, Ärger oder sogar Wut.

Vertrauen zum Leben zu haben, zu unserem Lebensplan – zur Schöpfung, das macht stark! Wenn ich nichts erwarte und dankbar annehme, welche Chancen das Zusammenleben dann birgt, wie kann ich dann enttäuscht sein? Erst wenn ich eine Erwartungshaltung aufbaue, der auf Dauer niemand vollständig entsprechen kann, entsteht Frust.

Mir fiel ein, wie klar und mutig Elisabeth mir das vorgelebt hatte.

Nach dem Mittagessen machten Götz und ich mit Aisha einen langen Spaziergang – und ich teilte ihm meine Entscheidung mit. Plötzlich spürte ich, wie eine ziemliche Last von mir genommen wurde.

»Es ist für uns beide gut, Gila – du wirst sehen«, sagte Götz vertrauensvoll und drückte meine Hand. »Wir sind wirklich auf der Welt, um zu lieben, und nicht um geliebt zu werden.«

Später, als ich diese Worte in einem meiner Seminare anbrachte, kamen dazu einige Fragen auf:

»Weißt du, Gila, ich verstehe ja, dass diese Worte richtig sind. Trotzdem eine Frage: Wenn ich mich immer so verhalte, biete ich dann nicht geradezu an, ausgenutzt zu werden? Genau das, was ich nicht mehr will? Wo sind da meine Grenzen?«

»Ich sehe das Ganze etwas differenzierter. Für mich heißt das, nicht mehr darauf zu warten, was von anderen kommt, sondern mein Leben in Liebe in die Hand zu nehmen und andere an dieser Liebe teilhaben zu lassen. Ihr wisst, all das, was wir denken, strebt zur Verwirklichung in unserem Leben – und unsere Taten finden ihren Ausgleich. Es kann uns also nichts Besseres passieren, als diese Worte ganz tief in uns einsinken zu lassen – und dementsprechend zu handeln.«

Eine andere Teilnehmerin meldete sich zu Wort und nickte beglückt: »Mit diesen Worten ist eigentlich alles im Leben geregelt. Denn wenn ich nur liebevolle Gedanken hege, geschehen ausschließlich liebevolle Ereignisse …«

»Im Prinzip ist das zwar richtig«, lachte ich, »aber das wäre zu schön. Wir Menschen haben uns die Dualität ausgesucht, um auch das Böse und Dunkle zu erleben. Gegensätze sind die Grundlage des Lebens. Wir müssen akzeptieren, dass es die Ordnung und Unordnung, den Tag und die Nacht, das Wohlbefinden und das Unbehagen, Schwarz und Weiß, das Gute und das Böse gibt. Was ist denn Dunkelheit? Doch nur Abwesenheit von Licht. Und das Böse?«

»Abwesenheit von Liebe«, antwortete jemand.

»Richtig, und die meisten Herausforderungen entstehen, wenn mal *nicht* alles so gut läuft, obwohl wir dieses dann oftmals als Probleme und Bedrohungen ansehen. Aber ich lasse gern gelten, dass wir das Wort ›ausschließlich‹ durch ›überwiegend‹ ersetzen. Und das ist auch unser Ziel.«

»Stimmt«, bestätigte jemand aus dem Kurs. »Glücklichsein verliert seine Bedeutung ohne das ausgleichende Unglücklichsein.«

»Genau! Und unser Leben verläuft manchmal wie eine Achterbahn: Es geht rauf und runter. Gute Tage wechseln sich mit schlechten ab. Ohne die schlechten Tage würden wir die guten nicht schätzen und genießen können. Es gibt keinen Schatten ohne das Licht. Wir sollten uns also nicht über die Schattenseiten beklagen, sondern den Blick auf unsere Ziele lenken mit der Frage: Was kann ich tun, um mein Ziel zu erreichen?

Wisst ihr eigentlich, dass nur gerade mal fünf Prozent der erwachsenen Menschen Ziele haben? Die restlichen 95 Prozent kritisieren diese fünf Prozent oft, ohne eine Alternative anbieten zu können. Nur mit einer Vision können wir etwas erreichen. Das ist auch der Grund dafür, unsere Wünsche als Affirmationen aufzuschreiben.

Probleme geben uns die Chance, uns selbst erst richtig kennenzulernen. Wenn in unserem Leben alles glatt läuft, dann machen wir uns gewöhnlich keine Gedanken über unsere Fähigkeiten und Talente. Erst wenn wir auf unserem Weg auf eine Hürde oder ein Problem stoßen, werden unsere Energien mobilisiert. Wir sind dann überrascht, wozu wir wirklich fähig sind.

Die größte Zufriedenheit verspüren wir doch dann, wenn wir eine schwierige Aufgabe gelöst haben, oder? Also, lasst uns weiterhin nicht Angst vor Problemen haben, sondern uns auf das Gefühl der Zufriedenheit nach deren Lösung freuen.«

Kurz nach seinem Einzug war Götz eines Nachmittags in unserem Garten und hielt etwas in der Hand.

»Schau mal«, rief er und zeigte mir ein kleines rundes Metallschild. »Weißt du, wer das verloren hat?«

»Lass mal sehen«, sagte ich und nahm das Schild in die Hand. Darauf war »Zwilling« und der Zeitraum 21.05.–21.06. zu lesen. »Nein, noch nie gesehen!«

»Ich *bin* Zwilling – Ende Mai geboren, Gila!«

Weder Rico, Dana noch ich hatten eine Erklärung, wie das Schild in unseren Garten kam.

»Na ja«, meinte er bedeutungsvoll, »dann nehme ich es einfach als Zeichen an, dass ich wirklich hierhergehöre …«

Durch Götz ist unser Leben einfach lustiger und interessanter geworden, egal, ob es die Stones betraf oder die Geschichte mit dem umgedrehten Wagenrad.

Götz hatte einen Job bei einem Auftritt der Stones in London angenommen und fragte mich: »Fliegst du mit, Gila? Wir haben dann zwei Tage für uns. Und als Crew-Mitglied können wir uns den Auftritt der Rolling Stones ansehen.«

»Der Stones?«

Ich dachte einen Moment nach. Sie waren eigentlich nicht so mein Fall, schon früher nicht, doch ein Wochenende mit Götz in London reizte mich. Also – London war okay.

Als ich dann abends mit ihm vom Hotel zum Konzert ging, bot sich uns ein ungewöhnliches Schauspiel – so etwas hatte ich vorher noch nie erlebt! Sämtliche Straßen um das Rugby-Stadion herum waren schwarz vor Menschen aller Altersklassen, die allesamt in die gleiche Richtung liefen.

Als die Stones dann loslegten, kam auch ich nicht umhin, lässig nacheinander meine vier erwachsenen Kinder per Handy anzurufen. Unter dem Geschmetter im Hintergrund erzählte ich ihnen, auf welchem Konzert sich ihre *Mom* gerade befand – sogar André in Alaska durfte noch längere Zeit auf seinem Anrufbeantworter von dem krassen Sound profitieren. Ich muss allerdings zugeben, dass sowohl Götz als auch ich nach einer halben Stunde vollgedröhnt waren und uns aus dem tosenden Stadion verdrückten.

Was nun die Geschichte mit dem Wagenrad angeht, so hatte es mich schon länger gestört, dass unsere Grünpflanze auf einem Wagenrad im Treppenhaus zu wenig Licht bekam. Ohne direktes Tageslicht wurde sie von oben durch eine Pflanzenlampe und von drei kleinen Strahlern auf dem Wagenrad angestrahlt. Sie war zwar sehr genügsam, aber in der dunklen Jahreszeit entdeckte ich des Öfteren ein paar gelbe Blätter an den zahlreichen unteren Ranken, wo kaum Licht hinkam.

»Könnten wir das Wagenrad nicht umdrehen, damit die drei Leuchten, die jetzt nach oben strahlen, den Ranken unten Licht geben?«, fragte ich Götz.

Bevor er zustimmte, sah er sich die Sache fachmännisch an und stellte dann fest: »Das dürfte eigentlich kein Problem sein.

Aber wir brauchen drei Leute dazu. Ich halte die Pflanze hoch, und Rico und du – ihr müsst dann das Rad umdrehen und die Ketten wieder einhängen, damit ich das Kabel neu justieren kann.«

Gesagt – getan. Es war wirklich nicht der Rede wert, so schnell ging das. Während ich die drei Eisenketten, eine nach der anderen, vorsichtig aus den Haken nahm, hielt Rico das Rad und Götz die Pflanze fest. Götz musste zwar beim Kabel noch einiges ab- und umschrauben, aber das meiste war geschafft.

Beim Vorbeugen hatte ich plötzlich ein unangenehmes Pieksen an meiner Brust gespürt. Voll mit meiner Aufgabe beschäftigt, maß ich dem keine große Bedeutung bei. Als ich dann den ersten Teil meines Werkes vollbracht hatte, merkte ich – ein BH-Bügel hatte sich durch den Stoff geschoben und für Unannehmlichkeiten gesorgt. Momentan konnte ich jedoch meinen Platz nicht verlassen. So zog ich den störenden Bügel ganz heraus, um genug »Busenfreiheit« zu haben und legte ihn erst mal auf der Treppe ab.

Kurze Zeit später war alles erledigt. Die Pflanze hatte genug Licht – und sorgte somit sogar für einen neuen Lichteffekt in unserer Wohnung.

Danach bedankte ich mich bei meinen beiden und ging in die obere Etage, um den Tourneeplan einzusehen. Es war die Zeit, als Götz mit Marius Müller-Westernhagen unterwegs war. Angenehm war, dass zwischenzeitlich – so wie jetzt – einige Tage frei waren, an denen er zu Hause sein konnte.

Für Götz, mich und auch die Teilnehmer ist es schön, wenn er bei einem Seminar dabei sein kann. So wollten wir jetzt die Termine mit seiner Westernhagen-Tournee abgleichen.

Ich hatte mir meinen Terminkalender vorgenommen und wartete auf ihn. Aber er kam nicht, obwohl er schon seit längerer Zeit hätte fertig sein müssen mit dem Lampenumbau.

In der Zwischenzeit führte ich noch einige Telefonate. Als er danach jedoch immer noch nicht kam, vermutete ich, er habe unseren Termin vergessen, und ging zu ihm. Immer noch bastelte er an der Lampe herum.

»Sieht gut aus«, begutachtete ich sein Werk. »Habt ihr prima hingekriegt.«

»Aber irgendwas stimmt nicht«, sagte Götz unzufrieden.

»Wieso? Passt doch alles.«

»Irgendwo habe ich etwas vergessen«, meinte Götz und kratzte sich den Bart. »Seit einer halben Stunde kontrolliere ich das Ding, habe alles, aber auch alles technisch immer wieder überprüft. Irgendwas ist nicht in Ordnung.«

»Und was?«, fragte ich naiv. »Es leuchtet doch alles super!«

»Ich weiß nicht, wo – aber irgendwo muss ein Teil fehlen Ich habe mir schon den Kopf zerbrochen, wo das Ding hingehört. Ich bin am Ende meiner Weisheit.«

Irgendwie tat er mir leid, wie er da so saß und sein Werk, das er gerade vollbracht hatte, wieder infrage stellte. Als er dann aber argwöhnisch den BH-Bügel hochhielt und versuchte, diesen in der Elektrik unterzubringen, war es mit meinem Mitleid vorbei, und ich lachte los: »Von Elektrik scheinst du mehr Ahnung zu haben als von BHs!«

Fassungslos sah er mich an. »Was? Ein BH-Bügel? Wie kommt der denn hier hin? Na, Gott sei Dank«, brummte er und rief dann Rico zu: »Das hat uns nun eine halbe Stunde gekostet. Wer ahnt denn auch, dass deine Mom einen heißen Strip auf der Treppe hinlegt und ihre Utensilien nicht mal wieder einsammelt.«

KAPITEL 10

Der größte Gefallen, den wir anderen tun können,
ist nicht, mit ihnen unseren Reichtum zu teilen,
sondern ihnen ihren eigenen zu offenbaren.

BENJAMIN D'ISRAELI

Unseren Freund und Webmaster Mikey kenne ich bereits seit 1994, als er noch selbstständiger Computer-Spezialist war. Er ist – nicht nur meiner Meinung nach – einer der besten Computer-Spezis überhaupt, und es ist eine tiefe gute Freundschaft zwischen uns entstanden. Ich freue mich, dass Mikey auch etliche Seminare von mir miterlebt hat.

Alles, aber auch alles, was sich bisher an Problemen durch unser Netzwerk oder sonstigen technischen Fragen in unseren Büros auftat, wurde durch ihn geklärt. Wenn irgendetwas bei unseren Computern nicht lief, war er sofort zur Stelle. Auch unsere wunderschöne Website hat er kreiert. Er – ein Jahr jünger als mein Sohn André – ist ein wichtiger Freund und Partner für uns geworden. Meine jüngeren Kinder hat er aufwachsen sehen und auch ihnen immer geholfen, egal, welche Fragen sie bezüglich ihres Computers hatten.

Als Kunde fanden wir es angenehm, dass Mikey in der Zeit seiner Selbstständigkeit kaum Stunden aufschrieb, wenn er mal wieder strategisch einen Fehler gesucht und dann gefunden hatte. Und so freundschaftlich und kulant, wie er sich bei uns verhielt, war er auch bei allen seinen anderen Kunden. Das Fazit war: Alle waren froh über Mikeys qualitative Leistung – er aber ging pleite. Auf die Ursache seiner Insolvenz angesprochen, äußerte er sich fast entschuldigend: »Weißt du, Gila, ich kann das einfach nicht. Du weißt selbst, ich höre nicht eher auf, bis ich den Fehler gefunden habe, egal, wie lange es dauert. Und ich finde ihn – garantiert! Aber die ganzen Stunden kann ich einfach nicht aufschreiben.«

»Das heißt, du gehst lieber pleite, bevor du anderen die Stunden in Rechnung stellst, die du für sie eingesetzt hast?«

»Na, so krass habe ich das bisher nicht gesehen …«

»Aber es ist doch so, Mikey! Das ist dir sicher beim ersten Kunden noch nicht aufgefallen, doch in der Gesamtheit deiner Kundschaft macht sich das natürlich bemerkbar. Auch mir hat das anfangs gefallen, doch es kann nicht sein, dass es uns immer besser geht – und mit dir geht es geschäftlich bergab.«

»Na ja«, lachte Mikey, »da bist du eine der wenigen, die das so sieht.«

Auch als er in den Süden Deutschlands zog, um eine neue Arbeitsstelle anzutreten, blieben wir in gutem Kontakt, selbst wenn alle unsere Rechner liefen.

Mikeys neuer Arbeitgeber musste ebenfalls Insolvenz anmelden, womit Mikey aber dieses Mal nichts zu tun hatte. Und wieder stand er ohne Arbeit da – diplom-arbeitslos, wie er meinte. Wenn er zu einem Vorstellungsgespräch eingeladen wurde und man hörte, für wie viele »Investitionen ins Leben« er noch gerade stehen musste, machten die potenziellen Arbeitgeber einen Rückzieher.

Es war Mikey, der mir vor Kurzem unbewusst eine ganz wichtige Erkenntnis verschaffte. Denn er, der eigentlich klagen müsste, weil er kaum auskommt mit dem wenigen Geld vom Staat, sagte:

»Gila, ich habe keine Familie und könnte überall in Deutschland arbeiten. Obwohl ich dringend Arbeit suche, will ich trotz der vielen Absagen, die ich erhalte, nicht jammern, denn meine momentane Lage hat auch viel Gutes:

Jetzt erkenne ich die echten Freunde, die mir weiterhelfen, wenn ich denke, es geht gar nichts mehr. Einer überweist meine Kraftfahrzeugversicherung, der andere schickt mir nebenher mal etwas Geld. Von irgendwoher kommt immer Hilfe. Außerdem habe ich jetzt viel mehr Zeit, anderen Menschen telefonisch zu helfen, wenn sie ein Problem mit ihrem Rechner haben.«

Vor Jahren war es Mikey, der immer weit mehr gegeben hat, als er bekam – heute hat er gelernt, durch seine besondere Situation auch Leistungen der Gemeinschaft anzunehmen, denn das Schicksal sucht immer nach Ausgleich.

Mikey, ich wünsche dir von ganzem Herzen, dass dich jemand findet, der deine menschlichen Qualitäten und dein phänomenales Computerwissen erkennt und auch entsprechend würdigt.

Götz und ich kannten uns jetzt inzwischen fast ein Jahr. Er fährt sehr gern zum Wintersport, und ich wollte eine Woche mit, ohne jedoch Ski zu fahren.

Da am Wochenende noch ein Seminar in Götzis in Vorarlberg für mich angesagt war, hatten wir für die Tage danach eine Woche Urlaub in Stuben angehängt. Während Götz Ski fahren wollte, hatte ich vor, all das zu tun, wofür mir sonst wenig Zeit blieb – einfach viel lesen und tagsüber ein wenig durch den Ort bummeln.

Es begann damit, dass heftige Schneefälle aus Vorarlberg gemeldet wurden und einige Orte sogar eingeschneit waren. So versuchte Götz kurz vor unserer Abreise, passende Schneeketten für seinen Chrysler-Van zu leihen oder zu kaufen. Leider ohne Erfolg, da sein Van ein ganz ungewöhnliches Reifenformat hatte.

Bei der Abfahrt bat ich meine Engel um ihren Engelschutz und auch dafür zu sorgen, dass wir heil und wohlbehalten sowohl in der Tagungsstätte St. Arbogast in Götzis als auch in Stuben, unserem Urlaubsort, ankamen.

Wir übernachteten vorher noch in Mittelberg bei unserem Freund Clemens Maria Mohr, den ich 1993 bereits durch mein Husky-Buch kennengelernt hatte. Dort hörten wir, dass auch Götzis eingeschneit war. Vorsichtshalber erkundigte ich mich telefonisch in der Tagungsstätte und war beruhigt, als ich erfuhr, dass die Anfahrt frei war.

Unterwegs in Lindau kamen uns beiden dann doch Bedenken, ob wir es bei den Witterungsverhältnissen ohne Schneeketten schaffen würden. So rief ich den ADAC an und fragte nach Schneeketten mit der Sondergröße.

»Nein, keine Chance!«, erhielt ich als Antwort, »die können Sie – wenn überhaupt – nur bei einem Reifenhändler kaufen, aber wegen des ungewöhnlichen Formats müssen die bestellt werden, und das kann einige Zeit dauern, bis sie da sind.«

»Geben Sie mir doch trotzdem mal die Namen von Reifenhändlern hier in Lindau!«, bat ich, worauf ich drei Telefonnummern erhielt.

»Es sieht zwar nicht gut aus«, sagte ich zu Götz, »lass uns aber trotzdem mal anrufen oder hinfahren, ich habe irgendwie eine Ahnung, dass es klappt.«

Er sah mich zweifelnd von der Seite an. »Meinst du wirklich?«

Inzwischen kannte ich das Reifenformat schon auswendig und wählte eine der drei Telefonnummern. Doch man winkte sofort ab, als ich die Maße erwähnte. Auch beim nächsten Händler – keine Chance!

Voller Vertrauen wählte ich die dritte Telefonnummer und brachte meine Bitte vor.

»*Welches* Format brauchen Sie?«, fragte der Händler.

Wie ein Roboter spulte ich mein Fachwissen ab und erntete Schweigen.

»Sind Sie noch da?«, hakte ich vorsichtig nach.

»Ja, ja, ich bin noch da – ich finde das nur sehr eigenartig!«

»Wieso eigenartig?«, wiederholte ich vorsichtig.

»Das ist es wirklich«, unterbrach er mich, »wir haben für einen Kunden vor Kurzem so ein Fahrzeug verkauft, allerdings ohne seine unbenutzten Schneeketten. Die hat er bei uns zum Verkauf zum halben Neupreis in Kommission gegeben – und die liegen noch hier. Und jetzt rufen Sie an!«

»Das ist ja super!«, jubelte ich, »wir kommen!«

Götz schaute mich ungläubig an und fragte: »Hat das wirklich geklappt?«

»Ja!«

»So langsam glaube ich doch an Engel«, bekannte er.

Wie sehr sich diese Aussage noch verstärken sollte, ahnten wir zu dem Zeitpunkt noch nicht. Für Götz sollte unser einwöchiger Urlaub ein Engel-Crash-Kurs werden.

Voller Dankbarkeit gelangten wir dann heil und sicher zur Tagungsstätte St. Arbogast, wo Götz mir noch half, alles auszupacken. Während ich an zwei Tagen mein Seminar halten wollte, fuhr Götz weiter zu unserem Hotel nach Stuben, um dort Ski zu fahren.

Am Sonntagabend holte er mich von St. Arbogast ab.

»Gila, das waren zwei wunderschöne Tage auf der Piste«, schwärmte er während der Fahrt zu unserem Urlaubshotel, »strahlendblauer Himmel – ideale Schneeverhältnisse! Einfach super!«

»Bist du den ganzen Tag über Ski gefahren oder hast du mal Pause gemacht?«

»Mittags bin ich in ein kleines Restaurant eingekehrt«, entgegnete Götz. »Ich habe da sehr gern gesessen und bin mit der Inhaberin ein wenig ins Plaudern geraten. Mich hat's da einfach hingezogen. Wenn du magst, können wir uns morgen Mittag auch wieder dort zum Essen treffen.«

Nachdem ich mich am nächsten Tag wieder ein wenig von dem Einsatz der vergangenen beiden Tage erholt hatte, spürte auch ich, wie gut mir jetzt der Urlaub tat. Mittags hatten Götz und ich uns beim Skilift verabredet und schlenderten nun gemeinsam zu der Pension mit dem kleinen Restaurant.

Es war noch nicht sehr voll in der gemütlichen Gaststube. Wir setzten uns. Während ich dann einen Blick in die Speisekarte warf, lachte Götz der Wirtin zu und winkte sie zu uns an den Tisch.

Ich schaute sie an – und sie mich. Unsere Gesichtszüge entgleisten!

»Gaby?«, brachte ich völlig überrascht raus.

»Gila!«

Und dann lagen wir uns in den Armen! Sie war eine meiner treuesten Teilnehmerinnen!

Götz stutzte und fragte erstaunt: »Ihr kennt euch?«

Lachend und immer noch total fassungslos, sagte Gaby: »Sag bloß – das ist Götz, der gestern bei mir eingekehrt ist und mit dem ich mich so wunderbar unterhalten habe! Ich kenne ihn ja von deinen Erzählungen, hatte aber keine blasse Ahnung, dass *er* es war!«

Und dann ging sie zu Götz und nahm auch ihn ganz herzlich in ihre Arme.

»Ich wusste gar nicht, dass du hier in Stuben eine Pension

hast!«, meinte ich, immer noch total überrascht, »ich kenne nur deine andere Anschrift.«

»Nur im Winter bin ich hier in Stuben«, lachte sie. »So, und jetzt möchte ich euch erst einmal einladen – damit habe ich ja nun gar nicht gerechnet!«

Nachdem wir unsere Bestellung aufgegeben hatten, zeigte uns Gaby auf dem Flur all meine Bücher, die sie dort ausgestellt hatte.

Götz schüttelte nachdenklich den Kopf. »Warum«, fragte er immer wieder, »hat es mich so sehr hier hingezogen, wo sicherlich viele Gaststätten und Restaurants hier am Ort sind? Das ist nun schon das zweite Erlebnis innerhalb von drei Tagen«, sinnierte er.

»Du weißt doch inzwischen«, sagte ich, »Gleiches zieht Gleiches an – ein Gesetz der Schwingungsebene.«

Am Dienstagmorgen kam ich auf die Idee, Mary anzurufen, eine gute Bekannte aus Bludenz, die in Vorarlberg viele meiner Seminare miterlebt hatte und inzwischen selbst Meditationsabende gibt.

»Gila!«, rief sie erfreut aus. »Du bist in Stuben?«

»Ja!«, schmunzelte ich, »ich wollte mich kurz bei dir melden!«

»Kurz bei mir melden?«, wiederholte sie. »Nein, so kommst du mir nicht davon! Ich wollte zwar gerade meine Haare machen, aber ich bin schon unterwegs zu dir!«

Ich lachte laut auf. Das war typisch Mary!

Und kurze Zeit später traf sie im Hotel ein. Wie gut tat es, sie wiederzusehen! Als Götz gegen Mittag eintrudelte, lernte sie auch ihn kennen.

»Wie lange bleibt ihr hier in Vorarlberg?«, wollte Mary wissen, als ich ihr in der kleinen Bar noch etwas Kaffee einschenkte.

»Wir fahren kommenden Samstag wieder.«

Sie überlegte nur einen Moment und entschied dann: »Ich hab's! Wir machen einen Abend für dich! Ich organisiere das!«

»Was hast du vor, Mary?«

»Ja, ich denke, das wird klappen! Ich leite ja seit Jahren den Gesprächskreis für deine Teilnehmer. Ich rufe sie alle an und lade sie nach Nüziders ein zu Gerti. Du weißt ja, Gerti hat dort ein Restaurant. Ja, das müsste gehen! Lass mich das mal organisieren!«

Ja, das war eine ganz besondere Idee! Ich freute mich sehr darauf, so viele bekannte Gesichter wiederzusehen. Und es passte dann auch wieder genau, dass der große Raum bei Gerti am Freitagabend frei war …

Am nächsten Tag hatte Götz vor, die Piste in Lech auszuprobieren, während ich einen Bummel durch den kleinen Ort machen wollte.

Es lag hoher Schnee. Die Sonne schien – ein klarer kalter Tag mit strahlendblauem Himmel. Der Ort war so, wie man sich einen Wintersportort vorstellt, ein buntes Gewimmel von Skifahrern und Autos. Hier und da waren neben der Hauptstraße in der Sonne kleine Bars aufgebaut. Es herrschte ein munteres Treiben.

Ich gesellte mich zu einer Gruppe von Skifahrern, die wohl eine kleine Aufwärmpause eingelegt hatten und kam mit ihnen ins Gespräch.

»Fahren Sie auch Ski?«, wurde ich gefragt.

Ich erzählte, dass nur mein Partner auf der Piste sei.

»Wo denn? In Lech oder Oberlech?«

»In Lech«, erwiderte ich. Als ich jedoch den Begriff Oberlech hörte, kam mir Andreas wieder in Erinnerung, der einige Monate zuvor auf zwei meiner Kurse in Bregenz und Bezau gewesen war. Er war Skilehrer in Oberlech und hatte seinen ganzen

Charme spielen lassen, um mich zu animieren, auch mal einen Skikurs bei ihm zu belegen.

»Gila«, hatte er eindringlich gesagt. »Das gibt es gar nicht, dass du nicht Ski fährst! Ich biete dir Privatstunden an – ich schwöre dir: Ich bring's dir bei! Garantiert!«

»Na, das lassen wir mal lieber«, hatte ich lachend abgewinkt, nicht ahnend zu dem Zeitpunkt, dass ich einige Monate später wahrhaftig in Lech sein sollte.

»Komisch«, dachte ich, »wieso denke ich jetzt ausgerechnet an Andreas?« Durch die beiden Kurse war er mir sehr vertraut geworden, und ich sah sein liebes, fröhliches Gesicht vor mir.

Als ich dann weiter durch den Ort schlenderte, ging er mir nicht aus dem Kopf. Erst als ich etwas abgelenkt wurde durch eine Auslage eines Geschäftes, das Edelsteine und Indianerartikel vertrieb, bekamen meine Gedanken einen anderen Fokus.

Ich betrat das Geschäft und sah mich ein wenig um. Außerdem genoss ich die Wärme, die mir angenehm entgegenschlug. Ich kaufte für Götz eine kleine Überraschung, mich jetzt schon auf sein Gesicht freuend.

Aufgewärmt verließ ich das Geschäft und blickte auf die Uhr. Um 16 Uhr hatte ich mich mit Götz am Skilift verabredet, aber es war noch etwas Zeit.

Gerade wollte ich weitergehen, als mir zwei Skifahrer entgegenkamen, die Langlauf durch den Ort machten. Ich wich ein wenig zur Seite aus, sah dann hoch – und fühlte mich plötzlich von zwei Armen umfangen.

»Gila!«

Total überrascht sah ich in ein braungebranntes Gesicht. Das Lachen kannte ich doch – Andreas!

»Ich fass es nicht! Was machst du denn hier!«, rief er aus und strahlte mich an. »Machst du Urlaub in Lech?«

»Nein«, strahlte ich ihn mindestens genauso überrascht an. »Ich bin nur heute in Lech, weil Götz hier Ski läuft!«

»Es ist ganz verrückt!«, lachte er. »Ausgerechnet heute bin ich in Lech mit einem Langlaufschüler unterwegs! Und da treffe ich dich! Ich kann's noch gar nicht glauben! Mädchen, du bist es wirklich!«

Er drehte sich zu seinem Schüler um und gab ihm ein Zeichen. Dieser winkte ihm verständnisvoll zu, als Andreas bedauerte: »Ich müsste mehr Zeit haben, dann könnten wir uns etwas länger unterhalten, aber jetzt gebe ich gerade eine Stunde.«

»Macht nichts, Andreas!«, beschwichtigte ich ihn. »Du siehst, es wirkt trotzdem! Als mir eben jemand erklärte, dass Oberlech gar nicht so weit entfernt sei, hatte ich dich ganz stark in meinen Gedanken – irgendwo da oben auf der Piste hatte ich dich vermutet. Und ausgerechnet jetzt läufst du durch den Ort – und wir treffen uns hier!«

»Wie lange seid ihr noch hier?«

»Bis Samstag.«

»Ich möchte so gern ein paar Worte mit euch reden. Können wir uns nicht noch mal sehen?«, fragte Andreas.

»Wenn du magst, Andreas, so ruf Mary in Bludenz an. Du kennst sie doch. Sie hat am Freitag einen Abend organisiert. Vielleicht klappt es, dass wir uns dort sehen?«

»Ich rufe Mary an«, rief er mir noch zu, als er sich strahlend von mir verabschiedete, um sich wieder seinem Schüler zuzuwenden.

Glücklich winkte ich ihm hinterher. Beschwingt machte ich mich auf den Weg zum Skilift, um Götz zu treffen, dem ich die ganze Sache natürlich brühwarm erzählte.

»Ist das noch normal?«, fragte Götz kopfschüttelnd.

Am Mittwoch wollte Götz nach St. Anton. Da fiel mir ein, dass Hanni aus Kärnten, bei der wir im Sommer zuvor in Urlaub waren, dort in der Saison aushalf. Ich war mir jedoch nicht sicher, ob in der Gastronomie oder im Verkauf.

Gemeinsam gingen Götz und ich zum Skilift.

»Bis heute Mittag«, verabschiedete ich mich, »mal sehen, ob ich Hanni finde!«

Nun ist in St. Anton die Wahrscheinlichkeit groß, dass man jemanden findet, vor allem in der Haupteinkaufszone. Ich hatte ja Zeit und begann, ein Geschäft nach dem anderen zu durchforsten. Aber – keine Hanni.

Auch in die Restaurants und Cafés schaute ich kurz hinein, doch auch dort kein bekanntes Gesicht. Schade, dachte ich, ich hätte sie so gern wiedergesehen. Vielleicht hatte sie ja frei? Nun gut, dann sollte es nicht sein. Ein halbes Jahr zuvor hatte ich auch nur angedeutet, dass wir vorhätten, nach St. Anton zu fahren, so wusste sie nicht, ob und wann wir kamen.

Durch die starken Minustemperaturen und mein langsames Bummeln war mir kalt geworden, obwohl es in der Sonne schon recht warm war.

Ich stand vor einem der vielen Sportgeschäfte und sah, wie die Menschen in Ski-Anzügen und sportlichem Outfit rein- und rausströmten. Und jedes Mal, wenn sich die Tür öffnete, brachten sie einen warmen Luftstrom mit. Oh, das ist gut, dachte ich, hier in dem Geschäft wärme ich mich etwas auf.

Wenn man so wie ich nicht Ski fährt, hält sich das Interesse an Ski-Ausrüstungen in Grenzen, aber umso mehr stieg mein Aufwärmbedürfnis. Drinnen spürte ich, wie in meine Hände und Füße langsam wieder Leben kam. Gerade, als ich das Geschäft wieder verlassen wollte, vernahm ich auf einmal eine mir vertraute Stimme – Hanni, die an der Kasse stand und einen Kunden bediente! Tiefe Freude kam in mir auf. Und auch das passte wieder! Gespannt wartete ich, bis sich der Kunde verabschiedet hatte, und ging dann zu ihr.

»Gila!«, rief sie überrascht aus, kam zu mir und fragte: »Woher weißt du, dass ich hier aushelfe?«

»Das habe ich gar nicht gewusst, Hanni!«

»Na, so was! Das ist ja eine Überraschung! Ist das nicht eigenartig? Ich arbeite nur in der unteren Abteilung, aber gerade in dem Augenblick, als du im Geschäft warst, habe ich einen Kunden nach oben begleitet und für eine Kollegin dann dort abgerechnet. Das ist ja ein Ding! Ich habe übrigens gleich Mittagspause, dann können wir ja gegenüber zusammen einen Kaffee trinken. Ist Götz auch da?«

Damals hatte Hanni natürlich von unserer Trennung erfahren, da wir einige Tage eher abgereist waren. Hinterher hatte ich ihr aber lachend davon berichtet, dass unsere Engel eine Versöhnung auch manchmal durch einen Drink regeln …

Wir trafen uns mit Götz zum Mittagessen. Als Hanni, immer noch beeindruckt, Götz von unserem unerwarteten Treffen berichtete, meinte er nachdenklich:

»Weißt du, Hanni, es ist mir schleierhaft, was hier fast täglich an kleinen Wundern geschieht. So etwas habe ich in meinem ganzen Leben noch nicht erlebt – und jetzt das alles in einer einzigen Woche.«

»Na ja«, lachte Hanni, »die Woche ist noch nicht vorbei!«

Womit sie Recht haben sollte …

Mary hatte für Freitagabend, kurz vor unserer Heimreise, das Treffen organisiert. Es war unendlich berührend für mich, viele meiner Teilnehmer aus ganz verschiedenen Seminaren wiederzusehen! Alle, die sie erreicht hatte, waren gekommen! Einige von ihnen hatte ich Jahre zuvor zum letzten Mal gesehen – ein unbeschreibliches Gefühl von Liebe und Dankbarkeit durchflutete mich.

Überglücklich fuhr ich mit Götz dann nachts wieder zurück ins Hotel.

Am nächsten Tag brachen wir bereits sehr früh auf, um dem Rückreiseverkehr zu entrinnen – das Herz voller lieber Erinnerungen an die Ereignisse dieser Woche, die mit dem Verstand nicht mehr erklärbar sind.

Götz' Van war zwar eine geräumige Familienkutsche, aber auch ein gewaltiger Benzinschlucker. Kurz vor Kassel – noch auf der A 7 – schaute Götz auf die Tankanzeige und meinte: »Na, gleich müssen wir tanken.«

Durch meine Kurse in Oberorke tanke ich gern beim Autohof Diemelstadt an der A 44. Nun schien es jedoch so zu sein, dass wir der Tankanzeige nach Diemelstadt wohl nicht mehr erreichen würden.

So blinkte Götz bei der nächsten Tankstelle Bühleck an der A 44 und setzte gerade an, rechts abzubiegen.

»Nein!«, rief ich, »hier nicht! Fahr weiter – hier nicht!«

Götz zuckte zusammen – schaute mich irritiert an und zog den Van erschrocken wieder links auf die Autobahn.

»Was ist los, Gila? Warum sollten wir hier nicht tanken?«

Ich wusste absolut keine Antwort, warum ich mit meinem lauten Ausruf die letzte Chance vertan hatte, den Van mit Benzin aufzufüllen.

»Jetzt gib mir bitte einen logischen Grund, warum ich dort nicht tanken sollte«, meinte Götz total verunsichert, ahnend, dass er es bis Diemstadt nicht mehr schaffen würde.

Ich versuchte, mich herauszureden, indem ich stotterte: »Nee, hier ist es viel zu teuer!«

Jeder weiß, dass selbst der höchste Benzinpreis niemanden abschreckt, dessen Reserve-Anzeige schon seit vielen Kilometern rot aufleuchtet und vor dem noch viele Kilometer bis zur nächsten Tankstelle liegen.

»Und woher weißt du, dass es zu teuer ist?«, hakte Götz unbarmherzig nach, weil wir die Preisanzeige erst sahen, als wir daran vorbeifuhren.

Eigentlich ist Schweigen eines der am wenigsten zu widerlegenden Argumente. Ich hatte überhaupt keine logische Erklärung für mein Verhalten, und so behauptete ich stur: »Ich weiß es eben ...!«

Eine Eigenschaft liebe ich ganz besonders an Götz. In solchen Situationen bleibt er total gelassen, redet nicht viel und wartet ab. Er wird nicht ärgerlich, sondern nimmt es – wie es kommt, ohne Vorwürfe und immense Diskussionen. Statt zu fragen: »Was tun wir, wenn das Benzin nicht reicht?«, stellte er die Frage: »Und wie weit ist es jetzt noch nach Diemelstadt?«

Ich war erlöst und bemerkte erleichtert: »Gleich dort hinterm Berg. Man kann die Tanksäule dahinten schon sehen!«

»Ich sehe nichts.«

»Gleich sind wir da«, stellte ich fest und setzte einen optimistischen Gesichtsausdruck auf, der leider in der Dunkelheit für Götz nicht zu erkennen war.

Nach weiteren zehn Kilometern kam kurz und trocken: »Und – wo ist jetzt Diemelstadt?«

»Letztes Mal lag es da noch – hinterm Berg, ganz bestimmt!«, entgegnete ich kleinlaut.

Während der nächsten Viertelstunde möchte ich weder meine Gefühle im Detail beschreiben, noch in Götz' Schweigen etwas hineininterpretieren, bis wir dann wirklich noch mit dem allerletzten Tropfen Benzin den Autohof in Diemelstadt erreichten.

Hinter uns fuhr ein recht ungeduldiger Fahrer eines VW-Busses mit Bamberger Kennzeichen, der ein wenig drängelte und offensichtlich auch in Diemelstadt tanken wollte.

»Ja, ja«, dachte ich, »wenn du wüsstest, warum wir Schritttempo fahren ...!«

Der Van bockte schon, als wir – absolut erleichtert – eine der letzten beiden freien Tanksäulen erreichten, nur zwei gegenüberliegende waren noch frei.

Dem Bamberger, der vorher so gedrängelt hatte, platzte bald der Kragen, und er preschte mit Bravour aus entgegengesetzter Richtung an uns heran. Zu allem Überfluss hatte er kaum Abstand zu unserem Van gelassen. Ich musste mich regelrecht herausquetschen, so wenig Platz war zwischen uns. Aber jetzt – jetzt wollte ich dem Drängler offen ins Gesicht schauen und mal sehen, wie er darauf reagierte!

Und dann – ein beidseitiger Aufschrei! Es war Mikey, unser guter Freund und Webmaster, der erst vor Kurzem aus unserer Umgebung nach Bamberg gezogen war! Was für ein Wiedersehen! Die Überraschung, die Freude und die lautstarke Begrüßung kann man sich vorstellen ...!

Nach dem Tanken setzten wir drei uns zusammen auf einen Kaffee und besprachen dieses »unglaubliche« Ereignis.

»Weißt du«, erklärte Mikey lachend, »hier in Diemelstadt wollte ich nur kurz tanken. Gestresst von der langen Fahrt und in der Vorfreude auf meine Eltern, wollte ich mich nicht lange aufhalten – schnell runter von der Autobahn, tanken und weiter!«

»Ja, das haben wir gemerkt!«, grinste ich.

»Dummerweise hatte der Van vor mir wohl dieselbe Idee, als er langsam die Abfahrt herausschlich. PI – Kennzeichen Pinneberg, dachte ich, auch noch einer, der sich hier nicht auskennt und erst mal suchen muss! Ahnend, dass ich wertvolle Minuten verlieren würde, stieg meine Anspannung.«

Götz grinste, als Mikey fortfuhr: »Nach der Abfahrt hoffte ich, dass der Schnarchhahn weiter geradeaus fahren würde, während ich rechts zur Tankstelle abbiegen wollte. Aber nein! Total in Hektik dachte ich noch: Himmel, wenn der mir jetzt auch noch die letzte freie Zapfsäule vor der Nase wegschnappt! Also fuhr ich ganz schnell von der anderen Seite an die Säule heran, so dass wir in derselben Reihe, aber entgegengesetzt, zum Halten kamen. Bei unseren großen Fahrzeugen war der verbleibende Platz zwischen uns recht knapp. Jetzt musste ich mich nur noch schnell aus dem Auto herausquetschen.«

»Ja«, entgegnete ich, »ich auch!«

»Genau! Als ich nämlich kurz in den Außenspiegel sah, um jetzt bloß keinen Türrempler zu machen, nahm ich noch wahr, dass auch die Beifahrerin des Vans versuchte, sich aus dem Auto zu zwängen. Dann hatte ich es endlich geschafft!«, lachte er, und ich ergänzte: »Und Sekunden später sahen wir uns an – und fielen uns mit einem Urschrei in die Arme!«

»Ich fass es immer noch nicht – Gila!«, sagte Mikey kopfschüttelnd. »Aber das Interessante war auch noch, sobald mich auf der langen Fahrt hierher ein roter Benz überholte, waren meine Gedanken bei dir. Jedes Mal habe ich interessiert auf das Nummernschild geschaut, ob du es sein könntest. Dabei hatte ich weder deine Termine im Kopf, noch wusste ich etwas von eurem Skiurlaub, aber auf einen Van aus Pinneberg habe ich natürlich nicht geschaut!«

»Ich muss ihn endlich umschreiben lassen«, meinte Götz lachend, »aber jetzt wird mir auch klar, warum wir nicht an der anderen Tankstelle abfahren sollten. Mikey, du glaubst gar nicht, was ich mit Gila in den vergangenen sieben Tagen alles erlebt habe.«

»Ja«, bestätigte ich, »selbst mir, die ich ja schon einiges gewöhnt bin, fiel auf, dass sich diese Fügungen, wie ich sie mal nennen möchte, häuften.«

Nachdem wir uns dann fröhlich und aufgekratzt voneinander verabschiedet hatten, hing ich auf der Fahrt nach Hause meinen Gedanken nach.

Warum waren all die Ereignisse in dieser Anhäufung geschehen? Zu dem Zeitpunkt hatte ich noch keine Erklärung dafür, aber jetzt – einige Jahre danach – schon eher.

Götz und ich hatten uns kennengelernt und beide gespürt, dass wir füreinander wichtig waren, nicht nur in der Begegnung zwischen Mann und Frau, sondern auch zur Unterstützung unserer jeweiligen Lebensaufgabe in der Lebenshilfe.

Heute glaube ich, dass diese Begegnung zwischen uns nicht nur für uns selbst wichtig ist, sondern auch für die Menschen, die zu mir kommen. Wenn Götz dabei ist, erleben sie ihn dort als Helfer und liebevollen Berater im Hintergrund, der für alle ein offenes Ohr hat und mit seinem Humor stets für Stimmung sorgt.

Nach meiner letzten Beziehung hatte ich meine Kraft ausschließlich in den Aufbau der Seminare gesteckt, weil die Nachfragen seitens meiner Leser zunahmen. Häufiger kam das Gefühl in mir auf: Ich habe aufgehört zu suchen – ich habe gefunden! Ich durfte erkennen: Die Lebenshilfe ist meine Lebensaufgabe geworden.

Voller Freude habe ich diese Aufgabe angenommen – und plötzlich war alles andere nicht mehr wichtig. Auf einmal begann ich auch, besser für meinen Körper zu sorgen – ich nahm ab. Es fiel mir gar nicht schwer, innerhalb von sieben Monaten 30 kg abzunehmen. Die Unruhe, der Kampf war vorbei. Meine innere Harmonie stellte sich wieder ein.

Ich wusste, dass ich selbst alles in mir hatte, was ich benötigte.

Dazu hätte ich keinen Lebenspartner gebraucht, finanziell ging es mir gut – ich wohnte in einem schönes Zuhause – kurz: Ich hatte mich gefunden.

Aus *der* Perspektive heraus war der Wunsch nach einem Partner einfach echter und ehrlicher. Die Erwartungshaltung ging zurück. Wenn ich selbst in der Lage war, alles auch allein zu schaffen, dann gab es kaum Erwartungen an das Engagement eines Partners. Alles, was dann von seiner Seite an Einsatz erfolgte, geschah zusätzlich zu dem, was ich auch selbst konnte.

Und das war meines Erachtens eine sehr gute Voraussetzung gewesen für die Begegnung zwischen Götz und mir.

KAPITEL 11

Lebe, als würdest du morgen sterben,
lerne, als würdest du ewig leben.

MAHATMA GANDHI

Wie ich anfangs schon erzählt habe, war Reni für meine Kinder der gute Geist während der Zeit, in der ich noch meine Zusatzausbildung machte.

Sie war nun wieder zurück nach Berlin gefahren. Drei Tage später hatte ich Geburtstag. Mir war völlig klar, dass sie – die mich fast immer auf meinem Geburtstag besuchte, dieses Mal nun nicht kommen würde.

Bereits am Vorabend hatte es angefangen, heftig zu schneien, und als ich morgens aufwachte, sah ich, dass wir total eingeschneit waren. Und immer noch fielen dicke Flocken …

Telefonisch kamen die ersten Glückwünsche, und es hagelte Absagen zum Geburtstagskaffee. Man sagt, wenn bei uns in Ostwestfalen auch nur eine Schneeflocke fällt, stehen alle Räder still. So schien es auch jetzt zu sein. Ein sehr ruhiger Geburtstag deutete sich an. Einige meiner selbst gebackenen Torten konnte ich wohl wieder einfrieren.

Gerade hatte ich wieder einen Anruf beendet, als ich nach draußen in den schneeverwehten Garten sah – ich dachte, ich träume!

Da stapften doch wahrhaftig Reni und Harry durch den hohen Schnee – und lachten mich übermütig an!

Es dauerte einen Moment, bis ich begriff, dass die beiden allen Wetterwarnungen zum Trotz morgens ganz früh aus Berlin losgefahren waren, um mich, die mehr als 400 Kilometer entfernt wohnte, zu überraschen.

Ich fiel Reni in die Arme und weinte vor Ergriffenheit. Auch das war ein Moment, den ich nie in meinem Leben vergessen werde …

Nach dem Abendessen hatten sich Reni, Götz und ich zusammen ins Wohnzimmer gesetzt, während Harry sich mit Rico am Computer beschäftigte. Ich liebte diese Abende, wenn Götz seine Beratungen beendet hatte und auch ich zu Hause war.

Nun saßen wir drei gemütlich vor dem flackernden Kaminfeuer und gerieten immer mehr in ein tiefgründiges Gespräch. Dabei kam ich dann auf einen Teilnehmer zu sprechen, der seine Mutter durch einen Unfall verloren hatte. Ausgerechnet an dem Morgen war noch ein heftiger Streit zwischen den beiden entbrannt. Das machte ihn völlig fertig.

Götz, der die Situation miterlebt hatte, zündete sich seine Pfeife an und meinte gedankenvoll: »Weißt du, Gila, ich glaube, deine Worte sind sehr heilsam für ihn gewesen.«

Reni schaute mich fragend an: »Was hast du denn zu ihm gesagt?«

»Ich habe ihm folgenden Rat gegeben: ›Du kannst jetzt nicht mehr ändern, dass deine Mutter an dem Tag eures Streites gegangen ist, aber die Selbstvorwürfe in dir darfst du vertrauensvoll in ein Gefühl des inneren Friedens umwandeln. Deine Mutter, die jetzt im Licht ist, spürt deine Emotionen, und ich bin sicher, sie will dir sagen: Alles ist gut – du darfst daraus lernen, dass du in

Zukunft jedem Menschen so begegnest, als sähest du ihn das letzte Mal. Geh hinein in dieses Gefühl – und mach Frieden mit dir selbst.‹«

Götz hakte ein: »Das Fazit dieser Begebenheit heißt doch, dass wir unserem Partner, unserer Familie, unseren Freunden, Bekannten und Arbeitskollegen ganz anders begegnen würden, wenn wir wüssten, dass diese nur noch einen Tag zu leben hätten. Jeder Tag zählt – und keiner weiß, ob es für ihn vielleicht nicht der letzte ist.«

»Ich glaube«, warf ich ein, »dass wir dem anderen viel häufiger unsere Sympathie und Liebe zeigen sollten. Genau *jetzt* ist die Zeit zu sagen, was wir vielleicht immer schon sagen wollten und nie getan haben. Keiner weiß, ob das unsere letzte Chance auf Erden ist.«

Götz fuhr fort: »Weißt du, Gila, wir leben, als würden wir nie sterben, und wenn wir dann sterben, beklagen wir uns, noch nicht richtig gelebt zu haben.«

Reni hatte aufmerksam zugehört und schaltete sich ein: »Man sagt: Das Glück liegt immer am anderen Ufer. Aber hier und jetzt ist die Zeit zu leben und glücklich zu sein. Es gibt keinen besseren Zeitpunkt als den jetzigen Augenblick. Wir leben dieses Leben auf Erden und sollten es genießen – es leben, solange wir hier sind. In hundert Jahren spielt es keine Rolle mehr, welchen Reichtümern oder Äußerlichkeiten wir uns verschrieben haben, aber in hundert Jahren mag es schon wichtig sein, wie viel Liebe wir unseren Kindern mit auf den Weg gegeben haben. Vielleicht ist die Welt ein wenig besser, weil wir unseren Kindern ein gutes Vorbild waren.«

»Ja, das ist ein guter Gedanke, Reni«, nickte Götz und schnitt dann ein Thema an, das auch stets im Seminar für Diskussionen sorgt. »Gibt es überhaupt Gerechtigkeit auf Erden, wenn man sieht, wie viele Menschen Hunger leiden, während andere mit ihrem Geld nicht wissen – wohin?«

»Ich glaube«, sinnierte ich, »wenn ich die Wiedergeburt für möglich halte, dann kann Karma, das Gesetz von Ursache und Wirkung, als universelle Gerechtigkeit betrachtet werden. Ich bin überzeugt davon, dass wir alle sowohl die Opfer- als auch die Täter-Rolle in unseren Vorleben eingenommen haben.«

»Oft wird dieser Begriff Karma aber als Strafe oder Vergeltung angesehen«, gab Reni zu bedenken.

»So sehe ich es nicht«, warf ich ein. »Die Frage nach Gerechtigkeit ist die Frage nach Ausgleich, nach Balance, aber nicht im Sinne von Strafe und Belohnung. Ich bin überzeugt davon, dass die geistige Persönlichkeit, die hinter allen Inkarnationen steht, also unsere Seele, sich immer wieder Lernmöglichkeiten in einem weiteren Leben sucht. Und wenn eine Aufgabe gemeistert worden ist, dann wird sich die Seele anderen Aufgaben zuwenden, die immer mehr in die Vollkommenheit führen – in die Liebe – zu Gott. Liebe ist Göttlichkeit selbst. Gott ist Liebe.«

Götz liebt es, abends in Ruhe seinen Wein zu trinken. Bedächtig nahm er jetzt einen Schluck aus seinem Glas und fuhr fort: »Meines Erachtens geht es bei Vergeltung um Bestrafung und Gerechtigkeit, die zu neuem Leid, neuer Schuld, neuer Vergeltung – und damit zu einer *neuen* Runde von Gewalt führt. Und in dem *menschlichen* Begriff von Gerechtigkeit ist auch das Urteilen enthalten. Rache ist da nicht mehr weit – sowie der Begriff von Schuld und Sühne.«

Ich sah Götz zu, wie er ein paar Holzscheite in den Kamin legte. Das Feuer loderte auf.

Reni und ich hingen eine Weile unseren Gedanken nach, bis ich dann anmerkte: »Auch für mich hat Karma nichts mit Schuld oder Belohnung zu tun, weil es mir die Möglichkeit für Vergebung lässt. Jeder Mensch hat die Freiheit, dem Täter zu vergeben und somit neue gute Energien zu schaffen.«

Es war ein wunderschöner Abend. Später gesellte sich auch Harry noch zu uns, und wir alle genossen den harmonischen Ausklang dieses ruhigen Geburtstages sehr.

Eines Abends beim Essen überraschte mich Götz plötzlich mit der Frage: »Weißt du eigentlich, dass jeder von Geburt an ein Gewinner ist?«

»Das sehe ich zwar auch so, aber wie kommst du jetzt darauf?«

»Heute habe ich eine Geschichte gelesen, die ich richtig gut finde: Es waren einmal 400 Millionen männliche Samenfäden, die sich auf den Weg zu einem Ei machten. Einer dieser Samenfäden schaffte es, das Ei zu befruchten, und heraus kamst du.«

»Ich? Woher weißt du das?«

»Ach, Gila! Hätte es einer der anderen 399 999 999 Samenfäden geschafft, wärst nicht du, sondern ein anderer Mensch entstanden. Die Chancen für dich, geboren zu werden, standen also am Anfang 1 zu 400 Millionen. Also bist du von Geburt an ein Gewinner.«

»Stark!«, lachte ich. »Dabei fällt mir ein: Hast du anschließend Lust auf ein Spielchen Barrikade?«

Obwohl mir spätestens mit dem Hineinwachsen in meine Seminartätigkeit klar wurde, dass es in diesen Gesellschaftsspielen fast immer nur um das Gewinnen geht, gebe ich zu, wir haben trotzdem stets viel Spaß dabei. Das heißt, ich als weitgehend geläuterter spirituell wachsender Mensch müsste eigentlich erkennen: Das sind Spiele, die dem, was ich lebe, nicht ganz entsprechen.

Doch erstaunlicherweise spiele ich noch immer gern Barrikade mit Götz, Rico und Dana. Und wenn die beiden jüngsten nicht da sind, haben Götz und ich es uns angewöhnt, jeder mit jeweils zwei Farben zu spielen. Dann ist Schluss mit trauter Harmonie. Wir sind Gegner, ja, sorry – in mir erwacht die Kampfsau!

Dieses Gefühl erinnert mich stets an eine Filmszene in dem Klassiker »Lockende Versuchung« aus dem Jahr 1956 – mit dem jungen Antony Perkins und Gary Cooper. Dabei geht es um eine strenggläubige Quäkerfamilie, die sich in den Bürgerkriegsjahren entscheiden muss zwischen Glaubensprinzipien und Selbstverteidigung.

Jeder, der den Film gesehen hat, kann sich sicher noch an die folgende Szene erinnern: Die sonntägliche geruhsame Pferdekutschfahrt zur Kirche mit der gesamten Familie wird zur Gewissensprüfung für Vater Jesse, als er aus den Augenwinkeln beobachtet, wie sein Glaubensbruder mit seinem neuen schnellen Pferd plötzlich an ihm vorbeizieht, was den friedliebenden Vater Jesse nun überhaupt nicht amüsiert.

Seine Frau, die sofort spürt, was in ihm vorgeht, befürchtet das Schlimmste. Und genau das tritt ein: Plötzlich prescht Jesse los und liefert sich ein heißes Kutschfahrt-Duell mit seinem »Glaubensbruder« – jetzt aber seinem Kontrahenten! Der Gewinntrieb erwacht! Alles andere, wie Kirche, Familie, Moral und Glaube sind vergessen!

Sie verstehen sicher, was ich damit sagen möchte. In ähnlicher Form geht es mir oftmals, wenn ich mit Götz Barrikade spiele. Mein liebevoller Partner und »Glaubensbruder« wird in dem Moment zum Kontrahenten.

Weshalb erzähle ich diese Episode? Nun, es spricht absolut für Götz, dass er überhaupt noch mit mir spielt, denn ich gewinne am laufenden Band! Nein, ich schummle nicht – ich gewinne einfach.

Wenn ich jetzt sage: ob ich will oder nicht, dann ist das nicht ganz richtig, denn ich gewinne gern. Das gute Gefühl des Gewinnens hat mich gepackt. Erst, wenn ich dann wirklich mal verliere, spüre ich, wie Götz sich dabei fühlen muss.

Als ich merkte, dass Götz sich über diese Situation Gedanken machte, habe ich mit ihm zusammen versucht, diese Konstellation zu analysieren.

»Mir ist da eine Idee gekommen, warum ich dauernd gewinne«, begann ich. »Ich kann mir gut vorstellen, dass das Grundprogramm, das sich seit Jahrzehnten immer wieder bei mir abspielt:

Ich bin erfolgreich in allem, was ich tue!,

dafür verantwortlich ist, dass ich von Dingen umgeben bin, die in meinem Leben und meinem Umfeld für Erfolg sorgen.«

»Mir ist aufgefallen, dass du diesen Satz auch als Bildschirmschoner auf deinem Computer hast«, stellte Götz fest. »Bist du aber wirklich der Meinung, dass diese Gesetzmäßigkeit auch für ein Spiel gilt – dass du gegensätzliche Dinge dadurch erst gar nicht anziehst?«

»Ja, damit beeinflusse ich mein Unterbewusstsein auch dann, wenn ich gar nicht hinschaue. Ich glaube, dass ich durch dieses starke Grundprogramm Dinge intuitiv anziehe, die zu meinem Leben passen. Ich spüre einfach, sie gehören zu mir. Und wenn ich das merke, lasse ich mich darauf ein!«

»Bleiben wir doch mal beim Spiel, Gila. Meinst du wirklich, dass die Würfel dadurch dementsprechend fallen und dich als Erste zum Ziel bringen?«

»Offensichtlich ja«, grübelte ich.

Götz überlegte eine Weile, ehe er fortfuhr: »Wenn jemand keine Ahnung von diesen Dingen hat, wird er an Zufall glauben oder einfach das Wort Glück benutzen. Aber das hieße doch, dass andere, die nicht so programmiert sind, im Grunde gar keine Chance haben! Vielleicht *muss* ich ja verlieren, um dem Gesetz zu entsprechen, dass du ein Gewinner bist?«

Er sah so drollig aus bei diesen Worten, dass ich unwillkürlich lachen musste.

»Ja, ja«, scherzte ich, »du bist nur Opfer, nicht?«

Götz musste sich meine Worte wohl sehr zu Herzen genommen haben, denn als ich am nächsten Tag in sein Büro kam, lief auch sein Bildschirmschoner mit dem entsprechenden Text. Ich musste lachen, sagte ihm aber nicht, dass ich es bemerkt hatte.

Am nächsten Abend gewann er doch wahrhaftig zweimal nacheinander! Als auch das dritte Spiel noch zu seinen Gunsten ausfiel, schaute ich ihn fassungslos an und konnte nur noch schwach anmerken: »Hast heute wohl den ganzen Tag deine Affirmationen geschrieben – oder was?«

Obwohl ich nicht ganz so glücklich war, musste ich hellauf lachen, als ich sein zufriedenes Grinsen sah. Inzwischen muss ich zugeben, dass Götz fast genauso häufig gewinnt wie ich, aber nur fast …!

Bei einem Wochenendkurs in Bad Waldliesborn traf ich Monika wieder, eine Teilnehmerin, die zwei Jahre zuvor mit ihrem Mann Wolfgang mein Seminar besucht hatte. Sie war ein Sonnenschein, und immer wieder bewundere ich ihre ganz liebevolle Art, mit Menschen umzugehen.

»Ganz liebe Grüße von Wolfgang!«, begrüßte sie mich herzlich. »Er wäre so gern wieder mitgekommen, doch er kann sich aus seiner Praxis momentan nicht ausklinken.«

Wie auch sonst, bat ich, die Handys auszuschalten, und jeder hält sich normalerweise auch daran.

»In den nächsten beiden Tagen möchte ich mit euch darüber sprechen, was Erfolg ausmacht und was ihn verhindert«, begann ich.

Ich sprach davon, dass unser Leben, die ganze Schöpfung durchdrungen ist von einer inneren Ordnung, die bestimmten geistigen Gesetzen gehorcht. »Diese geistigen Gesetze haben einen eigenen Rhythmus, und wir alle sind eingebettet in diesen Rhythmus der Schöpfung.«

»Gab es diese Gesetzmäßigkeiten denn schon immer?«, fragte mich eine Teilnehmerin interessiert.

»Seit ewigen Zeiten haben Menschen aus allen Kulturkreisen uns etwas darüber hinterlassen. Es ist höchste Zeit, uns wieder darauf zu besinnen und unser Leben in den Griff zu bekommen. Sobald wir diese Grundsätze erkennen, helfen sie uns, das Richtige zu tun und unseren Weg zu gehen.«

Jemand hakte nach: »Gila, ich möchte ja nicht infrage stellen, dass es stimmt, was du so voller Überzeugung an uns weitergibst. Aber woher weißt du das alles?«

»Nun«, antwortete ich, »die Frage ist leicht zu beantworten. Das steht alles im Buch der Bücher. Diese Gesetze bestehen, seit es Leben gibt.«

»Du meinst, all das, worüber du heute gesprochen hast, steht in der Bibel?«

»Ja, und das hat nichts mit Esoterik oder Mystik zu tun. Bereits bei den Aposteln Markus 11,24 steht geschrieben:

***Darum sage ich euch: Alles, um was ihr betet und bittet,
glaubet, dass ihr es empfangen habt,
und es wird euch gegeben werden.***

Schaut euch doch mal die Zeiten an – erst sollen wir glauben, dass wir es empfangen *haben*, dann erst *wird* es in unser Leben treten.«

»Und warum machen wir immer wieder Fehler im Leben?«, kam der Einwurf eines Teilnehmers.

»Meinst du, dass Fehler und Niederlagen Erfolge verhindern?«, fragte ich. »Ich glaube, um erfolgreich sein zu können, brauchen wir Lebenserfahrung, und diese bekommen wir nur, wenn wir uns auch Fehler zugestehen und Niederlagen einstecken können. Jeder Misserfolg bringt uns unseren Zielen ein Stück näher, wenn wir ihn als Chance ansehen, um daraus zu lernen. So gewinnen wir Mut, Stärke und Erfahrung. Wir sollten uns ruhig mal erlauben, Fehler zu machen, denn so gesehen, sind sie Freunde des Erfolges.«

Zu dem Thema wurde eine weitere Frage gestellt: »Was ist, wenn wir nun ängstliche Eltern hatten, die uns nichts zugetraut und uns dadurch unwissend programmiert haben?«

»Wenn wir mangels positiver Erfahrungen in der Kindheit über diese Sicherheit und das Selbstvertrauen noch nicht verfügen, heißt das nicht, dass das ein Leben lang so bleiben muss. Dann ist es jetzt unsere Aufgabe, das zu erkennen und ab heute dieses Programm der Unsicherheit mit unserem neuen Denken zu überlagern. Darum seid ihr gekommen – darum sind wir hier zusammen! Ihr *sucht* nicht nur den Weg, sondern durch eure Fragen hier in der Gruppe seid ihr bereits dabei, den Weg zu *gehen.*«

Monika warf ein: »Das klappt aber nicht immer sofort. Wenn mich beispielsweise ein Gedanke der Angst, des Zweifels oder des Misstrauens anfällt, versuche ich mir inzwischen klarzumachen, woher er kommt. Ich verdränge ihn jetzt nicht mehr.«

»Richtig! Damit kann ich erkennen, ob solch ein Gedanke aus diesen Programmen der Kindheit entstehen konnte. Gedanken werden von unserem Bewusstsein gesteuert und dem Unterbewusstsein zur Verwirklichung anvertraut. Unsere heutige Persönlichkeit ist das Produkt unserer Gedanken und Handlungen aus unserer Vergangenheit.«

»Und wie ist das, hat unsere Vergangenheit noch Macht über uns?«, war die nächste Frage.

»Das ist ein ganz wichtiger Aspekt«, entgegnete ich. »Wir sollten die Dinge, die in unserer Vergangenheit schiefgelaufen sind, als Lernchancen annehmen können. So wird *die* Energie frei, die zuvor in Selbstzweifel und Gedanken der Schuld eingesetzt wurde. Diese Befreiung gibt uns einen ungeheuren Energieschub für unsere Entwicklung.«

»Ja, das stimmt«, sagte Monika. »Man fühlt sich plötzlich wie verwandelt, innerlich wie äußerlich freier, lebendiger, fröhlicher. Man hat mehr Kraft und damit wieder mehr Selbstvertrauen. Aber manchmal fehlt mir dann doch wieder das Vertrauen, das in all deinen Büchern so deutlich spürbar ist.«

»Lass mal, Monika, du hast schon eine ganze Menge geschafft in der Zwischenzeit«, nickte ich ihr anerkennend zu. »Wenn diese völlig neue Lebendigkeit in dir erwacht, erkennst du, dass die ständige Selbstkritik unnötig ist.«

Und wieder an die Gruppe gewandt, fuhr ich fort: »Selbstvergebung ist deshalb einer der wichtigsten Schritte überhaupt, der eigenen Herabsetzung ein für alle Mal ein Ende zu bereiten.«

Viele schrieben mit, und ich ergänzte: »Wir sollten aus unserer Vergangenheit lernen, so dass wir sie gefühlsmäßig loslassen können. Damit befreien wir uns von Belastungen, die uns daran hindern, wir selbst zu sein. So legen wir in der Gegenwart den Grundstein für eine Zukunft, deren Richtung wir selbst bestimmen.«

In der Pause bat mich Diana um ein persönliches Gespräch: »Mein Problem ist, ich nehme alles zu persönlich, und dann habe ich Schwierigkeiten zu verzeihen. Wenn ich bloß wüsste, warum.«

»Kann es sein, Diana, dass manche Erinnerungen so unangenehm sind und du statt ihrer Klärung den scheinbar leichteren Weg wählst, alles auf sich beruhen zu lassen?«

»Ja«, nickte sie, »ich glaube, das trifft genau den Punkt.«

»Oft handeln wir im Affekt, nehmen vor lauter Wut Worte anders wahr, als sie gemeint sind, sehen die Hintergründe nicht. Wenn dein Zorn dann verraucht ist, frag dich mal, was wirklich geschehen ist?«

»Aber dann bin ich meistens schon am Schmollen«, meinte Diana und zog ein drolliges Gesicht.

»Vielleicht kannst du dich mal in den anderen hineinfühlen? Was war seine Intention? Was würde sich für dich zum Positiven ändern, wenn du verzeihen könntest? Darin liegt doch für dich die Chance für Frieden und Harmonie! Wir dürfen aber auch erkennen, dass Verletzungen Zeit brauchen, um zu heilen.«

Ich sprach mit ihr darüber, dass es oft Überwindung kostet, aus der Opferrolle zu schlüpfen.

»Alles im Leben haben wir selbst angezogen. Doch es gibt Menschen, die sich lieber dafür entscheiden, den anderen lebenslang in der Schuld zu belassen und dabei gar nicht bemerken, wie sie sich selbst damit schaden. Weißt du, Diana, nicht verzeihen können, macht einsam, doch wer verzeiht, hat innere Größe.«

»Danke, Gila – das hat mir jetzt sehr geholfen«, sagte Diana erleichtert und nahm mich dankbar in die Arme.

Wenn wir abends nach dem Kurs zusammensitzen und die Geschehnisse des Tages noch einmal an uns vorbeiziehen lassen, geht es immer lustig zu. Oft wird dann auch über private Dinge gesprochen. So erzählte Monika nun von ihrem Kurztrip nach Sylt einige Wochen zuvor.

Sie hatte eine nette humorvolle Art zu erzählen und berichtete unter anderem, wie die Nachbarin ihres Ferienhauses sie eines Morgens belustigt ansprach: »Ihr Mann heißt Wolfgang, nicht?«

Auf Monikas erstaunte Frage, woher sie das denn wisse, antwortete diese lachend: »Na ja, wir hören den ganzen Tag nur, wie Sie Ihren Mann rufen. Ihren Vornamen dagegen haben wir noch nicht herausbekommen!«

Monika hielt auf einmal inne, sah sich fragend in der Runde um und meinte neugierig: »Sagt mal, geht euch das auch so, dass ihr dauernd nach eurem Mann ruft, er aber kaum nach *euch* – oder ist das nur bei mir so?«

»Ja, stimmt«, bestätigte ich amüsiert, »ich rufe auch sehr oft nach Götz.«

»Weißt du, und dann klingt das bei mir immer so lang gezogen – Wolfga-haang? Bei dir auch, Gila?«

»Genau«, platzte ich raus, »ich rufe auch immer: Gö-höötz?«

»Und wie antwortet Götz dann?«, fragte sie unbedarft.

»Ja, mein Hoase …?«

Die anderen prusteten laut los, als ich Götz' Hamburger Dialekt imitierte und so freimütig aus meinem Leben plauderte. Es war ein herrlicher Abend!

Am Nachmittag des nächsten Tages – mitten im Seminar – geschah es dann. Ein Handy klingelte. Verhängnisvolle Stille. Ich erstarrte – unschwer an der Melodie zu erkennen, dass es ausgerechnet meines war! Ich, die ich immer so weise Reden schwinge in Bezug auf das Ausschalten von Handys – ausgerechnet ich hatte vergessen, es auszustellen!

Die Gruppe merkte, dass ich mich dezent hinter den Flipchart begab, um in meiner Handtasche zu wühlen und das Klingeln abzustellen. Da rief Monika auf einmal in das gespannte Schweigen hinein: »Gö-höötz?«

Und dann schmetterte der Rest der Gruppe wie auf Kommando im Chor: »Ja, mein Hoase …?«

Damit war meine Autorität für den Moment dahin …

KAPITEL 12

Es war ein wahrer Segen für mich, nicht hübsch zu sein, so musste ich meine inneren Stärken und Schätze fördern.

GOLDA MEIR

Man muss nicht im herkömmlichen Sinne schön sein, um anziehend auf andere zu wirken. Wir alle kennen Schauspielerinnen, die nach gängiger Norm nicht gerade eine Schönheit sind. Wenn es jedoch um die Zahl ihrer Lover geht, können sie es mit jeder Beauty Queen aufnehmen.

Doch ich möchte hier nicht so sehr auf die erotische, sondern eher auf die zwischenmenschliche Ausstrahlung zu sprechen kommen.

Auf die ureigene Energie – auf die Ausstrahlung – kommt es an. Es gibt Leute, die ein inneres Feuer antreibt, und andere, deren Licht matter scheint. Beispielsweise betritt jemand mit wenig Ausstrahlung einen Raum – kaum einer der Anwesenden wird ihn bemerken. Ein anderer jedoch, der eine interessante Aura hat, kommt herein, und schon drehen sich die Köpfe nach ihm um. Wie erlangt man dieses innere Feuer? Was genau ist es, was einige Menschen zum strahlenden Mittelpunkt macht, während andere im Schatten bleiben?

Wissenschaftler haben sich dieses Themas angenommen und dabei Folgendes herausgefunden: Sämtliche Menschen mit hoher

Energie-Quote haben irgendwann die Kurve gekriegt und das gemacht, was sie wirklich wollten. Sie haben ihre Energie nicht länger zum Unterdrücken, sondern zum Erfüllen ihrer Wünsche genutzt – haben sich vorgewagt, sind ihren Impulsen gefolgt, sind Risiken eingegangen! Wer unangepasst lebt, geht eigene Wege, lebt anders! Es bedeutet, sich hundertprozentig einzugeben, Offenheit, Verletzbarkeit zu wagen und nicht dauernd Gedanken und Gefühle zurückzuhalten. Deshalb haben die Augen dieser Menschen das bestimmte Glitzern. Keiner von ihnen lebt monoton – keiner macht einen abgestumpften Eindruck. Sie alle leben die volle Schwingung des Lebens, nach oben wie nach unten.

Ihr Selbstvertrauen wächst mit den Aufgaben, die sie gemeistert haben. Auch in ihrem Leben gibt es viele Misserfolge. Auch sie fallen oftmals hin, bevor sie laufen lernen, haben aber keine Angst vor dem Versagen.

Mit Ausstrahlung, Charme und Charisma verbinden wir Sympathie, Anerkennung – und vor allem Liebe. Eine positive Wirkung nach außen entscheidet mehr als alles andere über Erfolg oder Misserfolg in unserem Leben, beruflich genauso wie privat. Wir verpassen wertvolle Chancen, wenn wir aus Angst, zu versagen, nichts Neues angehen.

Das gewisse Etwas ist demzufolge ein Mix aus Selbstbewusstsein, Einfühlungsvermögen, Optimismus, Interesse, Lebendigkeit und Humor. Betrachtet man Menschen mit einer positiven Ausstrahlung genauer, stellt man fest, dass sie alle eines gemeinsam haben: Lebensfreude. Die bejahende Einstellung zur eigenen Person und zum eigenen Leben wird zum stärksten Anziehungsfaktor.

Das erinnert mich an Stefan, einen jungen Mann, den ich auf der Geburtstagsfeier seines Onkels kennenlernte.

Seit einem Motorradunfall war er auf den Rollstuhl angewiesen. Als er mich eines Tages bei mir zu Hause besuchte, sagte er fröhlich: »Vor meinem Unfall konnte ich tausend Dinge tun, danach waren es nur noch neunhundert. Ich konnte wählen, ob ich mich auf die Dinge konzentriere, die ich verloren habe oder auf die, die mir geblieben sind. Ich habe mich dann für die neunhundert entschieden. Du bist dann Optimist, Gila, wenn du mehr Träume in dir trägst, als die Realität zerstören kann.«

Das ist echter Optimismus, oder? Durch seine Fröhlichkeit und absolut positive Ausstrahlung bekam er eine verantwortliche Tätigkeit in einer Rollstuhlfabrik. Kurze Zeit später lernte er seine jetzige Frau kennen, und es geht ihm rundherum gut.

Entwickelt sich nun so eine Ausstrahlung, so drückt sie sich in allem aus – in den Augen, der Gestik, der Stimme, der Art der Bewegung. Ausstrahlung bekommt, wer seine Kontrolliertheit loslassen kann und es nicht allen recht machen will. Haben wir doch den Mut, authentisch zu sein – genau das zu zeigen, was wir sind und was wir fühlen! Tragen wir doch unsere Lebendigkeit nach außen, statt sie immer wieder einzuschränken und zu deckeln!

Das ist das Geheimnis! Lasst es uns doch nachmachen …!

Für mich ist es jedes Mal ergreifend, wenn sich Menschen auf meinen Kursen nicht nur kennen, sondern auch lieben lernen. Dabei entstehen Freundschaften und auch Partnerschaften fürs Leben. Ein Beispiel, das für viele steht, möchte ich hier gern erzählen.

Da war Kirsten, eine wunderschöne und auch tiefgründige junge Frau, die mit ihrem Freund zuerst einen Wochenendkurs besuchte. Wie sie mir in diversen Einzelgesprächen mitgeteilt hatte, bestanden starke Probleme in dieser Beziehung durch immense Altlasten ihres Freundes.

Drei Monate später meldete sie sich und ihren Freund zu einem Selbsterfahrungsseminar an. Ich spürte, dass Kirsten ihre ganze Hoffnung in mich legte, um ihren Freund zurückzugewinnen. Dabei ließ sie viel Kraft. In einem persönlichen Gespräch mit ihm stellte ich dann fest, dass eine Einzeltherapie ihm eher weiterhelfen würde.

Als Kirsten sich dann allein im Sommer zu einem weiteren Seminar anmeldete, jedoch ein Doppelzimmer bestellte, bat ich um Klärung. Sie erzählte mir, dass Schluss sei mit ihrem Freund, aber falls er wirklich wieder anfangen wolle …

»Kirsten, so geht das nicht! Ich mag deinen Freund sehr, aber du bist gar nicht DU selbst, wenn ich euch zusammen erlebe! Du hast deinen Fokus nur auf die Heilung eurer Beziehung gelegt. Tut mir leid, dass ich so hart bin – doch entweder kommst du allein – oder gar nicht!«

Ich spürte förmlich, wie Kirsten zusammenzuckte. Doch andererseits vertraute sie mir und entschied schließlich zögernd: »Okay, Gila, ich komme allein.«

Und sie kam auch allein. Es war das erste Seminar für sie ohne ihren Freund. Gleich zu Beginn nahm sie mich zur Seite und vertraute mir an: »Gila, ich habe bis zuletzt gezögert, ob ich noch absagen sollte, aber jetzt bin ich da.«

Und Kirsten – du weißt, es war gut so! Was dann nämlich geschah, kann ich nur als Fügung des Himmels beschreiben …

… denn auch Mario, ein attraktiver, junger Mann war bereits zum zweiten Mal bei mir. Einerseits war er mir aufgefallen durch seinen Witz, andererseits durch seine liebevolle Zurückhaltung, die jedoch viel Würde und Kompetenz ausstrahlte.

Am zweiten Tag machten Kirsten und Mario eine Übung miteinander – und es war um die beiden geschehen!

Alle Anwesenden waren total berührt, als sie spürten, wie viel

Liebe, Verständnis und auch Knistern sich zwischen diesen beiden Menschen aufbaute. Es passte einfach alles. Sie wurden ein Paar.

Ich könnte noch einige Seiten füllen über andere, die sich in meinen Seminaren kennengelernt haben und inzwischen Lebens- oder Ehepartner sind. Doch das ist nicht der Sinn meines Buches. Keiner kommt, um einen Partner oder eine Partnerin kennenzulernen – es geschieht einfach, wenn es sein soll.

Manchmal höre ich von Teilnehmern nach der ersten Meditation, dass sie Schwierigkeiten gehabt hätten, sich zu entspannen.

»Ich möchte ja so gern, aber meine Gedanken schweifen ab, und schon bin ich wieder bei alltäglichen Dingen. Woher kommt das bloß?«

»Es ist an uns zu entscheiden«, entgegnete ich, »ob im täglichen Leben der Wunsch nach Stille und innerer Einkehr immer mehr ersetzt wird durch die Ablenkung des Fernsehens. Auch ich schaue mir des Öfteren mal abends eine Sendung an, aber nur eine, die ich vorher ausgewählt habe.«

Oft fragen wir nach dem Sinn unseres Lebens. Kann sich bei der ständigen Berieselung durch unsere Fernsehsender in Bezug auf Gewalt noch so etwas wie spirituelles Wachstum einstellen? Wo dauernd Krimis über den Bildschirm laufen, oder wo ständig neue Reize den ultimativen Kick auslösen sollen?

Ich glaube trotzdem fest daran, dass wir irgendwann – sei es auch durch leidvolle Erfahrung – spüren werden, welchen Umweg wir da gegangen sind.

Manchem wird erst durch die Ruhe und die friedliche Atmosphäre im Seminar bewusst, wie gut es tut, sich wenigstens für ein paar Tage einen Ort der Kraft und des Lichtes zu erschaffen. Indem wir äußere ablenkende Einflüsse ausschließen, kommen wir zu innerer Einkehr. Es ist die Harmonie und die Liebe, die unsere Teilnehmer so beeindruckt und dazu beflügelt, auch ihr persönliches Umfeld positiv zu verändern. Und das hat wiederum starken Einfluss auf den Umgang mit ihren Familienmitgliedern.

Unsere Gedanken sind die Ursachen für unsere Handlungen. Bewusst oder unbewusst schaffen wir ständig Ursachen, die unser Unterbewusstsein prägen und dadurch über kurz oder lang zur Verwirklichung streben.

Sind demnach überwiegend Vertrauen, Liebe und Harmonie in unseren Gedanken präsent, werden nicht nur wir selbst vertrauensvoll, liebevoll und harmonisch sein, es wird auch entsprechend Positives um uns herum entstehen. Den guten Kräften werden Tür und Tor geöffnet.

»Wenn die Götter dich strafen wollen, erhören sie deine Gebete«, sagt ein bekanntes Sprichwort. Wenn wir diesen Satz etwas verändern, können wir ihn wahrscheinlich besser deuten. Viele Menschen konzentrieren sich zum Beispiel viel mehr auf das, was sie nicht wollen – und genau das geschieht. Diese Erkenntnis ist wichtig!

Wir sollten uns über unsere Wünsche klar werden und sie in positiver Form präzise formulieren und offen sein für Überraschungen. Wünsche erfüllen sich manchmal anders, als wir uns das vorgestellt haben.

Dazu fällt mir eine nette Episode ein.

Zwei befreundete Teilnehmerinnen kamen in den Frühstücksraum und erblickten mich. Gitta, eine der beiden, setzte sich zu mir an den Tisch und erzählte lachend: »Gila, uns ist vielleicht etwas Verrücktes passiert! Unglaublich!«

Sandra, ihre Freundin, kam dazu und fing jetzt auch an zu lachen. Sie berichtete weiter: »Du hast doch gestern über Vertrauen zum Leben gesprochen – zum Beispiel, nicht ängstlich alles vor anderen wegzuschließen – und Vertrauen zu haben, dass uns niemand etwas klaut.«

»Ja«, entgegnete ich belustigt, da ich merkte, wie die beiden ihren Spaß hatten. Irgendetwas musste vorgefallen sein.

»Nun«, gluckste Sandra und hielt sich den Bauch, »ich habe gestern Abend, als wir schlafen gingen, ganz mutig zu Gitta gesagt: So, jetzt wollen wir's wissen! Wir schließen heute Nacht unsere Zimmertür nicht ab. Wenn Gila so viel Vertrauen hat, dann haben wir es eben auch – basta!«

»Ja«, unterbrach Gitta, »wir haben noch ein wenig miteinander geplaudert und sind dann eingeschlafen. Ich weiß nicht, wie lange wir schon schliefen, als auf einmal die Zimmertür aufging – Licht wurde angeknipst – ein junger Mann stand ganz verdattert in der Tür – guckte von einer zur anderen und meinte dann doch wahrhaftig: ›Ja, is denn heut scho Weihnachten‹?«

Ich verschluckte mich fast an meinem Rührei!

»Unser Gekreische hat ihn dann verscheucht«, prustete Sandra wieder los, »und da ist ihm wohl klar geworden, dass er sich entweder in der Zimmertür oder in der Etage vertan haben musste. Du glaubst gar nicht, was wir für einen Spaß hatten! Da haben wir dem Leben mal vertraut – und dann das!«

Ich wischte mir die Tränen aus den Augen. »Und? Was habt ihr dann gemacht?«

»Na ja, dann haben wir doch lieber wieder abgeschlossen.«

Solch herrliche Geschichten schreibt eben nur das Leben …

Götz und ich lieben die Abende, wenn bei etwas kühleren Tagen das Feuer im Kamin brennt. Im Sommer dagegen sitzen wir gern im Wintergarten und schauen belustigt dem Rodeo der jungen Rinder zu, die nicht weit entfernt auf der Weide ihre Runden drehen.

Eines Abends hatten wir es uns im Wohnzimmer wieder gemütlich gemacht. Götz stopfte behaglich seine Pfeife. Ich mag den würzigen Geruch des Tabaks, während ich gegen den Zigarrenrauch, den er anfangs in unserem Haus verbreitete, heftigst protestiert hatte: »Hör mal, Götz, nicht, dass ich unzufrieden wäre mit dir, aber ich habe doch eine größere Reklamation! Ich bin nämlich ganz sicher, dass ich im Internet ›Nichtraucher‹ angeklickt habe. Und jetzt fährst du mit deinen Zigarren noch schwerere Geschütze auf!«

Nachdem ich ihm dann angedroht hatte, seine Zigarren heimlich mit Räucherstäbchen zu spicken, hatte er gelacht und gemeint: »Untersteh dich! Außerdem rauche ich gar nicht richtig. Nur ab und zu mal so eine schöne Zigarre! Das ist für mich ein Ritual – mehr nicht!«

Nun setzt Götz dieses Ritual tapfer draußen auf der Terrasse fort und freut sich jedes Jahr, wenn es Sommer wird. Den Geruch des Pfeifentabaks nach Apfel und Vanille dagegen mag ich gern.

So genossen wir jetzt die Ruhe und auch die leise Musik im Hintergrund. Bereits vorher bei den Nachrichten hatten wir darüber gesprochen, warum so viel Gewalt in unserer Welt herrschte.

»Solange wir uns an Äußerem orientieren«, meinte Götz gedankenvoll, »solange wir unser Selbstbewusstsein, unseren Sinn, unser Glück aus dem zu beziehen versuchen, was vergänglich ist, wird die Gewalt nicht aufhören.«

Ich dachte über seine Worte nach und entgegnete dann: »Wenn wir mit uns selbst nicht in Frieden sind, wird sich auch die Gewaltbereitschaft gegen andere zeigen – vor allem, wenn wir ständig Angst vor dem Mangel haben. In Wahrheit gibt es keine materielle Sicherheit, erst recht nicht, wenn ich sie mit Gewalt erzwinge.«

Götz zog an seiner Pfeife, blies den Rauch in die Luft und meinte nachdenklich: »Wir klammem uns an die Materie, unseren Besitz – in der Hoffnung, Sicherheit und Ruhe zu finden. Und werden doch stets mit der Vergänglichkeit von Körper und Besitz konfrontiert. Dann fallen wir in Verzweiflung und Resignation oder beginnen, mit Gewalt um unseren Besitz, unser Land oder selbst um unseren Glauben zu kämpfen – wie die Nachrichten von eben gezeigt haben.«

Er legte noch ein paar Holzscheite nach. Ich sah in die knisternden Flammen und warf ein:

»Ja, gerade weil wir uns mehr mit Äußerlichkeiten identifizieren, sind wir auch eher bereit dafür zu kämpfen, oder denken ständig voller Misstrauen, jemand sei hinter dem her, was uns angeblich gehört oder zusteht. In Wahrheit gehört uns gar nichts. Wir kommen mit leeren Händen – und wir gehen mit leeren Händen. Und wenn das so ist, wie können wir dann überhaupt etwas besitzen?«

Götz sah mich aufmerksam an und fragte: »Bedeutet das deines Erachtens, dass Besitz grundsätzlich unwichtig ist?«

»Nein, natürlich nicht«, entgegnete ich, »ich finde Besitz durchaus sinnvoll, doch ich möchte auch jederzeit bereit sein können, alles loszulassen. Das bedeutet für mich, in innerem Frieden zu leben. Nur mit diesem Gleichmut und Frieden im Herzen ist es möglich, dass die Bereitschaft aufhört, den Besitz des anderen durch Gewalt zu vereinnahmen. Und in dem Maße wird auch die Gewalt gegenüber unserer Mutter Erde und der Tierwelt nachlassen.«

Während des Schreibens dieses Buches ging das Thema Vogelgrippe durch alle Medien. Gleichzeitig wurden viele neue Fälle von Schweinepest bekannt. Was ist bloß los mit unserer Natur?

Unsere Mutter Erde lebt – und sie wehrt sich! Sie wehrt sich gegen die Rücksichtslosigkeit, mit der wir ihr begegnen. Aus meiner Sicht sind Erdbeben, Überflutungen und Vulkanausbrüche Zeichen für den Verlust von Ehrfurcht und natürlichem Respekt der Erde gegenüber. Wir schätzen die in der Natur lebende Weisheit nicht mehr. Der Raubbau an unserem Planeten und die Vergiftung unserer Umwelt sind die äußeren Zeichen des dahinter stehenden Denkens: Gleichgültigkeit und Respektlosigkeit – vor allem den Tieren gegenüber.

Die Tiere sind uns von Gott gegeben als Freunde – und auch als Nahrung. Wenn das nicht so wäre, dann stünde auch in der Bibel nichts davon, wie zu Ehren Jesu ein Kalb oder ein Lamm geschlachtet wurde. Auch Jesus war kein Vegetarier. Und obwohl ich es auch nicht bin – vielleicht *noch* nicht, das weiß ich im Moment nicht –, kann ich Vegetarier sehr gut verstehen, wenn man das Leid der Tiere sieht. Viehtransporte – Legebatterien – und Ähnliches mehr.

Wenn wir davon ausgehen, dass alles, was lebt, energetisch miteinander verbunden ist, dann besteht so eine Verbindung auch zwischen Mensch und Tier.

Für unsere Haustiere lassen wir diesen Grundsatz gelten, aber wie sieht es mit den sogenannten Nutztieren aus? Warum taucht plötzlich Vogelgrippe auf, Rinderwahnsinn oder Schweinepest?

Dahinter steht die energetische Schwingung der Natur. Kann es nicht sein, dass die Tiere sich nur auf diese Art wehren können – den Wert ihres Seins nur auf diese Weise wieder in unser Bewusstsein bringen können? Tiere haben auch Gefühle und nicht nur Instinkte. Die Tierseele als Gruppenseele hat das tiefe Wissen, dass Tiere dem Menschen als Nahrung dienen. Doch das heißt nicht, dass ein Tier deswegen leiden muss. Es leidet nicht durch den Tod, vielmehr dadurch, was ihm vorher von uns angetan wird. Und was ich einem Teil des Ganzen antue, tue ich auch mir selbst an, denn ich bin ein Teil des Ganzen.

Wir alle sind aufgefordert, durch Liebe, Licht und Verständnis füreinander dem Ungleichgewicht entgegenzuwirken. Lasst uns Dankbarkeit empfinden für die Kostbarkeit eines neuen Tages, eines Sonnenaufgangs, einer blühenden Blumenwiese – Dankbarkeit dafür, dass der Planet uns den Raum und die Nahrung gibt, die wir zum Leben benötigen.

Fangen wir doch an! Lasst uns durch unsere Gedanken eine neue Schwingung erzeugen, getragen von Achtung, Respekt und Liebe für uns selbst, unsere Umwelt und unseren Planeten. Und wie?

Jeder positive Gedanke zählt.

Wir sind ein Teil der Erde

Ein Ausschnitt der Rede von Häuptling Seattle an den Präsidenten der Vereinigten Staaten von Amerika im Jahre 1885

... Das Ansinnen, unser Land zu kaufen, werden wir bedenken, und wenn wir uns entschließen, anzunehmen, so nur unter einer Bedingung: Der weiße Mann muss die Tiere des Landes behandeln wie seine Brüder.

Ich bin ein Wilder, und verstehe es nicht anders. Ich habe tausend verrottende Büffel gesehen, vom weißen Mann zurückgelassen – erschossen aus einem vorüberfahrenden Zug. Ich bin ein Wilder und kann nicht verstehen, wie das qualmende Eisenpferd wichtiger sein soll als der Büffel, den wir nur töten, um am Leben zu bleiben. Was ist der Mensch ohne die Tiere? Wären alle Tiere fort, so stürbe der Mensch an großer Einsamkeit des Geistes. Was immer den Tieren geschieht, geschieht bald auch den Menschen. Alle Dinge sind miteinander verbunden.

Was die Erde befällt, befällt auch die Söhne der Erde. Ihr müsst Eure Kinder lehren, dass der Boden unter ihren Füßen die Asche unserer Großväter ist. Damit sie das Land achten, erzählt ihnen, dass die Erde erfüllt ist von den Seelen unserer Vorfahren. Lehrt Eure Kinder, was wir unsere Kinder lehren: Die Erde ist unsere Mutter. Was die Erde befällt, befällt auch die Söhne der Erde.

Wenn die Menschen auf die Erde spucken, bespeien sie sich selbst. Denn das wissen wir, die Erde gehört nicht den Menschen, der Mensch gehört zur Erde – das wissen wir. Alles ist miteinander verbunden, wie das Blut, das eine Familie vereint. Alles ist verbunden. Was die Erde befällt, befällt auch die Söhne der Erde. Der Mensch schuf nicht das Gewebe des Lebens, er ist darin nur eine Faser. Was immer Ihr dem Gewebe antut, das tut Ihr Euch selber an. Nein, Tag und Nacht können nicht zusammenleben. Unsere Toten leben fort in den süßen Flüssen der Erde, kehren wieder mit des Frühlings leisem Schritt, und es ist ihre Seele im Wind, der die Oberfläche der Teiche kräuselt.

Eines wissen wir, was der weiße Mann vielleicht eines Tages entdeckt: Unser Gott ist derselbe Gott. Ihr denkt vielleicht, dass Ihr ihn besitzt, so wie Ihr unser Land zu besitzen trachtet – aber das könnt Ihr nicht. Er ist der Gott der Menschen – gleichermaßen der Roten und der Weißen. Dieses Land ist ihm wertvoll. Und die Erde verletzen, heißt ihren Schöpfer verachten.

Mein liebstes Hobby? Lachen!

Dalai Lama

Lache und die Welt lacht mit – sagt ein Sprichwort. Wenn wir lachen oder ein Lächeln aussenden, dann kommt es sehr oft wie ein Echo zu uns zurück.

Wenn wir so manches Mal unser Umfeld als negativ und abweisend erleben, dann können wir sofort die Schwingung verändern, wenn wir ein Lächeln verschenken. Und so ganz nebenbei tun wir uns selbst noch etwas Gutes. Lachen ist Balsam für Körper und Seele.

»Wer viel lacht, empfindet auch weniger Schmerzen«, berichtete eine Teilnehmerin aus der Schweiz. »Das ist in unserem Institut vor Kurzem sogar wissenschaftlich belegt worden.«

»Und wie?«, hakte ich interessiert nach.

»Ein Professor bei uns am Institut für Persönlichkeitspsychologie und Diagnostik hat ein beeindruckendes Experiment gemacht. Er ließ seine Testpersonen Filme von international bekannten Komikern ansehen. Im anschließenden Test wurden die Probanten einem harmlosen Schmerzreiz ausgesetzt. Sie mussten eine Hand so lange in eiskaltes Wasser tauchen, bis sie es nicht mehr aushielten.«

»Und was geschah weiter?«

»Nun, das Ergebnis war: Je mehr jemand bei der Vorführung der Filme gelacht hatte, desto länger konnte er seine Hand im kalten Wasser lassen. Sowohl unmittelbar danach als auch noch eine halbe Stunde später konnten die Lacher leichte Schmerzen besser tolerieren, beziehungsweise empfanden weniger Schmerz.«

»Kann man hier nicht wegen des hohen Unterhaltungswertes der Sendungen einfach nur von Ablenkung sprechen?«, fragte jemand der Anwesenden.

»Daran hat unser Professor natürlich auch gedacht, bis er dann mit einem besonders tragischen Film den Gegentest machte. Hierbei war die Schmerzunterdrückung im Gegensatz zu der lustigen Variante nur wenige Minuten möglich.«

Mit ihrer beeindruckenden Schilderung machte uns die Teilnehmerin aus Zürich alle sehr nachdenklich.

»Das Fazit heißt also«, schloss sie, »wenn ich meinen Fokus ganz bewusst auf die Freude setze, leide ich weniger.«

Abends in gemütlicher Runde lassen wir den Tag gern noch mal an uns vorbeiziehen.

Uschi hatte gerade ihr Getränk bestellt, als sie mit komischem Gesichtsausdruck sagte: »Mein Kollege weiß einfach alles besser! Wie viel schöner wäre die Welt, wenn es ihn nicht gäbe!«

»Wirklich?«, gab ich amüsiert zurück.

»Er ist so ein ewiger Nörgler und Besserwisser! So selbstgerecht!«, jammerte sie und zog dabei eine Grimasse.

»Aber bestimmt wäre die Welt auch langweiliger, Uschi. Ist es nicht aufregender, mit der Herausforderung zu leben, schwierige Menschen so zu nehmen, wie sie sind?«

»Und wie kann man das lernen?«

»Das ist vielleicht nicht immer ganz einfach«, gab ich ihr zu verstehen. »Aber es muss ja nicht so weit gehen, dass wir den anderen munter auf unsere Kosten gewähren lassen und dabei womöglich den Kürzeren ziehen.«

»Ist es denn nicht so«, warf Frank ein, »dass das, was uns an einem anderen Menschen ärgert, vielleicht sogar in uns selbst noch brodelt? Sonst hätten wir doch gar keinen Grund, uns so aufzuregen.«

»Richtig«, bestätigte ich. »Nimm zum Beispiel mal eine Szene auf der Autobahn. Einige hundert Meter vor dir steht ein Baustellenfahrzeug mit einem Schild, dessen Pfeil nach rechts zeigt. Prompt wechseln alle Autofahrer brav hintereinander die Spur. Man könnte aber noch mindestens achthundert Meter auf der linken Spur weiterfahren und sich dann erst einfädeln. Nun steht alles im Stau – außer einem Porsche, der links vorbeibrettert und erst ganz vorne rechts einschert. Welche Kommentare würden wir wohl von den stehenden Autofahrern zu hören bekommen?«

Frank lachte: »So ein Idiot! Muss natürlich aus der Reihe tanzen! Kann sich einfach nicht benehmen! Ist wohl was Besonderes – oder?«

»Genau! Der Ärger über den Porschefahrer ist jedoch nur vordergründig. In Wahrheit ärgern sie sich über sich selbst, weil sie brav dem Hammelherdentrieb gefolgt sind. Sie hätten doch auch auf die Idee kommen können, ganz nach vorne zu fahren – wäre doch schlauer gewesen! Stattdessen hat es ausgerechnet dieser Porschefahrer gemacht! Hat ihnen etwas vorgemacht!«

Und an Uschi gewandt, meinte ich: »Wenn dich also dein Kollege immer wieder zur Weißglut bringt, dir dauernd auf die Nerven geht, ist es allerhöchste Zeit zu fragen: Was ist mit mir *selbst* los, dass ich solch heftige Reaktionen zeige? Warum nimmt eine andere Kollegin diese Situation mit Gelassenheit?«

»Dann stimmt es also«, sinnierte Uschi, »dass das, worüber ich mich beim anderen ärgere, noch mein eigenes Muster ist?«

»Genau. Statt seine Mitmenschen verändern zu wollen, sollte man sich selbst ändern!«, warf ich ein.

Inzwischen hatten alle ihr Getränk bekommen, und wir prosteten uns zu: »Auf diesen schönen Tag!«

Danach hakte Frank noch mal nach: »Man fragt sich natürlich: Warum soll ich mich ändern? Schließlich habe ich doch bis heute ganz gut überlebt!«

Zustimmendes Gelächter ertönte. Alle konnten diese Frage nachvollziehen.

»Das ist es ja gerade!«, schaltete ich mich wieder ein. »Deshalb scheuen die meisten diesen Schritt. Sie kritisieren lieber die anderen. Wenn wir aber erkennen, dass der Grund in uns selbst liegt, hat sich der Ärger erledigt.«

Abschließend brachte ich ein persönliches Beispiel.

Götz ist in allem, was er tut, sehr genau und akribisch. Dafür braucht er seine Zeit, aber das Ergebnis kann sich sehen lassen.

Und das ist gut so.

Es hat jedoch zur Folge, dass er manchmal die Zeit vergisst und Pläne nach seinem eigenen Zeitverständnis aufstellt.

Ich dagegen bin ein Mensch, der oftmals schnell handelt und immer versucht, pünktlich zu sein, also – wie man sich denken kann – gegensätzliche Eigenschaften. Dadurch könnten wir laufend aneinandergeraten, aber ich denke, es hat mit unserer Reife zu tun, dass es nicht geschieht.

Ich gebe zu, anfangs hatte ich damit Probleme – *ich* hatte die Probleme –, er nicht! Ihn konnte ich nicht ändern, nur meine Einstellung zu seiner Eigenschaft.

Gern erinnere ich mich an folgende Begebenheit. Ein mehrtätiges Seminar in der Nähe von Kassel sollte stattfinden. Da Götz nicht während der ganzen Zeit dabei sein konnte und von dort aus als Tourneebegleiter nach Leipzig weiterfahren wollte, waren wir am Tag zuvor mit zwei Autos gefahren. So konnte er die Möglichkeit wahrnehmen, noch einige Instrumente für die nächste Show abzuholen. Um 18 Uhr hatten wir uns fest im Hotel zum Essen verabredet. Doch – er kam nicht.

Früher hätte ich mich darüber geärgert, doch das habe ich inzwischen aufgegeben! Um 18.05 Uhr bin ich dann zum Essen gegangen und habe das herrliche Büffet auch allein genossen.

Als Götz dann vierzig Minuten später eintrudelte, saß ich noch beim Essen, bin dann aber kurz danach aufgestanden, um den Tagungsraum weiter einzurichten. Götz kam später nach. Da war nicht *ein* Gedanke des Vorwurfs, sondern eher: Das darf jetzt so sein – ich nehme dich so, wie du bist. Ich habe mich jedoch auf das Essen um 18 Uhr gefreut – und dann gehe ich auch allein.

Und das war *auch* gut so.

KAPITEL 13

Die wichtigste Stunde in unserem Leben ist immer
der gegenwärtige Augenblick,
der bedeutsamste Mensch in unserem Leben ist immer der,
der uns gerade gegenübersteht,
das notwendigste Werk in unserem Leben ist stets die Liebe.

LEO TOLSTOI

Alle Autoren dieser Welt kennen den Moment, wo sich ihnen die Frage nach dem Titel ihres Buches stellt. So war es bei mir nun auch wieder, eigentlich kaum erwähnenswert, wenn nicht – ja, wenn nicht in dem Zusammenhang etwas ganz Besonderes geschehen wäre.

Wie auch bei meinen anderen Büchern, hatte ich bezüglich des Titels zwischendurch immer mal wieder kreative Eingebungen bekommen, die ich dann – egal, wo ich mich gerade befand – aufschrieb.

Eines Morgens war ich zu Irmi, unserem Büro-Engel, gegangen und hatte ihr das Blatt mit den verschiedenen Vorschlägen gezeigt. Nach reiflicher Überlegung war auch der Titel *dieses* Buches bei ihr in die engere Auswahl gekommen. Da mir ein anderer Titel auch gefiel und ich noch nicht ganz sicher war, gab ich auch hier wieder die Entscheidung nach oben ab und wartete vertrauensvoll auf ein Zeichen.

Am Vorabend eines Seminars richteten Götz und ich den Tagungsraum ein. Da passierte Folgendes: Gerade war ich dabei, einige Karten mit Grüßen und Fotos von Teilnehmern auf meinen Tisch zu stellen, da fiel mir plötzlich eine selbst gebastelte Grußkarte in die Hände. Ich dachte – ich träume!

Eine Doppelkarte mit einem liebevoll formulierten Dank von Katharina, einer Lehrerin, die schon zweimal bei meinen Kursen war.

Als ich damals die Karte bekam, hatte ich nur den Innentext gelesen. Jetzt lag sie vor mir – eine zauberhafte, von Katharina handgearbeitete Bildcollage mit der Aufschrift:

… aus einem kleinen Samenkorn!

Über ihren liebevollen Text der beiden Innenseiten hatte ich mich sehr gefreut, doch der Vorderseite hatte ich vorher überhaupt keine Beachtung geschenkt – sorry, Katharina! Aber ich habe mich ja bereits persönlich bei dir entschuldigt!

Ganz tief berührt schaute ich Götz an, der auch in die Namensfindung mit einbezogen worden war. Ich hielt ihm die Karte hin.

»Wo kommt *die* denn her?«, fragte auch Götz erstaunt – und ich berichtete ihm bewegt, dass sich diese Karte schon länger bei meinen Grußkarten befand, ich aber die Aufschrift nie gelesen hatte!

Und da grinste Götz. »Hattest du nicht deine Engel um Hilfe gebeten?«

Ich nickte fassungslos.

»Und wieso wunderst du dich dann, wenn sie dir auf ihre Art und Weise eine Antwort geben?«

Ja, dachte ich bei mir, Götz, deine Frage ist berechtigt …!

Wenn ich in unser Büro komme, das weitgehendst selbstständig von Irmi geführt wird, bekomme ich schon mal mit, wer gerade am Telefon ist. So auch an diesem Morgen, als ich den seltenen Nachnamen einer mir sehr vertrauten Teilnehmerin hörte. Genau einen Tag zuvor hatte sie mir ein Büchlein gesandt.

Ich gab Irmi ein Zeichen, dass ich Hannah gern sprechen wollte, um mich für das Geschenk zu bedanken. Irmi stellte durch.

»Hi!«, sagte ich locker und freute mich, sie zu hören. »Du hast heute den VIP-Status! Ich bin mal selbst im Büro!«

»VIP-Status?«

»Weißt du nicht, was VIP ist? Very Important Person, das müsstest du doch eigentlich wissen – oder?«

»Nein, nicht unbedingt«, kam die Antwort, gar nicht so locker, wie erwartet. Sie schien erkältet zu sein.

Darum hakte ich nach: »Sag mal, wie hörst du dich denn an?«

»Wieso?«

»Deine Stimme hört sich an, als ob du gesoffen hättest …!«

»Ich habe nicht gesoffen!«

Irgendetwas war nicht in Ordnung mit Hannah, so steif kannte ich sie gar nicht. Betretenes Schweigen ihrerseits.

»Bist du noch da?«, wollte ich wissen.

»Ja.«

Plötzlich bekam ich ein sehr unbehagliches Gefühl und fragte ganz vorsichtig: »Hannah?«

»Nein, hier ist nicht Hannah!«

Eiskalt lief es mir den Rücken herunter, als mir klar wurde – da hatte sich jemand gleichen Namens nach Seminarterminen erkundigt. Und jetzt war sie von mir völlig unerwartet auf diese blödelnde Art, wie es zwischen Hannah und mir üblich war, am Telefon empfangen worden! So etwas war mir noch nie passiert!

Es dauerte eine ganze Weile, bis ich mich wieder gefangen hatte. Ich wand mich wie ein Regenwurm.

Als die Sache dann aufgelöst war, schien sie jedoch ihren Spaß zu haben. »Übrigens«, sagte sie lachend, »für mich waren hier meine Engel im Spiel. Seit einiger Zeit beschäftigt mich eine Frage, die ich an die Engel abgegeben habe. Deshalb habe ich eigentlich angerufen, natürlich nicht in der Erwartung, Sie persönlich zu sprechen. Aber jetzt, wo ich Sie am Telefon habe, nutze ich einfach mal die Gunst der Stunde.«

Wieder einigermaßen gefasst, bot ich ihr jetzt an: »Okay, dann schießen Sie mal los!«

Und dann wurde es wirklich ein sehr gutes Gespräch zwischen uns.

Als ich nach dem Telefonat zu Irmi ins Büro ging und ihr von der Verwechslung erzählte, ächzte ich: »Na, das war ja vielleicht was!«

Irmi brach in lautes Gelächter aus. Als sie sich dann beruhigt hatte, meinte sie, immer noch lachend: »Das erinnert mich wieder an die Situation, als dir eine Leserin mal einen lieben Brief geschrieben hat und du sie anriefst, weißt du noch?«

»Und ob …!«

Nach dem Erhalt ihres Briefes hatte ich einem Herzensimpuls folgend direkt morgens bei ihr angerufen. Das Freizeichen ertönte. Sie nahm ab und meldete sich mit ihrem Namen.

»Gila van Delden«, stellte ich mich vor, »ich habe gerade Ihren Brief gelesen …«

»Mach jetzt bloß keinen Scheiß, du blöde Kuh!«

Mit so einer Begrüßung hatte ich am allerwenigsten gerechnet und fragte etwas naiv: »Bitte?«

»Jetzt lass das sein – ich leg gleich auf!«

»Verwechseln Sie mich? Hier ist Gila van Delden …?«

»Ja, ja – und hier ist der Papst! Lass mich jetzt schlafen. Du weißt, ich habe Nachtdienst gehabt. Und tschüs!«

Und schon legte sie auf. Sollte ich noch mal anrufen? Irgendwie ließ mir das keine Ruhe, und wach war sie jetzt sowieso schon. Also, mit gemischten Gefühlen auf die Wahlwiederholung gedrückt – Freizeichen, dann das gleiche Spiel von vorn.

»Halt! Nicht auflegen! Hier ist wirklich die Gila! Ich wollte mich nur für Ihren lieben Brief bedanken, den ich gerade erhalten habe ...!«

»Willst du mich schon wieder verarschen?« Ich spürte jedoch einen Anflug von Unsicherheit in ihrer Stimme – und dann: »Regina? Du bist es doch – oder?«

Wow – jetzt kam mein Auftritt! »Nein«, sagte ich würdevoll, »hier ist nicht Regina, sondern Gila van Delden!«

Ungläubiges Schweigen.

»Das ist einfach nicht wahr, oder?«, stotterte sie.

Und dann berichtete ich ihr belustigt, dass ich mich eigentlich nur bedanken wollte, und fragte zur Sicherheit nach: »Sie haben mir doch geschrieben – oder?«

»Ja, ja, das wohl«, stammelte sie, »aber ich habe nie damit gerechnet, dass Sie mich anrufen. Mensch, ist mir das peinlich!«

Sie atmete tief durch. »Sie können natürlich nicht wissen, was kurz vor Ihrem Anruf abgelaufen ist«, erzählte sie dann etwas lockerer, als ihr dann wirklich klar war, dass nicht Regina angerufen hatte.

»Wissen Sie, ich bin Krankenschwester und habe vorgestern im Nachtdienst eines Ihrer Bücher zu Ende gelesen. Ich war davon so berührt, dass ich Ihnen gestern den Brief geschrieben habe. Vor ungefähr einer Stunde bin ich nun wieder aus dem Nachtdienst gekommen und habe meine Freundin Regina angerufen. Fast eine Stunde lang habe ich mit ihr dann über Sie und Ihre Bücher gesprochen. Gerade will ich mich hinlegen, da geht's Telefon – und eine Stimme, Reginas sehr ähnlich, sagt: Ich bin Gila van Delden! Hätten *Sie* das geglaubt?«

Ich lachte – und konnte sie vollkommen verstehen …

Während eines Harmonie-Seminars, wo wir uns auch mit psychosomatischen Zusammenhängen beschäftigen, wurde die Frage gestellt: »Können Krankheiten auch einen tieferen Sinn haben?«

»Manchmal steckt hinter einer Krankheit der kindliche Wunsch, Aufmerksamkeit und Zuwendung, die im Leben fehlen, zu erhalten. Ist dieses Bedürfnis dann gestillt, setzt im Idealfall Heilung ein, und die Krankheit hat ihre Funktion als Wegbereiter verloren. Wenn jedoch ein größeres Defizit an Wertschätzung entstanden ist, so kann die Gefahr bestehen, dass sich die Seele, wenn der Mensch nicht auf sie hört, diesen Ausgleich in einer chronischen Erkrankung sucht.«

»Auch bei Krebs?«

»Krebs kann aus spiritueller Sicht beispielsweise eine Blockade sein. Wenn Menschen daran zweifeln, dass ihre Wünsche erfüllt werden, ist ein Großteil ihrer Gefühle blockiert. Diese innere Erstarrung kann das Licht der Seele daran hindern, mit der Persönlichkeit zu kommunizieren. Die Vision vom Leben ist verlorengegangen. Entscheidend für eine Heilung kann sein, dass der Mensch sich wieder voll dem Leben zuwendet, der Lebensfreude, und sich weniger von dieser Diagnose beeinflussen lässt. Dafür gibt es genug Beispiele.«

»Aber es fällt schwer, sich in so einem Fall nicht von der Diagnose beeinflussen zu lassen.«

»Das sehe ich genauso«, gab ich zu verstehen, »und dazu kommt noch der Aspekt, ob sich die Seele nicht bereits vorher ausgesucht hat, durch so eine Krankheit ihren Körper bald zu verlassen.«

»Können dann eigentlich Affirmationen noch helfen?«

»Wenn eine Seele sich ausgesucht hat zu gehen? Nein, nichts auf der Welt kann sie dann daran hindern, aber ich habe immer wieder von Angehörigen bestätigt bekommen, wie sehr Affirmationen auch in diesen Fällen Kraft gegeben haben und die Zeit dadurch leichter wurde. Es ist ein gutes Gefühl, als Angehöriger zu wissen, dass ich jetzt meinen Lieben, der bald gehen wird, mit meiner Kraft unterstützen kann.«

Im Jahr 2005, als der zweihundertste Geburtstag von Schiller gewürdigt wurde, las ich in einer Biografie über ihn:

Idealismus ist, wenn man durch die eigene Begeisterung 10 Jahre länger lebt, als der Körper erlaubt.

Mit nur 45 Jahren ist Schiller 1805 gestorben. Viele Jahre vorher war er von den Ärzten jedoch schon totgesagt.

Weitere 14 äußerst literarisch kostbare Jahre hat er aber noch gelebt.

Bei der Obduktion seines Leichnams staunten die Ärzte nicht schlecht. Angesichts der völlig degenerierten Organe Schillers tauchte die Frage auf, wie er damit überhaupt noch so lange habe leben können.

Bereits in Wallenstein jedoch hatte Schiller diese Frage beantwortet:

»Es ist der Geist, der sich den Körper baut.«

Ralf, ein Teilnehmer, hatte mich während eines Seminars um ein persönliches Gespräch gebeten.

»Gila, ich bin Polizist«, begann er etwas zögernd, »und ich habe deinem Buch entnommen, dass bei einem deiner Söhne Drogen im Spiel waren.«

»Ja, das ist richtig.«

»Das macht mir Mut, mit dir über mein Problem zu reden. Auch mein Sohn nimmt Drogen.«

»Was für Drogen?«

»Nun, er kifft. Das allein beunruhigt mich natürlich schon, aber das Schlimmste ist, er verkauft das Zeug auch noch!«

»Er dealt?«

»Ja, du kannst dir vorstellen, was das mit mir macht! Nicht nur als Vater, sondern auch in meiner Position. Wir wohnen in einem kleinen Dorf, wo jeder jeden kennt, und ich habe das Gefühl, als ob alle Bescheid wüssten. Kannst du nachempfinden, wie es mir dabei geht?«

»Ja, das kann ich – sehr gut sogar.«

»Ich bin so hilflos, das kannst du mir glauben! Wie oft habe ich bereits versucht, mit ihm zu reden, aber er lässt keinen von uns an sich heran. Auch meine Frau ist völlig fertig. Dauernd sitzt uns die Angst im Nacken, dass er eines Tages von einem meiner Kollegen verhaftet werden könnte.«

Auch bei mir kamen jetzt Emotionen hoch, wie es bei uns damals war. Und genau deshalb konnte ich mich sehr gut in ihn hineinfühlen.

»Wohnt er noch bei euch?«

»Nein, er hat inzwischen eine eigene Wohnung, die er von seinen Geschäften finanziert. Finanziell geht es ihm gut, aber wenn ich daran denke – aus welchem Grund …!«

Das war sicherlich eine heikle Situation.

»Ich habe ihm gedroht, ihn anzuzeigen, wenn er nicht aufhört damit – ihm sogar einen Termin gesetzt. Nichts hat sich geändert. Ich weiß jetzt nicht mehr weiter.«

Völlig niedergeschlagen saß Ralf vor mir. Ich konnte ihm jetzt nur das sagen, was meiner Meinung nach das einzig Richtige ist – seinen Sohn gewähren zu lassen, bis er aufflog.

»Ralf, du bist zwar der Vater deines Sohnes, aber dein Sohn muss selbst die Verantwortung für sein Handeln übernehmen ...«

»Verantwortung? Das ist doch keine Verantwortung!«, brach es aus ihm heraus.

»Du hast ihm, wie du sagst, oft genug die Konsequenzen aufgezeigt. Damit hat er selbst die Verantwortung zu übernehmen, wie es mit ihm weitergeht. Ich weiß, wie belastend es für euch sein muss, wenn er Drogen konsumiert. Aber hier sind noch zwei weitere Faktoren im Spiel – erstens dealt er – zweitens bist du als sein Vater Polizist.«

»Richtig, als ob das Kiffen allein nicht schon genug wäre ...«

»Ralf, was würde geschehen, wenn er erwischt wird?«

»Na ja, es würde sofort ein Haftbefehl gegen ihn erwirkt.«

»Okay – und dann?«

»Dann würde er wahrscheinlich verurteilt und einige Zeit weggesperrt werden.«

»Okay – und weiter?«

Ralf sah mich hilflos an und fragte vorsichtig: »Wie meinst du das?«

»Was würde das mit dir machen, wenn dein Sohn einige Zeit im Gefängnis verbringen müsste?«

»Das wäre ganz furchtbar. Ich würde unglaubwürdig als Polizist. Hinter meinem Rücken würden alle über mich reden – gar nicht auszudenken!«

»Genau richtig! Das ist die eine Seite der Medaille – und jetzt die andere: Ich nehme mal an, dass dein Sohn bisher nicht auffällig war, oder?«

»Nein, eher im Gegenteil!«

»Gut, lass uns den Fall mal weiterspinnen: Er würde gefasst und müsste sitzen. Was würde das mit deinem Sohn wohl machen?«

»Mit meinem Sohn? Frag mal, was das mit mir macht!«

»Nein, Ralf, ich frage ganz bewusst, was das mit deinem Sohn machen würde …«

Er dachte eine Weile nach, ehe er leise antwortete: »Ich glaube, es wäre ganz furchtbar, aber irgendwie auch ein heilsamer Schock für ihn.«

»Ja, das sehe ich auch so. Wenn er es durch Gespräche mit euch nicht lernt, dann gibt das Schicksal ihm die Möglichkeit, es auf andere Weise zu erkennen – und das darf dann auch so sein. Um auf dich zurückzukommen: Lass die Leute ruhig reden – sie reden bei jedem ungewöhnlichen Ereignis. Das darf auch so sein. Das alles wäre keine furchtbare, sondern eine ganz besondere Erfahrung, die dich in deinem Beruf sogar noch authentischer macht.«

»Na, darauf könnte ich aber verzichten!«, stöhnte Ralf.

»Du hast doch anfangs gesagt, dass du Vertrauen zu mir hast, weil ich selbst offen über meine damaligen eigenen Probleme gesprochen oder geschrieben habe. Sonst hättest du ja gar nicht das Gespräch gesucht – oder?«

Er nickte.

»Auch dir geschieht nach deinem Glauben. Du siehst und erlebst, was du denkst. Wenn du glaubst, das Leben sei hart zu dir, wenn es dir so eine Aufgabe stellt, dann ist es das auch. Du wirst es so lange als hart erleben, bis du deine Überzeugung infrage stellst und deinen Fokus auf andere Dinge lenkst. In dem Moment ändert sich dein Leben.

Wenn dir also etwas Unangenehmes widerfährt, hast du die Wahl, das Beste daraus zu machen – oder dich als Opfer zu fühlen. Ralf, du selbst bestimmst, wie du auf die Umstände reagierst. Du wirst feststellen, dass deine *Einstellung* zum Leben und nicht das *Leben selbst* hart ist. Die Entscheidung liegt immer bei dir.«

Meine Worte schienen Ralf sehr bewegt zu haben. Dankbar nahm er meine Hand, atmete tief durch, und ich spürte Erleichterung bei seinen Worten: »Jetzt ist mir etwas leichter ums Herz! Egal, was jetzt auch geschieht – die Lösung kommt! Ich kann es jetzt akzeptieren, auch wenn es mir lieber wäre, mein Sohn würde einfach aufhören damit. Ich verstehe jetzt, was du meinst, Gila. Bisher habe ich mehr meine Rolle als Polizist und Vater in den Vordergrund gestellt.«

»Kann es sein, dass dein Sohn dabei ein wenig in den Hintergrund geraten ist?«

»Ja«, gab Ralf freimütig zu, »ich war so sauer auf ihn, dass ich wirklich mehr an mich gedacht habe.«

»Noch ein weiterer Aspekt: Kann es sein, dass er als Dealer plötzlich deine uneingeschränkte Aufmerksamkeit erhält, die sonst vielleicht nicht da war?«

Ralf schwieg, und ich spürte, wie es heftig in ihm arbeitete. Dann räumte er ein: »Ach, du lieber Himmel, Gila! Darüber hab ich ja noch gar nicht nachgedacht!«

Nach einer Weile meinte er nachdenklich: »Ich werde meinen Sohn mal zum Essen einladen oder mit ihm zum Fußballspiel gehen. Es ist schon Ewigkeiten her, dass wir beide allein unterwegs waren.«

»Kein Wort über Drogen!«, riet ich ihm. »Versuche doch einfach, als Vater wieder an ihn heranzukommen – und dann schau mal, was sich tut.«

Viel später erhielt ich einen Anruf von Ralf, dass dies genau die

Art von Aufmerksamkeit war, die seinem Sohn gefehlt hatte. Ob er jedoch inzwischen mit seinen Drogengeschäften aufgehört hat, habe ich nicht erfahren.

Wichtig ist mir jedoch, dass Ralf seinen Fokus veränderte und dann darauf vertraute, dass alles, aber auch alles im Leben seinen Sinn hat.

KAPITEL 14

In allem, was wir eine Versuchung,
ein Leid oder eine Pflicht nennen,
ist die Hand eines Engels im Spiel.

FRA GIOVANNI

Es sind lange harte Winter in Alaska, wo André und seine Frau Kari seit 1993 leben. Die beiden unterrichten dort an der Hochschule – und träumen davon, sich später in Seattle eine Immobilie zu kaufen, um dann dorthin zurückzukehren, wo Karis Heimat ist.

Gleich zu Beginn meiner Begegnung mit Götz hatte ich meinen beiden älteren Söhnen André und Marco natürlich von ihm erzählt. Während André und Kari Götz bereits im Sommer 2003 kennenlernten, als sie mit Karis Eltern Joan und Ted zu Besuch kamen, hatte Marco ihn noch nicht persönlich getroffen.

Während der gemeinsamen Urlaubstage bei uns zeigte Götz André sein Rennrad. »Fährst du damit auch längere Touren?«, fragte André interessiert.

»Selten, denn ich bin meistens mit dem Auto unterwegs«, meinte Götz ein wenig bedauernd.

Als nun feststand, dass unsere gesamte Familie im Sommer 2004 gemeinsam nach Seattle zu Joan und Ted fliegen wollte, kam André auf eine Idee.

»Götz, traust du dir zu, mit mir Anfang Juli an einem Fahrrad-Marathon von Seattle nach Portland teilzunehmen?«

»Wie lang ist denn die Strecke?«

»360 Kilometer – und wir haben zwei Tage dafür.«

Götz überlegte nicht lange und entschied: »Ich mache mit.«

So wollte er vorab allein nach Seattle fliegen. Ich sollte dann eine Woche später mit Dana, Rico, und Sascha, Götz' Sohn, nachkommen.

Sascha war am Vorabend unserer Reise bei uns eingetroffen, und wir befanden uns mitten in den Vorbereitungen. Obwohl Dana und Rico schon recht selbstständig waren, herrschte im ganzen Hause Hektik, bis alles gepackt war.

Ganz zum Schluss kam meine Bitte: »So, jetzt gebt mir noch eure Pässe, dann habe ich alle Unterlagen zusammen.«

Dana und Rico holten ihre, nur Saschas Pass fehlte noch.

»Gibst du mir mal deinen Pass?«, fragte ich ihn.

»Okay«, meinte er, griff bereitwillig in seine Jackentasche und holte seinen Personalausweis heraus.

»Den meine ich nicht, Sascha, ich brauche deinen Reisepass.«

»Das *ist* mein Pass«, meinte Sascha und schaute mich erstaunt an.

»Nein, Sascha, das ist dein Personalausweis. Ich brauche deinen Reisepass.«

»Reisepass? Den hab ich nicht dabei!«

Ich erstarrte – und hakte ungläubig nach: »Du hast keinen Reisepass? Sascha, ohne Pass kommst du nicht in die USA. Wusstest du das nicht?«

»Nee«, meinte er treuherzig, »sonst hätte ich ihn ja mitgenommen.«

»Hast du denn überhaupt einen?«

»Ja, ich glaube schon. Ich meine, vor einem halben Jahr habe ich einen bekommen.«

Na, das war die Chance – zumindest hatte er einen!

Meine Gedanken überschlugen sich. So schnell wie möglich musste Saschas Pass jetzt von Hamburg hierher nach Halle gebracht werden – 250 Kilometer entfernt! Und es war bereits 18 Uhr! Um 6 Uhr am nächsten Morgen wollten wir nach Amsterdam fahren, wo unser Flieger nach Seattle startete.

»Ruf sofort zu Hause an, Sascha, wir müssen jetzt zusehen, dass dein Pass noch heute Abend hierhergebracht wird!«

Sofort telefonierte Sascha mit seiner Mutter, die genauso fassungslos war wie ich. Wie bekamen wir nur den Pass zu uns? Es musste doch eine Möglichkeit geben! Sascha kam auf die Idee, einen Cousin in der Nähe von Bremen anzurufen, der glücklicherweise dann auch gleich bereit war, von Bremen zuerst nach Pinneberg zu fahren, dort den Pass abzuholen und ihn dann nach Halle zu bringen, – egal, wie spät es würde!

Nur – der Pass war nicht auffindbar. Alle, aber auch alle möglichen Plätze hatte Saschas Mutter durchsucht – und nichts gefunden. Sascha war sich inzwischen gar nicht mehr sicher, ob er überhaupt jemals einen Pass beantragt hatte.

Die Zeit lief uns davon. Es war inzwischen 19 Uhr! Kein Pass – kein Flug! Sascha wusste nicht mehr weiter.

Doch in solchen Situationen, wo sich nach menschlichem Ermessen keine Lösung mehr abzeichnet, bitte ich meine Engel um Hilfe – so auch in diesem Fall.

Ich ging in mich und betete voller Inbrunst: »Ich bin dankbar für die optimale Lösung, dass Sascha einen schönen Urlaub in den USA mit uns allen verbringen kann. Danke – meine Engel, danke!«

Als sich die Situation dann weiter zuspitzte und die Telefonate zwischen Sascha und seiner Mutter immer hektischer wurden, kam mir eine Idee.

Wir leben in einem kleinen Ort – und ich kannte eine kompetente Mitarbeiterin des Einwohnermeldeamtes. Unsere Söhne waren gemeinsam in eine Klasse gegangen. So rief ich sie privat an, um in Erfahrung zu bringen, welche Chancen Sascha hatte, vielleicht vom Bundesgrenzschutz einen vorläufigen Reisepass ausgestellt zu bekommen.

»Von wo fliegt ihr?«, fragte sie.

»Von Amsterdam.«

»Dann habt ihr keine Chance, weil ihr euch ja bereits im Ausland befindet.«

»Und was nun?«

Sie kannte Götz. Ich erzählte ihr, dass Sascha Götz' Sohn sei, allerdings in Halstenbek im Kreis Pinneberg wohne.

Sie erfasste sofort die Dringlichkeit dieser Angelegenheit und fragte: »Ist Sascha schon volljährig?

»Nein, erst 17.«

»Auch das noch!«

»Bitte, meine Engel – helft mir!«, flehte ich wieder in Gedanken.

Und in dem Moment kam sie auf eine abenteuerliche Idee. Sascha müsste bei uns einen Zweitwohnsitz anmelden, dann wäre es möglich, ihm einen vorläufigen Pass auszustellen, mit dem er in die USA reisen könnte. Doch ein weiteres Problem tauchte auf: Sascha war noch nicht volljährig – und seine Eltern, die den Antrag unterschreiben mussten, hielten sich momentan im Kreis Pinneberg bzw. in den USA auf. Hier saß wirklich der Wurm drin.

Als sei es das Selbstverständlichste von der Welt, bot Jutta mir an, sich trotz der späten Abendstunde mit uns umgehend im Einwohnermeldeamt zu treffen. Vorher jedoch müssten sowohl Saschas Mutter als auch Götz schriftlich ihr Einverständnis geben, dass sie mit dem Zweitwohnsitz ihres Sohnes einverstanden seien. Damit wäre Sascha bei uns gemeldet – die Voraussetzung dafür, ihm einen vorläufigen Pass ausstellen zu können. Umgehend rief ich Saschas Mutter an, die verständlicherweise immer noch sehr aufgeregt war. Sie selbst hatte kein Fax, aber in der Nachbarschaft war ein Gerät vorhanden. Damit war zumindest die eine Hürde genommen.

Dann erst – als das klar war, versuchte ich Götz telefonisch in Seattle zu erreichen, der bis jetzt noch nichts von der Situation wusste. Wegen der Zeitverschiebung von neun Stunden war es in Seattle erst 10 Uhr morgens.

Kari, meine Schwiegertochter, war am Telefon: »Hi, Gila«, rief sie erfreut aus. Und als ich ihr von der Problematik erzählte, sagte sie: »O je! Götz ist mit Ted fischen!«

»Auch das noch! Und wann sind die beiden wieder zurück?«, fragte ich und versuchte, die Ruhe zu bewahren.

»Mit viel Glück – in ein bis zwei Stunden!«

Ich sagte Kari, Götz solle mich umgehend zurückrufen.

»Helft mir jetzt, ihr Engel! Helft mir!«, bat ich wieder.

In der Zwischenzeit telefonierte ich nochmals mit Jutta und brachte sie auf den neuesten Stand der Dinge.

»Okay, Gila, das kriegen wir hin! Ich kenne Götz und weiß, dass die Unterschrift von ihm kommt. Hier möchte ich wirklich mal Gnade vor Recht ergehen lassen, da Saschas Mutter ja das Sorgerecht hat. Sobald Götz den Antrag unterschrieben hat – egal, zu welcher Nachtstunde, faxe ihn mir bitte durch, dass ich ihn morgen früh im Büro habe und den Vorgang abschließen kann. Die Unterschrift von Saschas Mutter und die Sorgerechtbescheinigung hast du?«

»Ja, beides kommt gerade per Fax durch.«

»Wie sieht es aus mit einem Passbild von Sascha?«

Ich sagte ihr, dass ich eine Digitalkamera habe und damit Passbilder machen könne.

»Na, Gott sei Dank«, entgegnete sie ruhig, »dann ist das auch geregelt. Dann kommt bitte gleich ins Einwohnermeldeamt. Ich stelle inzwischen den Pass aus, da du ja die Unterschrift von seiner Mutter vorliegen hast.«

Mein Gesicht hatte inzwischen die Farbe einer reifen Tomate angenommen. Ich war froh, dass ich nicht vor der Kamera, sondern dahinter saß, als ich Sascha bat, jetzt auch noch freundlich zu lächeln. Gegen 20 Uhr erreichten wir das Einwohnermeldeamt. Als Sascha dann endlich seinen gültigen Pass in den Händen hielt, konnte ich nur noch DANKE sagen.

Auf dem Heimweg klingelte mein Handy – Götz. Immer noch aufgewühlt, berichtete ich ihm von unserem Abenteuer, und er war hörbar erleichtert, dass alles geklappt hatte. Die unterschriebene Erklärung wollte er gleich per Fax abschicken und meinte anerkennend: »Gila, das war ein echtes Husarenstück!«

Jutta, ich danke dir nochmals persönlich, die du bewiesen hast, dass Herzenswärme wichtiger ist als Bürokratismus!

Dank auch an meine Engel für ihre Hilfe!

Evelyn, Marketingchefin einer großen Agentur und eine gute Bekannte von mir, rief eines Nachmittags an.

»Ich bin gerade bei dir in der Nähe, Gila. Hast du einen Moment Zeit für mich? Kann ich auf einen Kaffee vorbeikommen?«

Ich war überrascht, dass sie Zeit hatte! Schon länger hatte ich nichts mehr von ihr gehört. Umso erstaunter war ich, als sie dann vor mir stand. Sie hatte sich sehr verändert – blühend und lebendig erschien sie mir im Vergleich zu unserem letzten Treffen. Sie trug ein fesches Kopftuch, nach hinten gebunden – und Latschen! Wahrhaftig! Ich kannte sie nur in Designer-Schuhen.

Und dann erzählte sie mir ihre abenteuerliche Geschichte: »Ich glaube, du kannst mich am besten verstehen, wenn ich an deine beiden Auswanderungen denke! Himmel, was haben wir damals mit dir mitgemacht!«, lachte sie, als sie sich zu mir auf die Couch setzte. »Stell dir vor – ich bin auch aus meinem Leben ausgestiegen!«

Nachdem ich ihr einen Kaffee eingeschenkt hatte, fragte ich neugierig: »Erzähl mal, was passiert ist.«

»Noch heute könnte ich ganz oben sein«, bemerkte Evelyn ohne Bedauern, »du weißt, ich hatte eine so schöne Wohnung, konnte Geld ausgeben, ohne mir um meine Zukunft Sorgen zu machen – nur Zeit hatte ich nicht! Und auch im Privatleben schien ich gut aufgehoben, hatte eine feste Partnerschaft, zuverlässige Freunde. Im Grunde war es ein Traumleben, aber es war nicht mehr meins.«

Evelyn hatte es gewagt – ihren Job gekündigt – den Rucksack gepackt und sich im Sommer für drei Monate nach Griechenland zurückgezogen.

»Mit dem Gedanken hatte ich schon länger gespielt. Aber es fehlte immer der letzte Anstoß.«

»Und was hat dich jetzt dazu bewogen?«

»Ohne es zu wollen, hat mich ein Freund darauf gebracht. Er riet mir, eine zusätzliche private Rentenversicherung abzuschließen.«

»Das war dann die Entscheidung?«

»Ja, es war für mich wie eine Wegkreuzung: Versicherung abschließen und dann unbedingt den Job behalten, damit ich die Beiträge auch bezahlen kann – oder mir meinen sehnlichsten Traum, eine Auszeit in Griechenland, erfüllen.«

Ich habe oft mit Menschen zu tun, die sich in der Lebensmitte noch einmal neu orientieren. Ab vierzig sind sie an dem Punkt angekommen, wo sie die Aufbauphase beendet haben, und die Kinder werden unabhängig.

»Weißt du«, meinte Evelyn nachdenklich, »ich habe mir seit längerer Zeit schon die Frage gestellt: Wo komme ich her? Wer bin ich? Wo will ich hin?«

»Bei vielen, Evelyn, fällt diese Zwischenbilanz gut aus. Weil sie in den ersten Erwachsenenjahren in Ruhe ihren Weg suchen konnten. Und weil ihre wichtigsten Träume sich erfüllt haben. Aber was ist, wenn noch zu viele Wünsche offen sind? Wenn wir das Gefühl haben, unser Leben nicht zu leben, am falschen Platz zu stehen?«

»So ist es auch mir ergangen. Ich habe die Warnungen meines Körpers nicht ernst genommen. Magendrücken am Morgen, Kopfweh im Büro. Mein Job war wichtiger. Welchen Auftrag meine PR-Agentur auch immer an Land zog, die Kunden durften mich Tag und Nacht anrufen.«

Sie erzählte, wie sie zunehmend an Erschöpfungszuständen litt. Ihre Kopfschmerzen betäubte sie mit Tabletten, das Fieber mit Arbeit. »Ich erfüllte jede Erwartung. Als ich mal richtig fertig war, hatte ich plötzlich so eine Ahnung: Dieses Leben bringt mich noch mal um. Doch solche Gedanken verdrängte ich schnell. Heute weiß ich, dass ich grauenhafte Kopfschmerzen gehabt haben muss, bevor ich damals bewusstlos wurde. Wäre ich nur ein paar Minuten später ins Krankenhaus eingeliefert worden, wäre ich jetzt mit Sicherheit nicht mehr am Leben.«

»Und was ist mit deinem Freund?«

»Anfangs besuchte er mich noch täglich im Krankenhaus. Als ich nach zwei Monaten entlassen wurde, verließ er mich. Er war überfordert.«

Und Evelyn entschied spontan: Neustart! Sie verbrachte den Sommer in Griechenland.

»Seit Langem interessiere ich mich für dieses Land. Ich habe früher Griechisch gelernt. Die Großstadt, die Agentur, die tägliche Hektik waren weit weg. Hier bin ich zur Ruhe gekommen, habe viel Zeit zum Nachdenken gehabt und fand allmählich meine Mitte wieder.«

»Hast du dir keine Gedanken über deine Zukunft gemacht?«

»Doch schon, mein Erspartes reichte ja nicht ewig. Ich habe mir natürlich überlegt, wie es weitergehen sollte. Aber ich hatte mich entschieden.«

Künftig wollte Evelyn den größten Teil des Jahres in Griechenland verbringen, dort, wo sie jetzt ihre innere Heimat gefunden hatte, wie sie sagte. Aufgrund ihrer guten griechischen Sprachkenntnisse gibt sie jetzt stundenweise Nachhilfe in Deutsch – zusätzlich hat ein großes Hotel ihr einen guten Job angeboten, bei dem sie allerdings nur für halbe Tage zugesagt hat.

»Jetzt endlich spüre ich, wie sich das Leben anfühlt, wenn es zu einem passt.« Sie nickte zufrieden.

Nachdem sie noch ein Stück Kuchen genommen hatte, fragte sie mich interessiert nach meinen Seminaren.

»Auch dort stelle ich immer wieder fest«, führte ich aus, »dass viele eine tiefe Sehnsucht nach Spiritualität empfinden. Sie haben ihre Zweifel an einer Welt, in der scheinbar alles möglich ist, in der wir billig um den Globus fliegen, jederzeit per Handy und E-Mail mit unseren Freunden in Kontakt bleiben können, und uns doch oft verloren fühlen.«

»Genau, Gila! Das meine ich!«

»Manche möchten sich einfach für ein paar Tage zurückziehen, einmal zur Ruhe kommen und in ihr Inneres schauen. Weißt du, Evelyn«, wechselte ich das Thema, »du hast das Glück, dass du selbst entscheiden konntest. Bei manchen geht es gar nicht, sie müssen ihre eigenen Ziele erst mal aufschieben, weil sie vielleicht in der Familie gebraucht werden. Und das ist dann auch richtig so. Wir sind nicht allein auf der Welt und müssen immer abwägen, welchen Bedürfnissen wir Vorrang geben.«

»Damit kann aber nicht gemeint sein«, gab Evelyn zu bedenken, »dass wir auf Dauer zusehen sollen, wie der Alltag *uns* lebt, statt selbst unser Leben zu leben. Ich halte es nicht für gut, sich selbst auf Dauer einen Kurswechsel zu verbieten.«

»Wenn die Zeit für Veränderungen gekommen ist, wird etwas passieren – so oder so«, meinte ich. »Wir sollten uns erst einmal darüber klar werden: Läuft grundsätzlich etwas falsch in unserem Leben – brauchen wir eine radikale Veränderung? Vielleicht sind ja vorerst kleine Schritte angesagt. Beispielsweise fühlen wir uns nur ausgelaugt, weil wir überall mehr geben, als wir zurückbekommen?«

»Weißt du, Gila, egal, mit wem ich auch spreche, viele tragen jahrelang Unzufriedenheit und Enttäuschungen mit sich herum. Sie haben aber nie versucht, ein klärendes Gespräch zu führen – oder mal darüber nachgedacht, was sie an ihrem Verhalten ändern können.«

»Ja, stimmt!«, entgegnete ich. »Es muss nicht immer der ganz große Schnitt sein. Viele Möglichkeiten stehen uns offen, unsere Begabungen auszuleben – jederzeit. Oft genügen auch kleine Schritte, um den Wunsch nach mehr Sinn zu erfüllen. Wenn diese Frage im Seminar auftaucht, rate ich meinen Teilnehmern, beispielsweise auch mal in Kinderkrankenhäusern nachzufragen, wer wenig Besuch von seinen Eltern bekommt. Weißt du, Evelyn, es gibt so viele einsame Kinder bei uns – kaum vorstellbar!«

Schon Monate vorher hatte Götz für seinen Fahrrad-Marathon geübt. Mal war er den Hin- und Rückweg von jeweils 150 Kilometern zum Sporthotel Freund nach Oberorke mit dem Rad gefahren, dann wieder setzte er die Mittagspausen bei den Seminaren dafür ein, steile Hänge hochzufahren.

Als er uns mit André zusammen in Seattle am Flughafen abholte, hatten die beiden gerade ca. 360 Kilometer in zwei Tagen hinter sich gebracht. Götz tat noch der Hintern weh, und er seufzte: »Das waren mit Sicherheit die körperlich anstrengendsten Stunden meines Lebens.«

Drei Tage später fuhren wir alle zusammen über die kanadische Grenze zu Marco, meinen zweitältesten Sohn, der nur einige Autostunden von Seattle entfernt in Kanada wohnt.

Er lebt mit seiner Lebensgefährtin Beverly in der Nähe von Whistler. Seine Sturm- und Drangzeit hat er inzwischen überstanden. Waren auch hier in Deutschland eine Zeit lang Drogen im Spiel, so hat er nun sein Leben im Griff.

»Mom, ich kiffe nicht mehr – ich rauche nicht mehr, und Alkohol trinke ich auch ganz wenig. Ich hab's endlich kapiert. Wenn ich nur mehr Arbeit hätte!«, sagte Marco, als wir abends alle zusammen beim Essen saßen.

Vier Jahre hatten wir uns nicht gesehen, doch wir telefonieren oft miteinander. Unterwegs nach Dawson City zu den Filmaufnahmen meines Buches »... *nicht heulen, Husky!*« hatte ich im März 2000 in Vancouver übernachtet und die beiden dort getroffen. Beverly war ich zum ersten Mal begegnet, allerdings nur kurz. Jetzt ergab sich die Gelegenheit, sie besser kennenzulernen.

Am zweiten Abend nach unserer Ankunft richtete Marco eine Gartenparty für uns aus, zu der er sämtliche Freunde eingeladen hatte, damit sie seine Familie kennenlernten.

Er grinste übers ganze Gesicht und tat sehr geheimnisvoll:

»Mom, ich habe eine Überraschung für dich. Mein Freund Brent fährt gerade mit seiner Harley Davidson vor – und ich habe ihn gebeten, dich mal quer durch Whistler zu fahren. Jeder soll sehen, wie stolz ich auf dich bin«, und indem er mich dann etwas skeptisch ansah, setzte er nach, »aber ich bin mir nicht ganz sicher, ob du das auch machst …?«

»Was? Auf 'ne Harley? Na, klar!«

»Wow!«, rief Marco, »Brent – lass brummen! Meine Mom fährt mit!«

Und so bestieg ich unter lautem Gejohle in leichtem Sommer-Outfit, allerdings mit Helm, den Sozius der Maschine, fasste Brent munter um die Taille – und mit einem satten Harley-Bollern ging es los.

Dana wollte alles fotografieren und fuhr mit Götz im Auto hinterher. Mir machte die Fahrt auf der Harley einen Riesenspaß, schon deshalb, weil auch Marco darüber so glücklich war. Wenn ich heute die Urlaubsfotos ansehe, spüre ich immer noch die Freude, die jeden der Anwesenden an diesem Abend erfasst hatte.

Nach dem herrlichen Barbecue griff Marco zur Gitarre. Ein paar Freunde begleiteten ihn mit ihren mitgebrachten Musikinstrumenten, und er sang den ganzen Abend alte Hits rauf und runter.

Es war eine wunderschöne Zeit für uns alle in Whistler und in Seattle – ganz anders als damals in Kärnten!

KAPITEL 15

Die Summe unseres Lebens sind die Stunden,
in denen wir liebten.

WILHELM BUSCH

Die Leiterin, bei der ich damals als Teilnehmerin einige Kurse besuchte, war eine beeindruckende Persönlichkeit. Eine immense Ausstrahlung umgab sie, wenn sie durch die Gruppe rauschte, einem Verzweifelten die Hand hielt und gleichzeitig einen anderen liebevoll aufbaute. Sie wusste stets, wo's langgeht und gab der Gruppe mächtig Auftrieb. Mit einem Satz: Sie war mir ein absolutes Vorbild.

Auch darüber hinaus hielten wir Kontakt. Bei einem unserer Telefonate erzählte ich ihr beiläufig, dass ich ein paar Tage später zu Besuch in ihre Stadt käme. Spontan und herzlich wie sie war, lud sie mich zum Kaffee ein.

Ausgerechnet bei diesem Besuch hatten ihr Mann und sie eine handfeste Auseinandersetzung, bei der nicht nur die Fetzen flogen. Und ich mit meinem Harmoniebedürfnis stand wie ein begossener Pudel mitten im Gefecht. Schockiert beschloss ich: Das war der letzte Kurs bei ihr! Sie lebt ja gar nicht, was sie lehrt! Ihr sagenhaftes Fluidum wich in dem Moment einer derartigen Wut, dass ich sie kaum wiedererkannte. Verständlicherweise verabschiedete ich mich dann eher als geplant.

Dieses Ereignis konnte ich lange Zeit nicht einordnen und versuchte immer wieder, die beiden total gegensätzlichen Facetten ihrer Persönlichkeit zu verstehen und in Einklang zu bringen. Eines Nachts jedoch wachte ich auf, spürte tiefe Erleichterung und musste lachen: Ich hatte die Lösung! Der Druck, ihrem Vorbild zu entsprechen, war schlagartig verschwunden!

Seit 1994 bin ich nun selbst als Leiterin tätig und habe mich spätestens nach dieser Begebenheit gefragt, ob man sich in so einer Position immer perfekt verhalten muss. Ich glaube, das hat damit zu tun, dass jemand, der zu mir kommt und ein Problem lösen möchte, unbewusst den Retter sucht. Nun verstehe ich allerdings meine Kurse als Impuls zur Selbsthilfe. Und da kann es nicht sein, dass ich meinen Teilnehmern vorspiele, nie ratlos zu sein, keine Probleme, sondern stets einen Koffer voller Lösungsvorschläge zu haben. Ich bin eben nicht nur Seminarleiterin, sondern in erster Linie Mensch.

Ich lebe auf dem Land, wo sich jeder kennt. Natürlich kann es passieren, dass ich mal frühmorgens im Nachthemd durchs Wohnzimmer husche und dann gerade jemand schellt. Das ist ja nur menschlich.

So sollte man es zumindest sehen, aber manchmal ist der Mensch – sprich ich selbst – noch nicht so weit. Mit äußerst gemischten Gefühlen denke ich da an folgende Episode zurück:

Es war an einem Sonntagmorgen. Nach dem Aufstehen genoss ich die freie Zeit – kein Besuch und keine Termine, ein Tag nur für mich! In meinem langen Nachthemd streifte ich durch die Wohnung – fern von allem »Make-up« – einfach ich selbst. Auch Duschen war erst nach dem Frühstück angesagt. Ich fühlte mich pudelwohl und überlegte, ob ich wohl an den Computer gehen und einfach – so wie ich war – ein wenig weiterschreiben sollte an meinem neuen Buch?

Warum eigentlich nicht? Dana schlief noch – Rico dagegen war schon wach, und ich hörte, wie unten der Fernseher lief. Ja, das war mein Tag! Genau!

»Rico, hast du schon gefrühstückt?«, fragte ich, als ich ins Wohnzimmer kam.

Kauend erwiderte er: »Ich habe mir den großen Beutel Erdnüsse vorgenommen. Die müssen aber alle erst geschält werden. Das ist vielleicht 'ne Arbeit!«

Damit wollte er wohl ein wenig ablenken, denn nicht nur der ganze Wohnzimmertisch lag voller Erdnussschalen, sondern auch der Boden hatte bereits einiges mitbekommen.

»Mach das bloß hinterher wieder sauber!«, zwinkerte ich ihm zu, ließ ihn aber großzügig gewähren und nahm mir vor, ihm heute Morgen auch seinen Freiraum zu lassen und ihn nicht gleich zum Aufräumen zu drängen.

In meinem Arbeitszimmer fuhr ich den Computer hoch und begann ganz relaxt und zufrieden, die geschriebenen Kapitel vom Vortag zu überprüfen.

Völlig in meinen Text vertieft, achtete ich kaum auf das Motorrad, das einige Zeit später auf unseren Hof fuhr. Da ich niemanden erwartete, war ich der Meinung, meine Mieter bekämen Besuch, und arbeitete konzentriert weiter.

Da schellte es bei uns. Ich fuhr hoch. Ich hörte, wie Rico die Tür öffnete und ein paar Worte wechselte. Dann rief er durchs Treppenhaus: »Mom? Kommst du mal?«

»Was ist denn?«, fragte ich zurück, weil ich mich ungern in meinem Aufzug dort zeigen wollte.

»Komm doch bitte mal!«

Der festen Überzeugung, es konnte sich nur um Besuch für unsere Mieter handeln, die auch einem Motorradclub angehörten, ging ich mutig im Nachthemd zur Haustür.

Dort stand ein hochgewachsener Mann in meinem Alter, in dunkler Motorradkluft, seinen Helm in der Hand, und sah mich mit seinen blauen Augen neugierig und aufmerksam an. Sein graues, volles Haar war durch den Helm etwas in Unordnung geraten.

»Guten Morgen«, sagte er vorsichtig. »Sind Sie – Gila van Delden?«

Ach, du liebe Zeit! Was ging denn jetzt ab? Am liebsten hätte ich gesagt: »Wissen Sie, meine bezaubernde Schwester ist im Moment nicht zu Hause. Kann ich irgendetwas ausrichten?«

Es war zu der Zeit meiner Diätsünden. Mein Foto auf der Rückseite des Buches zeigte mich noch um viele Kilo schlanker. Und da stand ich nun im Nachthemd, ungeschminkt und mit wuscheligem Haar, nackten Füßen – nicht gerade in attraktivster Verfassung! Wie lange hatte ich mir einen Mann affirmiert – und jetzt stand wahrhaftig einer vor meiner Haustür!

»Wissen Sie, ich habe alle Ihre Bücher gelesen. Ich musste Sie einfach kennenlernen! Ich wohne in der Nähe der holländischen Grenze und habe heute mal eine Spritztour unternommen. Ihre Adresse habe ich von einer Bekannten. Bitte verzeihen Sie den Überfall! Mein Name ist Schwan, Georg Schwan!« Er reichte mir seine Hand zur Begrüßung

Mein lieber Schwan – dachte ich nur –, du fehlst mir jetzt gerade noch! Ich wurde das Gefühl nicht los, dass dieser Schwan eine Schwänin suchte, während ich mich momentan eher wie ein hässliches Entlein fühlte – was, Entlein? Eine Watschel-Ente! Und richtig: Überfall! Genau, das war's! Meine Gastfreundschaft und das Gefühl, ihn mit ein paar lieben Worten wieder Richtung Heimat zu schicken, lagen in argem Widerstreit. Dann aber siegte mein Herz.

»Bitte, kommen Sie rein«, sagte ich, allerdings ohne große Begeisterung. »Ich bin noch nicht ganz angezogen!«

»Das macht doch gar nichts«, meinte Herr Schwan jovial, womit er ja eigentlich Recht hatte – ihm machte das anscheinend nichts aus, aber mir umso mehr!

»Nehmen Sie doch inzwischen im Wohnzimmer Platz«, brummte ich, »ich muss mich erst mal salonfähig machen.«

Und dann sah ich die Bescherung! Rico hatte inzwischen mit systematischer Gründlichkeit die eine Hälfte seiner Erdnussschalen auf dem Tisch verteilt – die andere Hälfte der Einfachheit halber auf der Erde.

Vorsichtig stakste Herr Schwan über die Nussschalen hinweg und nahm auf dem Sofa Platz.

»Moment, ich hole mal das Kehrblech«, murmelte ich verlegen und zischte, immer noch im Nachthemd, in die Küche. Wenn ich doch bloß unsichtbar wäre!

»Geben Sie her! Ich mache das schon!«, bot Herr Schwan mir hilfsbereit an, als ich gerade ansetzte, die Bescherung zu beseitigen.

Nachdem wir gemeinsam – ich im langen Nachthemd, er in seiner Motorradkluft – für Ordnung gesorgt hatten, bot ich ihm einen Kaffee an und flitzte dann ins Schlafzimmer, wo ich mich in Windeseile zurechtmachte.

Gegen Mittag verabschiedete sich Herr Schwan dann wieder von mir und ließ mich mit meinen überreizten Gefühlen zurück. Tausend Gedanken schwirrten mir durch den Kopf – meine alten Muster hatten sich in dieser Situation wieder deutlich gezeigt. Wieso schwingt sich dieser Typ auf sein Motorrad, erscheint hier unangemeldet und platzt mitten in meine Privatsphäre hinein?

Wäre ich souveräner gewesen, hätte ich mich anders verhalten, hätte die weisen Worte gesprochen: Alles darf so sein, wie es ist – alle Erdnussschalen der Welt dürfen auf dem Boden des Wohnzimmers verteilt sein! Ich darf so aussehen, wie ich will! Hah, ich bin auch so wertvoll!

Und? Genau das Gegenteil war der Fall! Die ganze Situation war mir äußerst unangenehm, und ich bin sicher, dass auch er meine Unsicherheit deutlich gespürt hatte.

Wenn ich heute über diese Begebenheit schreibe, kann ich mir ein Lachen kaum verkneifen! Ich muss zugeben: Der eigentliche Ärger war ja nicht, dass dieser Schwan mich unangemeldet besucht hatte, sondern dass er mich so kalt erwischte und alle meine unerlösten Muster bei mir hervorholte. Vielleicht ärgerte ich mich auch über die verpasste Gelegenheit, unerwartet einem Mann, der – wie ich später erfuhr – tatsächlich auf der »Pirsch« war, so lädiert gegenüberzustehen …

Apropos unerlöste Muster.

Mein erstes Buch war gerade erschienen. Gaby, eine gute Bekannte und ich, machten mit Dana und Rico einen Stadtbummel durch Bielefeld. Als wir an einer Buchhandlung vorbeischlenderten, meinte Gaby plötzlich: »Gila, ob die dein Husky-Buch schon haben?«

»Na, ich weiß nicht«, antwortete ich ein wenig skeptisch. Es war gerade einen Monat her, dass es herausgekommen war. Damals ging die Geschichte meiner chaotischen Auswanderung zwar durch viele Zeitungen, doch war ich mir nicht sicher, ob mein Buch in den Bielefelder Buchhandlungen schon geführt wurde.

Gaby war nicht zu bremsen. »Komm schon!«, drängte sie. »Wir fragen mal nach.«

»Aber ich bleib draußen«, lachte ich.

»Quatsch, Gila, komm doch mit rein! Wir fragen ganz einfach mal, ob das Buch vorrätig ist.«

»Ja, und wenn sie es wirklich haben?«, gab ich zu bedenken.

»Dann sagen wir eben: Gut zu wissen, aber wir überlegen es uns noch mal.«

Ganz wohl fühlte ich mich nicht bei der Aktion, aber neugierig war ich doch als frischgebackene Autorin. Etwas zögerlich folgte ich ihr mit den Kindern an der Hand und versteckte mich gleich hinter einem Bücherregal.

Gabys Frage, ob sie das Buch da hätte, wurde bejaht, und die Buchhändlerin bot an: »Warten Sie, ich hole es Ihnen mal!«

»Nein«, wehrte Gaby ab. »Wir wollten nur mal nachfragen, ob es überhaupt vorrätig ist.«

»Ja, dort drüben steht es – in der Tierbuchabteilung!«

»In der Tierbuchabteilung?«, fragte Gaby erstaunt und wurde von der Buchhändlerin dorthin geführt. Neben Büchern wie »Das Liebesleben der Paviane« stand wahrhaftig mein Husky-Buch!

»Sehen Sie, da ist es – ein zauberhaftes Hundebuch, einfach wunderschön zu lesen! Es handelt von dreizehn Schlittenhunden, wie diese in der Kälte der Arktis aufwachsen und dort überleben!«

Ich spitzte die Ohren. Das durfte doch nicht wahr sein! Hundebuch! Wie Huskies überleben? Wie *ich* überlebt habe – das wäre näher am Thema gewesen!

Dann kehrte die Buchhändlerin auch schon mit meinem Buch in der Hand zurück und meinte: »Es wird übrigens im Moment in allen Zeitungen darüber berichtet.«

Da meldete sich meine damals zehnjährige Tochter Dana zu Wort. »Ja, das stimmt!«, meinte sie kess. »Das hat meine Mama nämlich geschrieben. Gila van Delden ist meine Mama – dort steht sie!«

Stolz lief sie zu mir hin, während ich vor Verlegenheit am liebsten im Erdboden versunken wäre.

Die Dame bekam große Augen. »Ach, das wusste ich ja gar nicht! Das ist ja interessant!«

»Erwischt!«, meinte ich unsicher und zog den Kopf ein. »Wir

wollten ja nur mal nachfragen! Sorry, dass wir keins kaufen, aber ich habe selbst noch so viele! Tschüs! Viel Erfolg!«

Und dann suchte ich mit meinen beiden Kindern schnell das Weite!

Vor Lachen brachten Gaby und ich kaum ein Wort heraus.

»Da hast du mir aber was eingebrockt!«, prustete ich los.

»Wer konnte denn schon damit rechnen, dass Dana uns reinreißt, weil sie auf ihre Mama so stolz ist«, lachte Gaby immer noch aus vollem Herzen. »In die nächste Buchhandlung gehen wir allein.«

»Nein! Kommt gar nicht infrage!«, reklamierte ich. »Das tue ich mir nicht noch einmal an, Gaby!«

Als ich diese Geschichten einmal abends in fröhlicher Runde auf einem meiner Seminare erzählte, hatten die Teilnehmer ihren Spaß dabei, mich auch mal von dieser Seite kennenzulernen.

Eine der Anwesenden fühlte sich dadurch ermutigt und erzählte uns ihr Erlebnis:

»Ja, was so an Mustern und unangenehmen Erfahrungen tief in uns gespeichert ist, davon kann auch ich ein Lied singen. Vor zwei Jahren ist mein zweites Kind geboren. Als plötzlich die Wehen zu Hause einsetzten, brachte mein Mann mich unter Nichtbeachtung sämtlicher Geschwindigkeitsbeschränkungen zum Krankenhaus.«

»Und – seid ihr geblitzt worden?«, fragte jemand amüsiert.

»Geblitzt? Ach was, viel schlimmer!«

»Führerschein weg?«

»Nee, aber ich habe im Krankenhaus soeben noch im Sauseschritt das Klo erreicht – und meine Kleine wurde gerade noch rechtzeitig aus der Kloschüssel herausgefischt!«

Diese Geschichte erntete natürlich lautes Gelächter.

»Ja, ihr lacht! Doch zum Lachen war mir überhaupt nicht zumute – das ganze Theater, die Aufregung! Es war furchtbar! Ihr könnt euch das gar nicht vorstellen!«

»Ja, aber andererseits hast du es dadurch doch auch schnell überstanden!«

»Ja, mit dem Argument kam mir der Arzt ja auch, während ich nur am Heulen war vor lauter Scham. Ich hab mich gar nicht wieder beruhigen können. Wohl um mich zu trösten, berichtete der Arzt mitfühlend: ›Wissen Sie was, auf dem Klo ein Kind zu bekommen – das ist ja noch gar nichts! Vor drei Jahren hat doch wahrhaftig eine junge Frau ihr Baby direkt im Eingangsbereich des Krankenhauses entbunden! Das war vielleicht ein Aufstand! Es geht ja nun nicht gerade leise zu bei einer Geburt! Besucher, Patienten und Helfer – alle um sie herum!‹

Worauf bei mir alle Dämme brachen und ich nur noch schluchzen konnte: Ja, aber das war ich auch …!«

Wir hielten uns die Bäuche vor Lachen, während die Teilnehmerin allerdings etwas verhalten lachend neben uns saß. Sie konnte unsere Reaktion zwar verstehen, aber ich spürte, wie diese tiefe Erfahrung immer noch bei ihr mit immensen Schamgefühlen verbunden war.

Dagegen erlebe ich auf meinen Seminaren auch oftmals Menschen, die verzweifelt sind, weil Störungen in ihrer Beziehung sie völlig aus dem Gleichgewicht gebracht haben. Häufig geht es auch um das Thema Eifersucht. Dieses Gefühl ist qualvoll, oft aber auch hilfreich – wenn wir erkennen, was sich dahinter verbirgt.

Gibt es Menschen, die nie eifersüchtig sind? Ich habe noch niemanden kennengelernt, der ganz frei davon ist. Eifersucht ist ja auch etwas völlig Normales in einer Partnerschaft. Für mich ist allerdings zu beobachten, dass Menschen mit einem geringen Selbstwertgefühl mehr dazu neigen. Übrigens hat die Eifersucht in den meisten Fällen sexuelle Gründe, was ja auch verständlich ist: Wer will schon, dass der Partner mit jemand anderem schläft …

Ich erinnere mich noch sehr gut an ein Gespräch mit Christel, einer jüngeren Frau, die bereits zum zweiten Mal innerhalb kurzer Zeit an einem meiner Kurse teilnahm. Mir war an ihr eine starke Veränderung aufgefallen. In der Pause sprach ich sie an, ob es ihr nicht gut ginge.

Sie brach in Tränen aus und kam auch gleich auf das Thema, als ob sie bereits auf meine Frage gewartet hätte:

»Gila, unsere Ehe befindet sich seit Kurzem in einer ziemlichen Krise, wobei mein Mann dies schlichtweg abstreitet.«

»Was ist denn nun das Problem?«

»Ich spüre, dass viele Dinge bei uns im Argen liegen. Wenn ich ihn jedoch darauf anspreche, wehrt er ab und meint, das bilde ich mir alles nur ein.«

»Und was genau würdest du dir einbilden?«

»Nun, das er fremdgeht, denn sexuell läuft von seiner Seite her schon seit längerer Zeit nichts mehr.«

»Na ja, das will nicht unbedingt heißen, dass eine Krise vorliegt. Manchmal haben eben Überlastung und Sorgen auch zur Folge, dass körperliche Aktivitäten zurücktreten.«

»Zurücktreten? Nein, das ist es ja gerade! Mein Mann war immer etwas behäbig, mit einem Waschbärbauch – seit einiger Zeit nun verbringt er fast jeden Abend in einem Fitnessstudio und hat überhaupt keine Zeit mehr für mich!«

»Kann das vielleicht die Erklärung dafür sein, dass er körperlich so ausgepowert ist?«

»Das hatte ich ja vorher auch gedacht. Aber jetzt bimmelt auch noch dauernd sein Handy! Und wenn ich mal frage, wer dran war, sagt er stets ausweichend, dass sich da jemand verwählt hätte. Das ist doch komisch, oder?«

»Wenn das zu oft vorkommt, ist das sicherlich etwas eigentümlich. Hast du ihn auch da mal drauf angesprochen?«

»Ja, natürlich! Er sagt aber, ich bilde mir das alles nur ein. Ich muss eingestehen, dass ich vor Kurzem an seinen Computer gegangen bin und in seinen E-Mails gelesen habe. Stell dir vor, er korrespondiert tatsächlich mit einer Internetbekanntschaft! Gila, ich habe echt Angst um meine Ehe. Ich gebe zu – ich bin total eifersüchtig.«

»Eifersucht ist wie ein Stich in dein Herz, aber sie will dir auch etwas sagen. Sie tritt immer dann auf, wenn du dir deines eigenen Wertes nicht mehr sicher bist, wenn du nicht mehr weißt, ob du geliebt wirst. Eifersucht ist ja kein Gefühl an sich, sondern nur eine Reaktion, der Reflex auf den Umstand, dass in deiner Beziehung etwas nicht stimmt.«

»Aber wie gehe ich damit um? Das kann sich doch nicht nur im Bett regeln, vor allem, wenn mein Mann nicht will.«

»Das ist richtig, doch in dem Maße, wie ich dem anderen zu verstehen gebe, dass ich ihn gern um mich habe, ihn anziehend finde, nimmt die Eifersucht ab. Wenn du deinem Mann nicht nur zu verstehen gibst: ›Ich will mit dir ins Bett‹, sondern auch: ›Ich lebe gern mit dir‹ oder: ›Ich finde dieses oder jenes Merkmal einfach wunderbar an dir‹, bekommt er von dir, was er vielleicht momentan woanders sucht.

Warum ist denn seine Internetbekanntschaft so prickelnd für ihn? Weil er sich darüber die Bestätigung erhofft, die er vielleicht von dir schon lange nicht mehr erhalten hat – die er jedoch lebensnotwendig braucht. Darüber hinaus hat Eifersucht auch einen ganz positiven Aspekt: Man stellt wieder fest, wie wichtig einem der Partner doch ist.«

»Und? Wie gehe ich jetzt damit um?«

»Akzeptiere die Eifersucht als das, was sie ist: ein Signal. Vielleicht hat sich dein Mann ja tatsächlich innerlich von dir entfernt. Kein Wunder, dass du misstrauisch reagierst, wenn du sogar einen Beweis durch seine E-Mails erhältst, dass er sich begeistert jemand anderem zuwendet.«

»Aber wenn ich ihm sage, dass ich seine E-Mails gelesen habe, ist er stocksauer, das weiß ich jetzt schon.«

»Christel, am besten ist es in diesem Fall, dein Gefühl offen auszusprechen, klar zu sagen, wie das Verhalten deines Mannes dich verletzt, ohne ihm Vorwürfe zu machen, warum er sich so verhält. Vielleicht fühlte er sich auch von dir in den vergangenen Monaten zurückgesetzt – und du hattest keine Ahnung davon. Eifersucht ist also eine gute Gelegenheit, die Dinge zu klären.«

»Das verstehe ich ja. Aber wie bekomme ich heraus, ob er nicht doch fremdgeht? Soll ich ihn kontrollieren?«

»Kontrolle ist Unsinn. Für Gefühle braucht man keine Beweise. Wenn das liebevolle Gefühl deines Mannes momentan für dich nicht zu erkennen ist, heißt das nicht, dass es ganz verlorengegangen ist. Es kann auch wieder aktiviert werden. E-Mails zu checken, geht am Kern des Problems vorbei. Auch wenn er jetzt anbietet, lückenlose Nachweise für seine Treue zu bringen: Vergiss es! Du kommst einfach nicht darum herum, ein ganz klares Gespräch mit deinem Mann zu führen.«

Unter Tränen fragte sie: »… Und wenn er sich weigert?«

»Dann stelle ihn zur Rede! Das musst du dir selbst wert sein. Er darf sich einer Aussprache nicht entziehen. Das geht auf Dauer nicht gut. Also, pack es an!«

Es war im November 2004. Hansi hatte seine Band am Tournee-Ende in Emden zum Abschiedsessen eingeladen. Er und seine Frau Christine saßen am Nachbartisch und fühlten sich sichtlich wohl inmitten ihrer »Familie«, wie er nun mal seine Band empfindet.

Ich liebe seinen feinen Humor und seine immense Lebensfreude. In der Nähe dieses Menschen fühle ich mich einfach wohl – ein großer Menschenfreund, der jeden um sich herum mit seiner wunderbaren Ausstrahlung in den Bann zieht.

Bei zwei seiner Shows in der Royal Albert Hall in London war ich im Frühjahr dabei gewesen. Abends vor der Show hatte ich mit Christines Mutter Charlotte beim Essen gesessen. Etwas später hatten sich Christine und Hansi zu uns gesetzt, und ich konnte wieder spüren, wie jung Hansi wirklich war.

Fröhlich hatte er erzählt, wie er an dem Tag bei Harrods mit einem Amerikaner ins Gespräch gekommen sei, den er am kommenden Abend zu seiner Show in der Royal Albert Hall eingeladen hätte. Die kindliche Freude in ihm, die ihn so herrlich sympathisch machte, steckte auch mich an.

Durch Götz' diverse Tourneen hatte ich bereits einige Shows miterlebt. Als seine Partnerin war ich inzwischen von der Band liebevoll angenommen worden. Es war ein unbeschreibliches Gefühl, Hansi und die Bandmitglieder zu erleben, die mir inzwischen sehr vertraut waren.

An diesem Abend in der Royal Albert Hall saß ich in einer Loge, genau in der Mitte – mit einem faszinierenden Blick auf die Bühne und die beeindruckende Konzerthalle. Direkt neben mir mussten sich die Logen der Royal Family befinden.

Auf einem der Nachbarplätze saß ein Engländer, der offensichtlich auch eine Einladung von Hansi erhalten haben musste. Bevor er seinen Platz einnahm, hatte er sich kurz vorgestellt, und jetzt unterhielten wir uns leise. Voller Dankbarkeit stellte er fest: »Das sind bestimmt die besten Plätze, die wir hier bekommen konnten.«

Ich war so begeistert, dass mir herausrutschte: »Ja, ich fühle mich wie Queen Mom!«

»Lieber nicht«, meinte er mit gedämpfter Stimme, »sie ist im vergangenen Jahr verstorben …«

Gern erinnere ich mich auch daran, als Günter Ilse und ich ein paar Wochen zuvor in Baden-Baden bei Hansis Show dabei waren.

Im April 2004 hatten sowohl Günter als auch Hansi ihren fünfundsiebzigsten Geburtstag gefeiert. Götz und ich waren auf die Idee gekommen, Günter eine Einladung zur James-Last-Show in Baden-Baden zu schenken. Vorher hatte ich Hansi darüber informiert, welch wichtige Position Günter in meinem Leben einnahm.

Mein Herz war voller Dankbarkeit, als Günter dann von Hansi auf die Bühne gebeten wurde und Christine dort ein Foto von den beiden machte, das auch auf unserer Internetseite abgebildet ist.

Ann-Louise und Bob sind Musiker in der James-Last-Band – sie ist eine äußerst talentierte Geigerin, und Bob ist einer der Startrompeter in Hansis Band.

Die beiden, in Sydney lebend, verbindet eine besondere Geschichte. Bei jedem Auftritt kündigt Hansi stolz an, dass sie sich vor fast drei Jahrzehnten in der Band kennenlernten und vor einigen Jahren bereits ihre Silberhochzeit gefeiert haben.

Götz, bereits seit 1980 als Tourneebegleiter bei der Band, ist den beiden natürlich über all die Jahre ein guter Freund geworden. Jetzt saßen wir hier in Emden zusammen mit ihnen am Tisch.

Ich hörte, wie Götz Ann-Louise erzählte: »Übrigens, Gila und ich fliegen im April 2005, also in ein paar Monaten, nach Sydney.«

»Oh, das ist ja interessant! Macht ihr Urlaub dort?«

»Ja, wir haben zwei Wochen gebucht, um einmal einen Eindruck von Australien zu bekommen.«

»Viel zu kurz, Götz! Ihr müsstet Monate dort verbringen – und nicht nur zwei Wochen, zumal davon noch die lange Flugzeit abgeht.«

»Ja, das wissen wir. Doch diese Zeit muss reichen, weil Gila vorher und nachher Seminare hält.«

»Wann genau kommt ihr in Sydney an? Und was habt ihr dann vor? Bleibt doch einfach ein paar Tage bei uns, oder geht das nicht?«

Götz erzählte, dass wir ein geräumiges Campmobil gemietet hatten, das wir am Tag unserer Ankunft in der Nähe des Flughafens in Empfang nehmen sollten.

Gern bot Ann-Louise an, uns vom Flughafen abzuholen und zumindest die erste Nacht bei ihnen zu verbringen, bevor wir dann zu unserer Rundreise aufbrachen. So tauschten wir unsere E-Mail-Adressen aus, und ich versprach, sie so bald wie möglich zu benachrichtigen, um welche Uhrzeit wir in Sydney eintreffen würden.

Götz und ich hatten bereits vorher darüber gesprochen, dass wir unseren Jetlag allein auskurieren wollten. Wenn wir müde wurden, so konnten wir mit unserem Camper irgendwo abbiegen und ein Nickerchen machen, ohne dass jemand anders Rücksicht auf uns nehmen musste.

Als erfahrener Vielflieger nach Kanada konnte ich ein Lied davon singen, wie bleiern müde man tagsüber sein kann, vor allem, wenn man von Westen nach Osten fliegt.

»Es wäre super, wenn du uns abholtest«, entgegnete ich dankbar, »doch wir möchten gern gleich am Samstag losfahren. Vor dem Rückflug wäre es jedoch schön, wenn wir eine Nacht bei euch schlafen könnten, um dann am nächsten Tag das Campmobil in Ruhe abzugeben und zum Flughafen zu fahren.«

»Okay!«, lachte Ann-Louise, und ich freute mich darauf, sie in ein paar Monaten in Sydney wiederzusehen.

KAPITEL 16

Ob man einem Engel ins Gesicht geschaut hat,
weiß man erst, wenn er wieder gegangen ist.

JÜDISCHE WEISHEIT

Bewusst hatten wir in Frankfurt für den langen Flug nach Sydney, mit einem Zwischenstopp in Singapur, sehr zeitig eingecheckt, um noch gute Plätze zu bekommen. Meine Frage, ob die Maschine ausgebucht sei, wurde verneint, so dass ich mich vorsichtig erkundigte, ob wir vielleicht eine Reihe mit einem leeren Platz zwischen uns bekommen könnten.

»Mal gucken, ob es klappt«, meinte die Bodenstewardess hilfsbereit und sah in ihren Computer. Und wir hatten Glück – es klappte! So konnten wir beide auf dem langen Flug ab und zu mal die Beine hochlegen.

Morgens gegen 7 Uhr landeten wir dann in Sydney. Klimatisch übersetzt heißt Anfang April für Australien: Klimabedingungen wie Anfang Oktober. Sommer und Winter verlaufen von den Jahreszeiten her gesehen entgegengesetzt. Wie erwartet, begrüßte uns Ann-Louise fröhlich am Flughafen. Auf dem Weg zu ihr nach Hause fuhr sie mit uns noch kurz am Opernhaus vorbei. Das war ihre Arbeitsstelle, wenn sie sich nicht mit Hansi auf Tournee befand. Bob war in der Zwischenzeit mit den Vorbereitungen für ein deftiges australisches Frühstück beschäftigt.

»Wie geht es jetzt bei euch weiter?«, fragte sie.

»Wir wollen versuchen, in den zehn Tagen von Sydney über Melbourne nach Adelaide zu fahren – und zurück«, antwortete ich, die die Route natürlich zu Hause geplant hatte.

»Nach Adelaide?« Ann-Louise bekam große Augen. »Wie wollt ihr das denn schaffen?«

»Na ja – es sind ungefähr 1600 km von Sydney nach Adelaide. Das müsste doch zu schaffen sein«, meinte ich überzeugt, noch ohne Ahnung von dem Lebensrhythmus in Down Under.

»Na, ich weiß nicht«, entgegnete sie vorsichtig, als wir dann in die Einfahrt ihres Hauses abbogen. Es lag wunderschön – mit einem herrlichen Blick auf die Metropole von Sydney, doch weit weg von allem Lärm und Gedränge der City.

Nach dem reichlichen Frühstück brachte uns Ann-Louise dann zu der Campstation. Dort konnten wir nach einstündiger Wartezeit einen sehr geräumigen Camper, der für vier Personen gereicht hätte, in Empfang nehmen.

Am gleichen Nachmittag merkten wir, warum unser Plan, in zehn Tagen von Sydney über Melbourne nach Adelaide zu fahren, bei den australischen Gegebenheiten verwegen klingen musste. Mehr als gewöhnungsbedürftig war, dass es schon gegen 17 Uhr dunkel wurde. Bis dahin mussten wir uns einen Platz für unseren Camper gesucht haben.

Da sich in Australien viele Tiere wie Wombats und Kängurus nachts auf die von der Sonne noch warmen Straßen legen, hatten wir uns vorgenommen, nur im Notfall in der Dunkelheit unterwegs zu sein.

Als ich während unserer Fahrt nach Canberra ein totes großes Känguru am Straßenrand sah, bat ich Götz aus irgendeinem Impuls heraus, dieses Tier zu fotografieren. Aber danach spürte ich, wie sehr mich dieses Foto belastete. Immer, wenn ich voller

Freude die bisher aufgenommenen Urlaubsbilder ansah, blieb mein Blick an dem toten Känguru hängen – und meine Fröhlichkeit verschwand.

»Ich lösche das Bild«, entschied ich schließlich. »Ich spüre ganz deutlich, was in mir geschieht, wenn ich mir das Foto anschaue. Ich richte meinen Fokus auf etwas, was mich traurig macht. Und es ist meine Entscheidung, wohin ich meine Aufmerksamkeit lenke – ob ich mir Bilder anschaue, die Fröhlichkeit und positive Erinnerungen in mir wecken – oder Traurigkeit erzeugen.«

»Gila, wir wissen beide, dass wir im Leben nicht nur Schönes zu sehen bekommen. Sollen wir die Augen verschließen vor all den Kriegen und dem Leid – so tun, als gäbe es das gar nicht? Uns nur Bilder von wunderschönen Landschaften ansehen?«

»Wenn ich mich entscheiden könnte zwischen dem einen und dem anderen, dann nähme ich die Landschaften. Ich habe vor Kurzem einen Artikel in einem Magazin gelesen. Es ging da um einen Kriegsberichterstatter. Dieser Journalist hatte über Jahrzehnte hinweg aus Krisengebieten berichtet und Reportagen darüber erstellt. Plötzlich hörte man nichts mehr von ihm – nicht, dass die Kriege aufgehört hätten, sondern er war in eine starke Depression gefallen.«

»Das kann ich mir schon vorstellen«, nickte Götz, »wenn er immer nur solche Erlebnisse verarbeiten muss und darüber berichtet. Und? Haben sie geschrieben, wie es ihm jetzt geht? Hat er seine Depression überstanden?«

»Ja«, antwortete ich, »das ist ja das Interessante! Dieser Fotograf nimmt seit einiger Zeit nur noch Landschaften auf: Wasserfälle, Regenbögen, die Natur in ihrer ganzen Schönheit. Und du ahnst schon, was kommt. Seine Seele konnte dadurch wieder genesen. In dem Interview sagte er, dass er sich nie mehr die alten

Fotos ansähe. Diese Zeit sei vorbei – die Erlebnisse, die Fotos und Berichte darüber hätten seiner Seele geschadet.«

»Aber wir sehen uns ja nicht nur solche Bilder an – von Kriegen oder Gewalt. Ich glaube, dass Menschen, die in ihrer seelischen Entwicklung einigermaßen stabil sind, auch negative Nachrichten oder Bilder verarbeiten können, ohne Schaden zu nehmen.«

»Das ist richtig«, bestätigte ich. »Es geht auch nicht darum, dass es ab und zu mal passiert, sondern dass man schon morgens in der Zeitung nur mit negativen Nachrichten zugedröhnt wird.«

»Aber du liest doch auch jeden Morgen Zeitung«, unterbrach mich Götz.

»Stimmt! Aber hast du mal gesehen, wie schnell ich sie durchgelesen habe? Ich überfliege die Nachrichten nur. Erst wenn ich merke, dass etwas wichtig, erfreulich oder lustig ist, dann lese ich weiter. Somit entscheide ich selbst, was ich an mich heranlasse. Ich muss mir nicht alles Negative zu Herzen nehmen. Wenn ich das täte, würde ich Angst vor der Zukunft aufbauen. Meine Lebensaufgabe ist es jedoch, die Menschen wieder in das Vertrauen zurückzuführen. Die Welt ist voller negativer, aber auch voller positiver Ereignisse! Nachrichtenmedien, ob Fernsehen oder Zeitung, können jedoch auf Dauer nur bestehen, wenn sie über Dinge berichten, die betroffen machen, sonst werden sie nicht beachtet. Grundsätzlich schaue ich mir nie die Spätnachrichten an, um nicht mit Eindrücken des Krieges schlafen zu gehen.«

Götz war sehr schweigsam geworden, und auch ich hing während der Fahrt meinen Gedanken nach.

Wir können und sollen vor den Ereignissen, seien es Kriege oder Katastrophen, nicht die Augen verschließen oder eine rosarote Brille aufsetzen.

Wenn irgendwo auf der Welt eine Naturkatastrophe geschieht und viele Menschen ihr Erdenleben lassen müssen, so gebe ich diesen Seelen, die aufgestiegen sind, und auch ihren überlebenden Angehörigen in Gedanken viel Kraft, Licht und Liebe. Man könnte auch sagen, ich bete für sie.

Vor allem möchte ich uns sensibel machen für die Kraft, die in uns steckt. Wenn wir verstehen, dass es, wie bei allem im Leben, auch eine andere Seite gibt, so gehen wir ins *Mitgefühl* hinein. Wenn wir jedoch nicht aufpassen, lassen wir uns allzu leicht ins *Mitleid* hineinziehen und verstärken somit das Leid.

Also, lasst uns diesen Menschen doch in Gedanken Licht geben!

Die Fahrt an der Küste entlang durch die Fischerdörfer und dann zurück durch das Innere des Landes über Canberra sollte ein Erlebnis werden.

In der ersten Woche machte sich die Zeitverschiebung ganz schön bemerkbar. Wenn am frühen Abend bereits einer von uns beiden gähnte, fragte er stets: »Ist es schon acht?« Das war das Signal für unser Nachtleben. Die bereits gegen 17 Uhr einsetzende Dunkelheit machte es uns leicht. Es war ja schon Herbst.

Die Zeit in Australien war wie ein Traum. Jeder, der diesen Kontinent zum ersten Mal erlebt, wird sicher Ähnliches empfinden. Die andersartige faszinierende Vegetation und die vollkommen andere Geräuschkulisse waren mehr als beeindruckend. Die freifliegenden Papageien rührten mich besonders an, weil auch unser Papagei damals ganz selten im Käfig saß, sondern stets das Wohnzimmer unsicher machte. Für mich war es ergreifend, dass sie hier in Freiheit leben konnten.

Wie vereinbart, verbrachten wir dann den letzten Abend bei Ann-Louise und Bob. Sie hatten ein herrliches Büffet für uns vorbereitet. Wir saßen auf ihrem riesigen Balkon mit Blick auf die vielen bunten Lichter von Sydney. Auch abends war es jetzt noch ziemlich warm.

Etwas wehmütig sprach Götz von dem überfahrenen Känguru und den toten Wombats, die wir auf unserer Fahrt gesehen hatten.

»O ja«, sagte Bob, »das passiert immer wieder. Letztes Jahr stand in der Zeitung, dass drei Schweden nachts unterwegs gewesen sind und ein Känguru angefahren haben. Es lag genau wie das, von dem ihr berichtet habt, leblos am Straßenrand. Na ja, zumindest sind sie ausgestiegen und haben nach dem Tier geschaut. Obwohl es unverletzt schien, gab es kein Lebenszeichen mehr von sich. Sie hatten wohl alle ziemlich die Hucke voll, jedenfalls kam einer dann auf die Idee, seine echte australische Driza-Bone-Jacke auszuziehen und dem toten Känguru überzuhängen. Stell dir das mal vor!«

»Tue ich gerade«, sagte Götz amüsiert.

»Nun, sie wollten ein Foto machen, haben das leblose Känguru mit der zugeknöpften Jacke in die Mitte genommen und dann auf den Selbstauslöser gedrückt. Durch den Blitz der Kamera kommt plötzlich Leben in das Tier, das nur ohnmächtig war – und in riesigen Sprüngen haut das Känguru mit der teuren Jacke ab in die Prärie. Und seit der Zeit, Gila, hüpft in Australien irgendwo ein Känguru in einer Driza-Bone-Jacke herum!«

Ja, ja – Bob, wohl zu oft im Kino gewesen …!

Am nächsten Morgen erfolgte dann die große Verabschiedung. Ann-Louise musste früh ins Opernhaus, und Bob war schon etwas hektisch wegen einer bevorstehenden Tournee durch Australien. Wir waren früh aufgestanden und wollten ebenso zeitig am Flughafen sein wie beim Hinflug. Wie schön wäre es doch, wenn ich auch für den Rückflug wieder einen freien Platz neben mir hätte, dachte ich.

Die Kraft der bildlichen Vorstellung ist mir mehr als vertraut, wusste ich doch, wie Wünsche wahr werden. So stellte ich mir dankbar vor: Der Platz neben mir ist leer! Vorstellung schafft Wirklichkeit!

Um kurz vor 16 Uhr sollte unser Flugzeug starten. Normalerweise muss man zwei Stunden vorher am Flughafen sein, doch ich wollte – ähnlich wie in Frankfurt – lieber schon um 12 Uhr dort sein, um vielleicht noch einen leeren Platz neben mir zu erwischen.

Wir mussten jedoch den Camper noch zurückbringen. Während der Fahrt zum Flughafen dachte ich daran, dass die Übergabe bei der Ankunft schon ziemlich lange gedauert hatte, und kam auf eine Idee.

»Götz, was hältst du davon, wenn wir zuerst mit dem Camper zum Flughafen fahren, dort einchecken, unsere Plätze festmachen und dann in aller Ruhe den Wagen zurückbringen. Die paar Kilometer von der Verleihstation können wir dann mit dem Taxi fahren. Das schaffen wir doch locker von der Zeit her!«

Götz überlegte und meinte dann. »Das könnte gehen. Wir sind jetzt seit ungefähr zwanzig Minuten unterwegs, und es sind noch zehn Minuten bis zum Flughafen. Das müsste gut zu schaffen sein. Ja, lass uns das machen.«

Kurze Zeit später erreichten wir das Flughafengebäude.

»Okay«, meinte Götz, als er zum Ausladen vorfuhr, »ich reiche dir jetzt die Sachen heraus, dann parke ich den Wagen, und wir sehen, ob der Schalter schon geöffnet hat.«

Ich stieg aus, während Götz in den hinteren Raum des Campers ging, um mir unser Gepäck anzureichen.

»Hier kommt dein Koffer«, meinte er und setzte mit Schwung

das schwere Teil vor den Wagen. Dann wollte er seine Reisetasche holen – nur, sie war nicht da!

»Gila, weißt du, wo meine Reisetasche ist?«, hörte ich ihn – und erschrak!

»Deine Reisetasche? Hast du die denn nicht eingepackt?«

»Ich meine schon, aber sie ist nicht da!« Götz war fassungslos. Als auch ich noch einmal im Camper nachgesehen hatte, dämmerte uns beiden wohl gleichzeitig, dass seine schwere Tasche noch bei Ann-Louise und Bob stehen musste. Götz musste wohl vergessen haben, sie aus dem Schlafzimmer zu holen.

»Dumm gelaufen!«, rief er aus, »und was jetzt?«

In gleichen Moment wurde mir klar, dass jetzt alle Energien erforderlich waren, um eine Lösung zu finden, und schlagartig setzte mein Organisationstalent ein.

Ich schaute auf die Uhr. Es war gerade 12 Uhr. Kurz vor 16 Uhr sollten wir abfliegen – zum Glück hatten wir noch genug Zeit.

Ich überlegte – neue Strategie: 30 Minuten mit dem Camper zu Bob zurück – vielleicht fünf bis zehn Minuten Aufenthalt – dann 20 Minuten wieder zurück zur Mietstation – Camper hoffentlich flott abgeben – dann mit dem Taxi 10 Minuten zum Flughafen – etwas mehr als eine Stunde Fahrzeit. Die Dauer der Abgabe des Campers musste zeitlich dazu gerechnet werden, aber das müsste man abkürzen können, wenn man die Situation erklärte. So konnte Götz bei großzügiger Zeitplanung mit Sicherheit gegen 14 Uhr wieder am Flughafen eintreffen – immer noch genug Zeit, sein Gepäck aufzugeben!

Er musste sofort handeln, aber vorher wollten wir wegen der Plätze noch einchecken. Am Schalter wurde uns dann gesagt, ohne sein Gepäck sei das leider nicht möglich.

»Okay«, entschied Götz, »dann fahre ich jetzt los!«

Ich kam auf die Idee, auch für Götz gleich einen Platz reservieren zu lassen, und war erleichtert, dass wenigstens das möglich war. Vielleicht gab es sogar noch einen leeren Platz in unserer Reihe? Das konnte mir die Stewardess jedoch nicht garantieren. Ich glaubte allerdings fest an die Kraft meines Unterbewusstseins.

Nach der Abgabe meines Gepäcks und dem Empfang der beiden Platzkarten hatte ich etwas Zeit und wusste, spätestens um 14 Uhr musste Götz zurückgekehrt sein.

Damit er nicht lange zu suchen brauchte, hatte ich mich an den Eingang des Flughafens gestellt. In jedem Taxi, das einen neuen Fluggast brachte, suchte ich nach dem mir so vertrauten Gesicht.

14 Uhr war längst vorbei. Wo blieb er nur? Ab und zu schaute ich auf die Uhr und sah, wie die Zeiger unbarmherzig weiterrückten. Eine geschlagene Stunde verbrachte ich nur damit, die ankommenden Taxen zu beobachten. Nichts – kein Götz!

Inzwischen war es fast 15 Uhr. Hastig versuchte ich, Götz auf seinem Handy zu erreichen, und dabei war mir jetzt völlig egal, was das kostete.

Nichts – keine Verbindung! Ich spürte, wie ich immer unruhiger wurde.

Kurz nach 15 Uhr kam die erste Durchsage, dass sich alle Fluggäste zum Abflugschalter des Fluges nach Frankfurt begeben sollten. Kein Götz in Sicht – keine Telefonverbindung!

Weitere zehn Minuten später wurden Götz und ich namentlich aufgerufen – kein Götz! Wieder versuchte ich zu telefonieren – keine Verbindung!

Wo steckte er bloß? Was, wenn er nicht käme? Würde ich allein fliegen müssen?

Mit wachsender innerer Unruhe beobachtete ich weiter die ankommenden Taxen, bemerkte aber auch die immer länger werdende Schlange der Passagiere im Schalterraum. Es gab nur eine einzige Reihe, die sich erst kurz vor den einzelnen Schaltern aufteilte. Mit Erschrecken erkannte ich, dass Götz sich dort erst ganz hinten anstellen musste – wenn er kam, ja, wenn er überhaupt noch kam!

Der zweite Aufruf unserer Namen – kein Götz in Sicht!

Und da fiel mir plötzlich siedendheiß das Bild ein: Ich hatte mir einen *leeren* Platz neben mir vorgestellt – o nein!

Ich bekam eine Gänsehaut – der *leere* Platz neben mir! Schlagartig wurde mir bewusst, was ich mit meiner Vorstellung verursacht hatte. So wie es *jetzt* aussah, würde der Platz neben mir wirklich leer bleiben! Lieber Gott im Himmel, das wollte ich nicht! Meine Engel – bitte, helft uns!

Trotz meiner immensen Anspannung begann ich jetzt, mir Götz auf dem Platz neben mir vorzustellen – immer wieder voller Dankbarkeit. Götz sitzt neben mir – geschafft! Danke!

Letzter Aufruf! Es war 15.20 Uhr und in 30 Minuten sollte die Maschine nach Frankfurt starten – und kein Götz in Sicht! Immer noch keine Handy-Verbindung zu ihm! Ich musste jetzt die Entscheidung treffen, allein zu fliegen oder auf ihn zu warten.

Die Antwort lag in der Situation: Mein Gepäck war schon eingecheckt und konnte nur mit viel Aufwand notfalls wieder herausgeholt werden – und ich hatte eine Woche später ein Seminar! Wann der nächste Flug mit zwei freien Plätzen möglich war, wusste niemand. So traf ich die traurige Entscheidung, allein zu fliegen.

Da – mein Handy! Mit zitternden Fingern drückte ich die Taste.

»Gila?«

»Götz – wo bist du?«

»Ich stehe hier noch auf dem Bahnhof und warte auf den nächsten Zug zum Flughafen«, sagte Götz etwas hilflos, und in seiner Stimme konnte ich die unterdrückte Anspannung spüren.

Ich versuchte, ruhig zu bleiben, doch mir war zum Heulen zumute. Ich bebte innerlich, als mir klar wurde: »Götz, das war's dann. Ich muss allein fliegen. Eben war der letzte Aufruf – ich muss rennen, um noch den Abflugraum zu erreichen. Alles andere später!«

»Ach, du lieber Himmel«, konnte Götz nur herausbringen, »ich versuche, dich später zu erreichen!«

Im Eiltempo lief ich jetzt zum Abflugraum. Eine Stewardess schaute sich beunruhigt um. Als sie mich sah, fragte sie aufgeregt. »Mrs van Delden? Bitte kommen Sie ganz schnell. Ich will versuchen, Sie noch in die Maschine zu bekommen. Was war los – wo ist Ihr Mann?«

Während ich neben ihr herrannte, berichtete ich ihr aufgelöst und nach Luft schnappend von unserer Misere. Dann Passkontrolle – Sicherheits-Check – alles im Laufschritt.

Es war sieben Minuten nach Götz' Anruf – da ging das Handy wieder!

»Götz?«

»Gila, ich bin jetzt hier im Flughafen. Aber der Schalter ist geschlossen. Man lässt mich nicht mehr durch! Es geht gar nichts mehr! Ich weiß nicht mehr weiter – es ist wirklich zu spät!«

»Du bist wirklich – *im* Flughafen?«

In dem Moment wurden alle Kraftreserven bei mir mobilisiert. Zwei Hallen weiter stand Götz – auf der anderen Seite, stand ich –, und das Flugzeug war noch nicht in der Luft! Das könnte die Entscheidung sein!

»Ich rufe sofort zurück! Ich tue alles, dass du noch mitfliegst.«

Ich fragte den nächstbesten Beamten nach einer kompetenten Aufsichtsperson. Er verwies mich an den Service-Schalter, wo bereits eine lange Reihe von Menschen anstand.

Gut, außergewöhnliche Situationen erfordern außergewöhnliche Maßnahmen. Ich lief direkt zu dem Vordersten, der gerade im Gespräch war, drehte mich zu den Wartenden um und rief laut: »Entschuldigung, dies ist ein Notfall! Mein Mann steht noch draußen und kommt nicht rein! Aber er muss noch mit nach Frankfurt! Die Maschine startet gleich. Sorry!«

Verständnisvolles Nicken und Gemurmel allerseits.

»Bitte!«, sagte ich mit einem herzerweichenden Augenaufschlag zu einer der drei Damen am Schalter. »Bitte, mein Mann muss noch mit!«

Sofort wurde eine Dame mit der Supervisor-Funktion angerufen und benachrichtigt. Sie kam und stellte kurze, knappe Fragen zu der Situation – und dann: »Können Sie Ihren Mann auf dem Handy erreichen?«

»Ja, zumindest noch vor ein paar Minuten!«

Wieder und wieder versuchte ich es, bekam aber keine Verbindung. Nein, das konnte doch nicht wahr sein! Und all das nur wegen meines vorgestellten freien Platzes? Ich merkte, wie ich am ganzen Körper zitterte.

»Bitte, bleiben Sie gefasst! Wir müssen wissen, wo Ihr Mann in der Halle steht, um jemanden losschicken zu können. Hat er Gepäck bei sich?«, fragte die Aufsichtsdame mit fester Stimme. »Wenn ja, fragen Sie ihn, ob er bereit ist, das Gepäck nachschicken zu lassen. Ist er dazu bereit?«

Ich wählte und wählte. Wieder keine Verbindung! Tränen traten in meine Augen.

Und da klingelte mein Handy!

»Götz?«

Ich konnte ihn kaum hören. »Du kannst noch mitfliegen, wenn dein Gepäck mit einer anderen Maschine fliegt. Ist das okay?«

»Logisch!«

Ich nickte der Aufsichtdame zu und sagte mit versagender Stimme. »Okay!«

»Bitte sagen Sie, er soll *sofort* zum Abflugraum gehen!«

Die Schlange der Wartenden hinter mir verfolgte aufmerksam, wie sich drei Damen abwechselnd nur darum kümmerten, dass Götz doch noch mitfliegen konnte.

»Ich stehe hier bereits beim Abflugraum, Gila! Moment! Da kommt eine Dame und ruft nach mir! Bis gleich! Ich glaube, wir haben's geschafft!«

Ich konnte den Aufsichtsdamen unter Tränen nur noch immer wieder »Danke!« zurufen. Zusammen mit einer Bodenstewardess rannte ich jetzt im Laufschritt die Gangway entlang. Völlig ausgepowert erreichte ich dann das bereits mit laufendem Motor in Startposition stehende Flugzeug.

In dem Moment war es mir völlig egal, dass unsere guten Plätze, die ich mir erhofft hatte, vergeben waren. Hauptsache, Götz kam noch mit, auch wenn er woanders sitzen musste!

Ein Steward brachte mich zu einem freien Platz. Bebend vor Anspannung setzte ich mich neben eine ältere Dame und registrierte in dem Moment nicht, dass neben ihr wirklich noch ein weiterer Platz frei war!

Der Steward hatte unsere Geschichte mitbekommen. Immer noch zitternd nahm ich meine Sitzposition ein, als ich eine beruhigende Stimme über Lautsprecher vernahm: »Meine Damen und Herren, wir bitten um Ihr Verständnis. Wir warten noch auf einen Fluggast, der gleich eintreffen wird.«

Ich hatte das Gefühl, als käme diese Stimme direkt von meinen Engeln. Tränen der Erleichterung, aber auch der tiefen Dankbarkeit schossen mir bei der Durchsage in die Augen. Nur am Rande hörte ich, wie der Steward leise mit der Dame neben mir sprach. Vor Aufregung konnte ich jedoch nichts verstehen.

Und dann sah ich Götz, wie er von einem anderen Steward einige Reihen vor mir einen Platz zugewiesen bekam.

Für mich war es dann wie ein Wunder, als die Dame neben mir plötzlich aufstand, mir verständnisvoll zunickte und hinter meinem Steward herging.

Dann kam er zurück und sagte mitfühlend: »So, Ihre Sitznachbarin war mit einem anderen Platz einverstanden. Wir haben getauscht – Ihr Mann kann jetzt neben Ihnen sitzen. Ich glaube, es tut Ihnen beiden gut, wenn Sie die ganze Aufregung allein verarbeiten können!«

Und dann führte er Götz zu mir! Beide brachten wir kein Wort raus, hielten uns nur fest. Ein Platz in unserer Reihe war wirklich frei, aber das war jetzt völlig egal! Tränen der Erleichterung auf beiden Seiten! Wir hielten uns einfach nur fest. An seinen feuchten Armen fühlte ich, wie ihn diese Situation nicht nur seelisch gefordert hatte.

Vater im Himmel – vielen, vielen Dank! Alle meine Engel – Danke!

Erst viel später auf unserem langen Flug waren wir überhaupt in der Lage, über die Geschehnisse der vergangenen Stunden zu sprechen.

Götz berichtete aufgewühlt: »Ich war losgefahren und kam plötzlich auf den Gedanken, dass es besser wäre, zuerst den Camper abzugeben und dann eventuell mit dem Bus zu Bob zu fahren, um die Tasche abzuholen.«

»Hast du wirklich daran gedacht, mit einem Bus zurückzufahren?«, fragte ich, um Fassung ringend.

»Bevor ich den Camper abgab, habe ich eine Bahnlinie entdeckt. Und da habe ich mich für diesen Weg entschieden.«

»O – Himmel!«, stöhnte ich nur, »und dann?«

»Womit ich allerdings nicht gerechnet hatte, war, dass bei der Campervermietung noch so viele vor mir dran waren.«

»Hast du denn nicht einfach die Papiere hingelegt und gesagt, mein Flugzeug startet gleich. Der Wagen ist sauber, vollgetankt. Wenn was sein sollte, bitte eine Nachricht?«

»Nee«, meinte Götz, »ich habe gewartet, bis ich dran war.«

Das war wieder Götz! Er hatte zwar auch des Öfteren unruhig auf die Uhr geschaut, aber geduldig gewartet, bis er an die Reihe kam. Dort erkundigte er sich auch nach einer Verkehrsverbindung zu Bobs Wohngegend, und erfuhr, dass es nur fünf Minuten bis zur Bahnstation war. Er rief Bob an und bat ihn, die Reisetasche zur nächsten Bahnstation zu bringen – ausgerechnet Bob, der am gleichen Tag auf Tournee ging und kaum Zeit hatte! Schnellstens machte Götz sich auf den Weg, um den nächsten Zug zu erwischen.

»Außerdem«, berichtete Götz, »hatte ich nur noch ein paar Australische Dollars in der Tasche – also kein Taxi! Ich wusste, für die Bahnfahrt reichte es. Vorher habe ich mich noch nach den Fahrzeiten des Zuges erkundigt, der zum Flughafen fährt. Es war knapp, aber konnte klappen. Kurze Zeit später erreichte ich dann mit dem Zug unseren Treffpunkt. Als Bob dort fünf Minuten später mit der Reisetasche erschien, konnte er nur mitleidig den Kopf schütteln und sagen: ›Götz, das war's! Den Flieger kannst du abhaken …!‹«

»… womit er ja beinahe Recht gehabt hätte!«, warf ich ein.

»Minuten später dann rein in den Zug zum Flughafen – auf die Uhr geschaut – Mist, schon 15.20 Uhr – sofort Gila anrufen – dann 15.45 h am Flughafen angekommen – und dann mein Anruf: Ich bin im Flughafen! Gerade noch mal die Kurve gekriegt, in allerletzter Minute!«

Er war sehr bewegt, als er weitersprach: »Und dann trotzdem zu spät – Abfertigung geschlossen – keine Chance mehr!«

Das war also *seine* Geschichte. Ich atmete tief durch und fragte, immer noch unter dem Eindruck des Geschehens:

»Und wie wäre es dann weitergegangen?«

»Ich sollte dann zum Service-Schalter, um mich auf die Warteliste für einen Ersatzflug setzen zu lassen. Aber auch in der Maschine am nächsten Tag war alles ausgebucht. Nur bis Singapur gab es anderntags noch einen Flug, aber von dort aus keinen Anschlussflug mehr. Alles habe ich versucht, aber es war zu spät! Und dann kam dein Anruf! In dem Moment, wo ich am Abflugschalter stand und alles geschlossen war – war es bei mir vorbei. Ich habe aufgegeben …!«

»… und genau das war der Moment, wo ich übernommen habe! Vorher hatte ich noch gedacht – das war's, aber in dem Moment, als ich hörte, dass du in der Halle des Flughafens warst, war es, als wenn bei mir ein Licht anging! Wie ein fliegender Wechsel der Aktivitäten …!«

»Gila, du weißt ja, dass ich täglich jogge, aber noch nie bin ich im Dauerlauf zum Flugzeug gerannt«, grinste Götz, der inzwischen seine Fassung einigermaßen wieder zurückerlangt hatte. Und tiefe Erleichterung war aus seinen Worten zu hören, als er fortfuhr: »Ich hätte wahrscheinlich noch ein paar Tage am Flughafen verbracht und auch den Flug extra bezahlen müssen. Da wäre noch einiges auf mich zugekommen …!«

Dieses Erlebnis hat uns beide noch tiefer zusammengebracht. Selbst beim Schreiben war ich wieder sehr berührt – und als Götz meine Zeilen zum ersten Mal las, liefen auch ihm die Tränen die Wange herunter, und alle Emotionen kamen wieder hoch …

KAPITEL 17

Alles, was uns an anderen missfällt,
kann uns zu besserer Selbsterkenntnis führen.

C.G. JUNG

Apropos Emotionen.

Bereits beim ersten Seminar, das Götz als Teilnehmer besuchte, fiel mir auf, dass Tränen für ihn etwas Selbstverständliches sind.

Anfangs musste ich mich an diese weiche Seite von ihm erst gewöhnen. Im Laufe unseres Zusammenlebens dann erkannte ich, dass diese Eigenschaft bei mir immer mehr auf positive Resonanz stieß. Bei meinen bisherigen Partnern hatte ich stets Stärke gesucht, wobei ich mir meiner eigenen starken Persönlichkeit gar nicht so sehr bewusst war. Erst bei Götz erkannte ich, dass seine sanfte Art in unserer Verbindung für Ausgleich und Harmonie sorgt. Damit ist nicht Schwäche gemeint, sondern Gefühle zuzulassen und sie auch zu zeigen.

Für mich war es erstaunlich, was bei Götz im Laufe unseres Zusammenlebens geschah: Als ob uraltes Wissen bei ihm berührt wurde, brachen tiefe Gefühle bei ihm auf. Bei Anlässen, wo offensichtlich kaum ein Grund vorlag, liefen bei Götz die Tränen.

Jede Gefühlsregung ist zulässig, denn jede Emotion, die unterdrückt wird, kann sich im Körper manifestieren. Unsere Gefühle werden oft zurückgehalten, nicht mehr spontan gelebt und erlebt. Wie oft hören wir in der Kindheit den Satz: »Mensch, ein Junge weint doch nicht!« – ein völlig falscher Trost!

Ich bin froh, dass dieser Satz bei Götz offensichtlich nichts bewirkt hat. Bei seiner Tätigkeit als psychologischer Berater war ihm das anfangs eher hinderlich. Ich erinnere mich, dass bei einem Wochenendkurs, wo sogar einige seiner Klienten anwesend waren, plötzlich bei der Vorstellung seiner eigenen Person die Tränen liefen.

»Es geht wieder los bei mir – helau!«, sagte er, und man konnte spüren, wie unangenehm ihm das ausgerechnet in dem Moment war. Hier kamen einige Varianten zusammen: als Mann, als mein Partner und auch als Berater!

Direkt nach der Pause sprach Götz diese Situation offen vor allen Teilnehmern an:

»Ihr werdet euch vorhin über die Tränen bei meiner Vorstellung gewundert haben. Es kam einfach über mich – eine ganz tiefe Berührung meiner Seele. Ich kann und möchte das nicht steuern. Es passiert einfach und hat meines Erachtens nichts mit Schwäche zu tun, sondern eher mit der Erkenntnis, dass ich mich auf meine Intuition verlassen kann und auf meine Seele höre.

Als ich mich eben vorgestellt und euch erzählt habe, dass ich mein Studium als psychologischer Berater und auch meine Ausbildung als Hypnosetherapeut im vergangenen Jahr erfolgreich abgeschlossen habe, kam bei mir urplötzlich aus meiner Seele ein ganz starkes Gefühl hoch: Genau das ist meine Lebensaufgabe! Ich habe es bereits geahnt, als ich Gila begegnete. Es ist zwar nicht immer leicht mit ihr – ihr kennt sie ja«, grinste er, »aber wir ergänzen uns hervorragend. Wie ihr wisst, war ich jahrzehntelang mit vielen bekannten Interpreten als Tourneebegleiter unterwegs. Bereits dabei habe ich – schon vor meinem späteren Studium –

mit guten Gesprächen für Kollegen da sein können und dabei schon sehr viel Praxis im Umgang mit Menschen bekommen.«

Es war schön, dass die anfängliche Befangenheit wegen seiner unerwarteten Reaktion nach diesen klaren Worten bei den Teilnehmern in Verständnis umschlug.

Wenn ein Mensch durch die Gebote seines Umfeldes verlernt zu weinen, dann kann es sein, dass er damit eine Grundlage für spätere Nebenhöhlenentzündungen legt. Ungeweinte Tränen bei Kindern können die Ursache sein, dass sie Bettnässer werden oder bleiben. Die Seele weint durch ihren Körper.

Lasst uns so sein, wie wir sind, mit all unseren Gefühlen, die gelebt werden dürfen – und gelebt werden wollen!

Während eines Wochenendkurses stellte Thomas, ein Arzt, die Frage: »Gila, wie gehe ich eigentlich mit dem Thema Neid um? Ich habe eine gutgehende Praxis. Seit Jahrzehnten habe ich mir das Vertrauen meiner Patienten erarbeitet. Früher ist es mir weniger gut gegangen. Und nun der Neid der anderen, den ich immer wieder versteckt spüre!«

»Wie merkst du denn, dass ein anderer neidisch ist?«

»Na ja, es sind manchmal nur Andeutungen, aber ich muss zugeben, dass ich mich schon ein wenig darüber ärgere.«

Liebevoll provozierte ich ihn ein wenig: »Thomas, du kannst nur mit Eigenschaften in Resonanz gehen, die bei dir selbst noch vorhanden sind.«

»Gut, Gila, vielleicht habe ich mich nicht klar ausgedrückt. Ich meine nicht den Neid in mir, sondern den der anderen.«

»Doch, Thomas, du hast dich schon richtig ausgedrückt, denn Neid kann immer nur eine Rückwirkung erfahren, wenn der andere auch neidisch ist. Wenn keine Resonanzfläche da ist, kannst du das Gefühl von Neid gar nicht empfangen. Das heißt, du spürst den Neid der anderen nur, wenn du diese Gefühle selbst noch in dir hast.«

Was du anderen nicht gönnst, bekommst du selbst nicht.

Ich sah, wie einige mitschrieben, als Thomas nachhakte: »Dann ist es so, dass ich diese Eigenschaft auch selbst habe?«

»Richtig! Denk mal an das Gesetz der feinstofflichen Ebene, der Ebene der Gedanken – der Ebene der Ursachen. Es heißt: Gleiches zieht Gleiches an. Du wirst das immer wieder bestätigt finden. Wenn ein Mensch nur über ein geringes Potenzial an Schlechtigkeit verfügt, wird er diese Eigenschaft bei anderen weder empfinden noch sehen können. Das sind die Menschen, die manche für blauäugig halten, die meines Erachtens jedoch einen riesigen Vertrauensvorsprung haben.«

»Die natürlich auch immer wieder reinfallen«, antwortete ein anderer im Kreis.

»Ja, das kann passieren«, gab ich zu verstehen, »aber nicht allzu oft. Denn auch hier überwiegt nach einiger Zeit der Glaube dieser Menschen an das Gute – und es passiert immer mehr Gutes in deren Leben. Vielleicht brauchten sie die Erfahrung, dass sie nicht allen Menschen blindlings Glauben schenken dürfen oder zumindest etwas vorsichtiger sind. Auch bei ihnen zählt: Erfahrung macht klug. Vielleicht sind es gerade die Menschen, bei denen sich ein anderer in einer sogenannten Beschützerfunktion an ihre Seite stellt und sich eine tiefe Begegnung daraus entwickelt. Wer weiß?«

Bei diesem Gesetz »Gleiches zieht Gleiches an« fällt mir eine nette Begebenheit ein: Wir wohnen herrlich ruhig, mitten im

Naturschutzgebiet, noch immer in dem Haus, das ich 1988 ersteigert habe. Die Geschichte, wie ich dieses Haus ohne einen Cent Eigenkapital – damals noch Pfennig – bekommen hatte, habe ich in meinem Buch »... *Mutter Erde, trage mich!*« genau beschrieben. Nach meinem chaotischen Leben vor und nach den beiden Auswanderungen ist es mein endgültiges Zuhause geworden.

Jeder weiß, dass das Landleben nicht nur Vorteile mit sich bringt. Wo Licht ist, ist auch Schatten – sprich Fliegen und Mücken.

Götz kapituliert da lieber gleich. Liegt stoisch in seiner Schlafposition, aufgetischt wie ein Gourmetmenü für die Moskitofamilie, und hofft, dass bald alle satt sind und nach Hause gehen. Immer wieder frage ich mich, wenn ich morgens aufwache und wie ein großes Sesambrötchen aussehe, warum Götz keinen einzigen Stich abbekommen hat.

Durch den Teich auf unserem Grundstück vermehren sie sich freudig, doch nicht gerade zu unserer Begeisterung, wie man sich denken kann.

Generell haben wir sie einigermaßen im Griff, aber sobald eine ins Schlafzimmer gerät, beginnt die Jagd mit dem Ziel auf eine ungestörte Nachtruhe. So versuche ich, im Sommer unsere Schlafzimmertür immer geschlossen zu halten. Wie gesagt – ich versuche es.

An einem Sonntagmorgen wollte ich nach einer anstrengenden Woche die Gelegenheit nutzen, mal so richtig auszuschlafen. Da nervte mich eine Fliege. Sie summte und brummte um mich herum, erstaunlicherweise nicht um Götz.

Ärgerlich versuchte ich, sie mit der bloßen Hand zu packen, aber vergeblich! Sobald ich von Neuem meine Schlafposition eingenommen hatte, war sie wieder da. Jetzt war's vorbei! Mein Jagdinstinkt erwachte. So schlich ich zu früher Stunde mit einer zusammengerollten Zeitschrift und dem Gesichtsausdruck einer zu allem entschlossenen Großwildjägerin durchs Schlafzimmer.

Darf man Fliegen ohne schlechtes Gewissen ins Jenseits befördern? Wenn es nicht anders geht, bin ich durchaus bereit, die Fliege oder die Mücke zu eliminieren, indem ich mich mit den Worten entschuldige: »Wenn ich dir jetzt die Möglichkeit zur Reinkarnation gebe, darfst du mich im nächsten Leben auch einmal beißen.«

Sorry – ich leiste Abbitte bei allen Buddhisten! Ich bin mit meiner christlichen Einstellung und dem tiefen Glauben an Gott gleichzeitig auch offen für andere Hochreligionen und den Gedanken der Reinkarnation.

Ich habe übrigens den Dalai Lama auf meiner Seite. Zu seinem 70. Geburtstag kam in einem Interview die Frage auf, ob es ihn denn nicht störe, sicherlich auch mal von Mücken gestochen zu werden, die er als das Oberhaupt aller gläubigen Buddhisten ja nicht töten dürfe.

Mit dem tiefen, ihm eigenen Lachen antwortete er, das sei für ihn kein Problem. Nicht, dass er alles heroisch aushalte, nein, es gäbe genug Andersgläubige in seiner Umgebung, die die Plagegeister für ihn entsorgten.

Ist das nicht eine sympathische Einstellung?

So begab auch ich mich verbissen auf Fliegenjagd mit einer zusammengerollten Zeitschrift in der Hand.

Peng – daneben!

»Was ist denn *jetzt* los?«, musste ich mir von Götz anhören, der die Aktion verschlafen registrierte.

»Gleich hab ich sie! Schlaf weiter!«

Und – wieder daneben! Es war erst 5 Uhr morgens. Wie sehr hatte ich mich aufs Ausschlafen gefreut! Jetzt versuchte ich einen

Trick und legte mich wieder hin, allerdings mit der Zeitschrift in der Hand. Für die Fliege hieß das – Attacke – Mensch schläft! Ich war kurz davor, wieder einzunicken, da kam sie!

Sofort hellwach holte ich aus – und traf Götz, der gerade wieder eingeschlafen war und sich nun erschrocken aufbäumte. Fliege weg – Götz getroffen!

Okay, dachte ich etwas brummig, dann lasse ich es und ziehe mir halt die Bettdecke über die Ohren. Doch wie man sich denken kann, war meine Nachtruhe damit vorbei, während Götz sein Ausschlafen genoss.

Warum bloß hatte ich die Fliege nicht erwischt?, fragte ich mich, als ich später die Betten machte und dabei die zusammengerollte Zeitschrift zur Seite legte. Und da sprang mich der Titel an. Das war die Antwort!

»Götz!«, rief ich lachend. »Komm mal bitte her! Jetzt weiß ich, warum ich die Fliege nicht getroffen habe!«

Als er neugierig ankam, deutete ich grinsend auf den Titel der Zeitschrift. Es war ein Probeexemplar, das unser Verlag erhalten hatte, mit dem Titel: »Bewusster Leben!«

Da hatten wir's wieder: Gleiches zieht Gleiches an – Ungleiches stößt einander ab – ein Lebensgesetz! Wie konnte ich da die Fliege treffen?

Zu diesem Thema stellte Karin, eine Teilnehmerin, die Frage:

»Gila, dieses Lebensgesetz stimmt offensichtlich nicht immer. Ich habe zum Beispiel das Problem, dass mich kaum einer grüßt in meiner Umgebung, obwohl ich keinem etwas getan habe. Dazu muss ich sagen – ich wohne nicht in einer Stadt, wo ja Anonymität der Normalfall ist, sondern in einem Dorf mit ungefähr 2000 Einwohnern. Irgendwann habe ich gemerkt, dass man an mir vorbeiging, ohne zu grüßen.«

»Und?«, fragte ich sie, »wie hast *du* dich verhalten?«

»Ich habe auch nicht mehr gegrüßt – ich biedere mich doch nicht an!«

»Aber jetzt fühlst du dich nicht mehr wohl?«

»Na ja, inzwischen habe ich mich daran gewöhnt, aber ich habe das Gefühl, dass auch meine Kinder gemieden werden. Und das stört mich gewaltig!«

»Ich glaube, dass es dich persönlich auch stört, denn sonst hättest du uns das nicht in dieser Runde erzählt.«

»Aber ich habe meinen Nachbarn doch gar nichts getan – ihnen gar keinen Grund gegeben, mich nicht zu grüßen.«

»Vielleicht sehen sie das anders? Vielleicht spüren sie, dass du sie inzwischen auch ablehnst?«

Karins Einwurf erinnerte mich wieder an den Einzug 1988 in mein Haus, und ich berichtete den Teilnehmern von einer fast identischen Situation bei mir …

Unsere Nachbarn, deren Familien größtenteils seit Generationen in ihren Häusern wohnen, waren damals bei meinem Einzug natürlich hochinteressiert, wer denn nun in das große Haus mit dem riesigen Garten einzog. Als sie hörten, es sei eine alleinstehende Frau mit zwei kleinen Kindern, machten sie sich so ihre Gedanken, wie ich den Umbau des Hauses wohl bezahlen konnte, vor allem, weil ich tagsüber oft zu Hause war.

Auch Otto van Delden, unser Papagei, gehörte damals zu unserer Familie. Er lebte sich schnell ein in seinem neuen Zuhause und drehte fröhlich seine Runden durch unser Wohnzimmer. Nur zum Schlafen oder Fressen suchte er seinen Käfig auf. Zu unserer Freude sprach er seinen kompletten Namen sehr deutlich, was ihn einmal fast vorm Tierheim bewahrt hätte:

Ohne Otto zu kennen, hatte Anne, eine Bekannte, mir vor

längerer Zeit angeboten, unseren Papagei zu nehmen, wenn wir nicht zu Hause waren. Nun wollten wir nach Bornholm in Urlaub fahren und hatten mit einem Freund abgesprochen, Otto für diese Zeit bei ihm zu lassen. Durch einen unerwarteten Zwischenfall hatten wir uns jedoch verspätet. Uns war klar, dass wir die Fähre nicht mehr rechtzeitig erreichen würden, falls wir Otto noch zu unserem Freund gebracht hätten, der immerhin 50 km in entgegengesetzter Richtung wohnte.

Kurzfristig disponierte ich um, mich an das Angebot von Anne erinnernd, und rief sie an. Am Telefon war jedoch nur ihre Mutter, die an dem Abend auf Annes Kinder aufpasste. Wir sollten Otto aber ruhig bringen, sagte sie hilfsbereit, sie schriebe ihrer Tochter einen Zettel, bevor sie heimginge.

Anne war erst spät nach Hause gekommen und hatte zu ihrer großen Überraschung einen fremden Papagei mit Käfig in ihrer Wohnung vorgefunden. Den Zettel hatte Otto aufgefressen.

Trotz der späten Stunde hatte sie überall angerufen – keiner wusste etwas von einem Papagei. Uns jedoch konnte sie nicht mehr erreichen, und ihre Mutter schlief bereits.

Bis Otto dann zu später Stunde plötzlich auftaute, einleitend perfekt den River-Kwai-Marsch pfiff und sich dann laut krächzend vorstellte: »Otto van Delden …«

Da war alles klar …

Der Gruppe erzählte ich dann weiter, wie ich eines Tages merkte, dass unser Otto aufgeplustert und viel zu still auf seiner Stange saß und nicht aus seinem Käfig kam. Er ließ sich zwar kraulen, aber irgendetwas stimmte nicht mit ihm. Er fraß kaum noch. Wir spürten, wie er von Tag zu Tag phlegmatischer wurde.

Ich brachte ihn zum Tierarzt, der ihn komplett untersuchte, und mir sagte, dass er nichts feststellen könne – organisch und auch von der Stuhlprobe her sei Otto ohne Befund. Wir sollten ihn weiterhin gut beobachten und ihm täglich in der Praxis eine Vitamin-Aufbauspritze verabreichen lassen.

»Das Beste, was ihr für ihn tun könnt«, gab uns der Tierarzt noch mit auf den Weg, »ist, dass ihr Tag und Nacht eine Infrarotlampe vor seinen Käfig stellt. Wenn Vögel nicht richtig fressen, verlieren sie natürlich auch schnell ihre wärmende Fettschicht und frieren leicht.«

Das war ein guter Tipp, nur kam er leider zu spät. Trotz 14-tägiger Rotlichtbestrahlung ging Otto van Delden dann eines Nachts in die ewigen Jagdgründe ein.

Warum erzähle ich diese Geschichte?

Zwei Wochen lang hatte nun Tag und Nacht die rote Lampe bei mir im Wohnzimmer gebrannt – wegen der wunderschönen ländlichen Aussicht hatte ich keine Gardinen.

Erst viele Jahre später gab eine meiner Nachbarinnen dann lachend zu: »Gila, wir haben teilweise nachts ängstlich wachgelegen, weil wir dachten, unsere Männer wären mal kurz zu dir abgehauen!«

Erst dadurch wurde mir überhaupt klar, wie sie mich anfangs gesehen haben mussten. Niemand hatte etwas von einem kranken Papagei gewusst.

Gelächter brandete auf in der Gruppe.

»Und jetzt mein Rat an dich«, wandte ich mich wieder an Karin, »wenn du etwas ändern willst, musst *du* anfangen und nicht darauf warten, dass ein anderer beginnt. Auch ich habe anfangs enorme Skepsis verspürt. Das konnte mich aber nicht davon abhalten, meine Nachbarn fröhlich zu grüßen und mit ihnen, wann immer es sich ergab, ein Schwätzchen zu halten. Hätte ich mich damals genauso abwartend oder sogar ablehnend verhalten, dann wäre heute nicht diese gute nachbarschaftliche Beziehung daraus entstanden.«

»Du meinst also, dass es an meinem Verhalten gelegen haben könnte?«, fragte Karin nachdenklich.

»Nichts ändert sich, außer du änderst dich«,

gab ich ihr zu verstehen. »Es ändert sich nichts in unserem Leben, solange wir uns von alten Denk- und Lebensgewohnheiten leiten lassen. Manche Programme in uns sind durch Verletzungen entstanden, an die wir uns bewusst nicht erinnern können. Doch wir wissen, dass alle Erfahrungen mit Gefühlen abgespeichert werden.«

»Also will mich mein Unterbewusstsein vor neuen Verletzungen schützen?«, hakte sie nach.

»Ja, es gibt dir das Gefühl, dich so abweisend verhalten zu müssen. Damit tut es dir aber keinen Gefallen, wie wir wissen. Was passiert denn, wenn wir andere freundlich und respektvoll behandeln? Sehr oft werden wir dann von ihnen auf die gleiche Weise behandelt. Du wirst wieder mehr Lebensqualität bekommen, wenn du deinen Nachbarn zeigst, dass dir ihr Wohlergehen am Herzen liegt. Und damit geht es dir und deinen Kindern auch besser.«

Karin war sehr still geworden, bis sie dann abschließend sagte: »Ja, Gila, durch dieses Beispiel habe ich es verstanden. Ich versuche einfach mal in Zukunft, mich nicht mehr so sehr von meiner Angst vor Ablehnung leiten zu lassen.«

In einem meiner Seminare findet nachmittags ein wunderschönes Ritual statt, wo ein einzelnes Gruppenmitglied durch ein von ihm zu bestimmendes Symbol Kraft von der gesamten Gruppe erhält. Dieses Symbol steht für den Herzenswunsch. Durch die Vorstellungskraft der gesamten Gruppe wird damit eine geballte Ladung an Energie für dessen Erfüllung freigesetzt.

Meistens wird der Herzenswunsch, den man nicht im Detail erklären muss, in Symbole wie rote Herzen, diverse Blumen oder brennende Kerzen verpackt. Ist jemand unsicher, werde ich schon mal gefragt, welches Symbol wohl am besten wäre. So auch an diesem Nachmittag, als Ulrike mich etwas zögernd zur Seite nahm und ohne, dass die Gruppe es hören konnte, fragte: »Sag, mal, Gila, kann ich den andern das Symbol ›Löffelchenstellung‹ vorgeben?«

Diesen Gedanken fand ich sehr originell, davon ausgehend, dass jeder diesen Begriff kennt.

»Okay«, erklärte Ulrike flüsternd, »ich suche nämlich eine Partnerschaft, bei der neben sexueller Erfüllung Zärtlichkeit und Vertrautheit im Vordergrund steht. Das ist für mich sehr wichtig.«

Und so nannte sie später in der Runde ihr Symbol. Keiner der Anwesenden hakte nach – und alle visualisierten munter den Begriff.

Später nach diesem Ritual meinte eine Teilnehmerin: »Gila, ich fand das äußerst mutig von Ulrike mit ihrem Begriff Löffelchenstellung.«

»Ja«, bestätigte ich lachend, »das war sehr originell.«

»Den Ausdruck kannte ich noch gar nicht dafür«, fuhr sie unbeirrt fort.

»Wofür?«, fragte ich und wurde hellhörig.

»Na ja, für diese Stellung …«

Zur absoluten Erheiterung der gesamten Gruppe erzählte sie dann, dass sie in ihrer Vorstellung die Löffelchen übereinander visualisiert hatte, statt – so wie Ulrike es gemeint hatte, liebevoll nebeneinander als Einschlafhilfe …

Ein Riesengelächter folgte.

Eine andere Teilnehmerin setzte dem noch die Krone auf:

»Und ich habe mir vorgestellt, man streckt die Hände als Löffelchen aus und bekommt dann den Segen …!«

Wie auch immer – alles hilft!

Im November ist bei mir viel los, denn das ist der Monat, in dem ich auch meine beiden Engel-Seminare führe.

Immer wieder wird gefragt: Was ist ein Engel-Seminar? Warum fehlt die Beschreibung im Prospekt? Was geschieht da?

Meine Antwort darauf ist: Wie soll man Engel beschreiben? Um sich auf sie einzulassen, braucht man Vertrauen. Es bringt nichts, wenn ich vorher im Detail genau erkläre, was da abläuft. So würde man das Ganze nur mit dem Verstand erfassen. Die Anwesenheit und das Wirken von Engeln spüren wir jedoch nur mit dem Herzen.

Und die hohe Quote derjenigen, die jedes Jahr wiederkommen, spricht dafür, dass solche Erfahrungen wunderbar sind.

Es gibt zahllose Filme über Engel, sie werden in Liedern besungen, in der Bibel beschrieben. Vor allem kleine Kinder erzählen nach überstandenen Gefahren oft von ihren positiven Erfahrungen mit den Himmelswesen. Aber bei den meisten von uns bleibt die Ungewissheit: Gibt es die unsichtbaren Wesen wirklich – oder nicht? Durch eine Umfrage wurde festgestellt, dass jeder zweite Deutsche an ihre Existenz glaubt.

»Engel sind geistige, körperlose Wesen«, erklärte Papst Johannes Paul II. »Sie können aber auch in körperlicher Form erscheinen.«

Wörtlich übersetzt bedeutet Engel »Boten göttlicher Kraft«, und sie finden in der Bibel an über 300 Stellen Erwähnung. Fast alle Weltreligionen und auch die Naturvölker sehen Engel als

Mittler zwischen dem Göttlichen und den Menschen. Und auch einige Wissenschaftler – es gibt sogar Engelforscher – sind mittlerweile überzeugt, dass es sie gibt.

Dr. Raymond Moody, amerikanischer Arzt und Autor vieler Bücher über Nahtod-Erlebnisse, bezieht sich auf die Aussagen seiner Patienten, wenn er schreibt: »Jeder Mensch wird von seiner Geburt bis zum Tod von diesen helfenden Wesen begleitet.«

Menschen, so wie ich, die schon einmal mit Engeln in Berührung gekommen sind, beschreiben diese als Lichtgestalt, aber auch als Stimme, als Berührung, Luftzug, richtungsweisende Idee oder warnendes Gefühl.

Und vielleicht ist es genau das, was uns die Begegnung mit diesen Wesen lehren will: Vielleicht tragen wir den Schutzengel alle schon in uns – und ahnen es nicht einmal! Vielleicht müssen wir nur wieder lernen, mehr auf unsere innere Stimme, unser Bauchgefühl zu hören. In den meisten Situationen spüren wir intuitiv, was richtig oder falsch ist, was uns guttut oder schadet.

In einer Zeit von ständigem Handyläuten, Fernsehbeschallung und alltäglichem Stress haben viele verlernt, darauf zu achten, was ihrer Seele guttut. Viele ignorieren ihre körperlichen und seelischen Signale und wundern sich, wenn Körper und Seele plötzlich streiken.

Der letzte Kurs im Jahr 2005 war nun so ein Engel-Seminar in Teisendorf, nahe Salzburg. Angenehmer ist es für mich, wenn ich meine letzten Aktivitäten im Jahr in die nähere Umgebung legen kann. Dieser Termin war jedoch nicht anders möglich gewesen. Die Wettervorhersage für dieses lange Wochenende war nicht gerade ermutigend. Starke Schneefälle wurden für den Zeitraum gemeldet.

Götz war zu dem Zeitpunkt mit Marius Müller-Westernhagen auf Tournee. »Gila, ich wäre gern dabei in Teisendorf«, hatte er eine Woche zuvor noch am Telefon gesagt, »aber dieses Mal geht es nicht. Dein Kurs geht ja von Donnerstag bis Sonntag. Ich habe aber erst ab Freitagnachmittag frei. Du weißt, ich hätte sonst gern die Autofahrt übernommen.«

»Das weiß ich ja«, meinte ich, »wegen des Wetters muss ich mir dieses Mal eben mehr Zeit nehmen für die Fahrt.«

Irgendwie hatte ich jedoch ein Gefühl der Unruhe in mir. »Hör auf damit«, sagte ich mir selbst, »wenn die geistige Welt dir zutraut, ein Engel-Seminar achthundert Kilometer entfernt zu führen, dann sorgen deine Engel auch dafür, dass du heil hin- und auch wieder zurückkommst.«

Und so bat ich meine Engel um den Engelschutz und fuhr los. Spät, aber wohlbehalten kam ich in Teisendorf an. Das erste Mal, dass ich die Tagungsstätte in tiefem Schnee sah.

Am Freitagabend rief Götz an und wollte wissen: »Na, wie sieht's bei euch aus?«

Dankbar erzählte ich, wie viele bekannte Gesichter wieder dabei waren. »Viele haben nach dir gefragt und bedauert, dass du nicht dabei sein kannst.«

»Liegt bei euch auch so viel Schnee?«

»Während der vergangenen beiden Tage hat es noch heftiger geschneit. Einerseits ist es faszinierend, dem dichten Schneetreiben aus der kuscheligen Atmosphäre zuzuschauen, andererseits mag ich an die Heimfahrt am Sonntagmittag gar nicht denken.«

»Na, Gila, du weißt ja – deine Engel und ich sind bei dir!«

Das Telefonat mit Götz tat mir gut, und ich nahm mir vor, meine ganze Kraft jetzt ins Seminar fließen zu lassen und mir keine weiteren Gedanken zu machen.

Am Samstagmorgen fand ein Ritual statt, wo jeder eine Engelkarte zog. Bärbel, eine Teilnehmerin, kam vertrauensvoll zu mir und zeigte mir ihre Karte, auf der ein Wort lateinischen Ursprungs stand. Fragend schaute sie mich an, ob ich ihr erklären könne, was dieser Begriff bedeute.

Bedauernd schüttelte ich den Kopf, und in dem Moment war es mir sehr unangenehm, kein Latein in der Schule gehabt zu haben. Irgendwie saß mir das quer. So führte mein erster Weg in der Kaffeepause in mein Zimmer, wo ich versuchte, Götz, der Latein konnte, zu Hause zu erreichen.

»Hi, Rico«, meinte ich, »ist Götz da?«

»Nein, momentan nicht. Soll ich ihm was ausrichten?«

Mir fiel auf, dass Ricos Stimme etwas merkwürdig klang. Doch die Pause war kurz, und da auch Rico Latein konnte, übersetzte er mir den Begriff. So war ich nach der Pause imstande, Bärbel eine Antwort zu geben.

Der Samstagnachmittag verging wie im Flug. Um 18 Uhr war die Nachmittagseinheit beendet, und alle verließen den Raum, um ins Nachbargebäude zum Abendessen zu gehen. Ich war noch um ein persönliches Gespräch gebeten worden und hielt mich deshalb noch eine Zeit lang im Tagungsraum auf.

Während des Gespräches hatte ich das Gefühl, dass sich draußen vor der offenen Tür im Vorraum ein Rückstau bildete. Normalerweise gehen alle gleich die Treppe hinab, um in den Speiseraum zu gelangen. Irgendetwas war heute jedoch anders. Die Traube der Menschen löste sich nicht auf. Verhaltenes Stimmengewirr drang an mein Ohr. Die Eindrücke, die von der Tür kamen, nahm ich jedoch nur unbewusst wahr, da ich mich auf das Gespräch konzentrierte.

Nach dem Ende der Unterhaltung begab auch ich mich zum Ausgang, schaltete im Raum das Licht aus und zog die Tür hinter mir zu.

Die Teilnehmer hatten rechts und links ein Spalier gebildet

und blickten mich jetzt erwartungsvoll an. Ich schaute auf – und dachte, ich träume!

Götz! Nein, ich träumte nicht. Da stand Götz!

Meine Gesichtszüge entgleisten. Ich hatte absolute Schwierigkeiten, ihn hier einzuordnen. Es dauerte eine Weile, bis ich begriff. Und dann fiel ich ihm in die Arme.

Jetzt konnte ich auch verstehen, woher dieser Stau kam. Götz hatte jedem, der aus dem Raum kam, ein »Pst!« zu verstehen gegeben. Die ihn kannten, hatten ihn leise und liebevoll begrüßt.

Die Überraschung war gelungen!

»Ich fasse es nicht!« Immer wieder schüttelte ich den Kopf und schaute ihn ungläubig an, bis ich dann die Worte fand: »Teisendorf hat es wohl in sich. Wenn ich daran denke, damals vor drei Jahren, als du aus Hongkong kamst …!«

»Weißt du, Gila«, sagte er weich, »ich habe gespürt, dass du doch ein wenig unruhig warst, was die lange Heimfahrt im Dunkeln mit dem vielen Schnee anging. Und nach diesen intensiven Tagen bist du sicher auch abgespannt …«

Tränen traten mir in die Augen, als ich fragte: »Und wie bist du hierhergekommen?«

»Mit dem Zug. Ich war den ganzen Tag unterwegs, aber jetzt bin ich da und kann dich morgen sicher mit dem Auto zurückbringen.«

Jetzt war mir auch klar, warum sich Rico morgens so eigenartig verhalten hatte, als ich am Telefon nach Götz fragte. Er hatte wohl eine weitere Frage befürchtet, wo Götz sei. Zu dem Zeitpunkt hatte Rico ihn bereits zum Bahnhof gebracht.

Danke, meine Engel! Danke, Götz!

Anders als in meinen ersten beiden Büchern, wo der Leser jeweils am Schluss von dem Ende einer hoffnungsvollen Beziehung erfahren musste, verläuft das Leben mit Götz ruhig und sehr harmonisch. Lachen, Tiefgang und gegenseitige Unterstützung stehen bei uns in einem sehr ausgewogenen Verhältnis.

Obwohl wir beide bisher unsere Partner mehr nach äußeren Gesichtspunkten ausgesucht haben, durften wir in unserer Beziehung erkennen, wie unwichtig Äußerlichkeiten geworden sind.

»Die Verbindung mit dir, Gila, ist eines der großen Geschenke des Lebens an mich«, hatte er dankbar gesagt, als er zum ersten Mal die Tragweite unserer Begegnung erfasste.

Inzwischen hat Götz sein Studium als psychologischer Berater und Hypnosetherapeut abgeschlossen und führt Einzelberatungen in seiner Praxis und auch am Telefon durch. Sehr beliebt ist auch sein »Seelenurlaub« – eine einwöchige Lebensaufarbeitung bei uns in Halle.

KAPITEL 18

Wir sind spirituelle Wesen,
die eine menschliche Erfahrung machen,
und nicht menschliche Wesen,
die eine spirituelle Erfahrung machen.

PIERRE TEILHARD DE CHARDIN

Der Tod ist ein Thema, über das immer mal wieder im Seminar gesprochen wird. Dabei stelle ich fest, dass die meisten Menschen den Tod aus ihrem Leben verdrängen.

Da war Evi, die mir zu verstehen gab: »Gila, ich habe Angst vor dem Tod. Irgendwo lauert dieses Gefühl bei mir immer im Hintergrund. Ich bin in einer strenggläubigen Familie groß geworden. Wahrscheinlich wirken aus dieser Erziehung noch die Bilder von Strafe und Hölle nach.«

»Gott straft nicht, Evi!«, erwiderte ich fest. »Es sind unsere eigenen Gedanken, die uns den Himmel oder die Hölle auf Erden bescheren.«

»Wie frei würde ich mich fühlen, wenn ich diese unerschütterliche innere Gewissheit hätte! Dass alles Liebe ist und mir überhaupt nichts Schlimmes passieren kann! Wie gehe ich bloß mit dieser Angst um? Was lässt sich überhaupt über das Jenseits sagen, Gila?«

»Aus unserer menschlichen Sicht können wir nicht viel darüber sagen, und das ist auch gar nicht notwendig. Aber es stimmt, die Angst vor dem Tod macht den Menschen unfrei und hindert ihn am Leben«, und an die Gruppe gewandt fuhr ich fort: »Lasst uns mal überlegen – woher kann das kommen?«

»Ist es der Tod an sich oder die Ungewissheit, was danach kommt?«, wurde die Frage gestellt.

»Ich glaube, es ist mehr der Wunsch nach Sicherheit, der Wunsch – wie Evi eben sagte – zu *wissen*, dass einem nichts Schlimmes passieren kann. Doch Sicherheit gibt es nicht, nicht im Leben und nicht im Tod. Ich wage mal zu behaupten: Wer Angst vor dem Tod hat – hat auch Angst vor dem Leben. Nur wenn du das Leben wagst, erlebst du es auch. Wenn wir überhaupt kein Risiko eingehen, dann fühlen wir uns vielleicht sicher, aber wir *leben* nicht!«

»Das klingt so einfach, aber leicht ist das nicht, Gila!«

»Wir sollten bereit sein, den Anspruch auf Sicherheit aufzugeben und jeden Moment des Lebens gelassen anzunehmen, egal, ob angenehm oder unangenehm. Dann erst werden wir auch in der Lage sein, dem Tod – und was auch immer danach kommen mag – mit innerer Gelassenheit zu begegnen.«

Für mich ist es eine berührende Erkenntnis, dass der Prozess der Geburt und des Sterbens sich ähneln. Aus tiefstem Herzen versuchte ich nun, der Gruppe diesen Gedanken als Bild zu vermitteln: »Beides bedeutet Wandlung, aber hat das Ganze nicht auch etwas mit Rauheit *und* Zärtlichkeit zu tun?«

»Wie meinst du das denn?«

»Aus dem Schoß der Mutter, der Zärtlichkeit und Geborgenheit vermittelt, zwängen wir uns durch einen engen Kanal in die raue Welt, in blendendes Licht, Geräusche und Kälte! Von dem Moment an erfahren wir das körperliche Leben mit all seinen Facetten von Freude und Leid, Lust und Schmerz, körperlicher Liebe und unseres Menschseins.«

Die Gruppe hörte fasziniert zu. Ich konnte spüren, wie es in einigen Köpfen arbeitete.

»Wenn es Zeit ist, diese Welt wieder zu verlassen«, fuhr ich fort, »diese raue Ebene der körperlichen Wirklichkeit, gehen wir wieder zurück ins Licht, in die Liebe, in die Zärtlichkeit – zurück in die Ebene des vollkommenen Verstehens.«

»Das ist eine schöne Vorstellung …!«, kam die Zwischenbemerkung aus der Gruppe, und ich beendete meine Erläuterungen mit dem Satz:

»Beide Vorgänge sind mit dem urmenschlichen Gefühl der Angst besetzt, sowohl bei dem gerade geborenen Kind, das in die körperliche Wirklichkeit eintritt, als auch bei dem Menschen, der sich des nahenden Todes bewusst ist. Im ungeborenen Zustand wie auch in der Phase des Übergangs dagegen ist jegliche Angst verschwunden.«

Ich erinnere mich, als meine Mutter die Diagnose Krebs erhielt. Der erste Impuls für sie, aber auch für uns, war das Nichtwahrhabenwollen, und das Verneinen dämpfte fürs Erste ihren und unseren Schock.

Danach erlebte sie die Phase des Zorns. Ihr Gefühlsleben war völlig durcheinander, Aggressionen gegen uns und ihre Ärzte wurden aufgebaut. »Warum ich?«, war die bohrende Frage.

Und dann folgte bei ihr die Zeit, in der sie mit unserer Unterstützung all ihre eigenen Kräfte mobilisierte, und somit wieder Hoffnung schöpfte.

Als ihr Körper jedoch mehr und mehr verfiel, begann sie zu resignieren. Schließlich wurde sie ruhiger und sah den Übergang als Erlösung an, aber dennoch kamen immer mal wieder Zeiten der Depression und des Selbstmitleids.

Zum Schluss jedoch konnte sie annehmen, dass sie in Kürze gehen würde. Ihre Todesangst wich dem Vertrauen zu dem Neuen, was sie erwartete. Und dann stimmte ihre Seele zu …

Martin hatte vor Kurzem seine junge Frau verloren und sprach sehr offen und bewegt über seine Gefühle – nicht nur der Trauer.

»Sie war eine Schönheit gewesen, kaum vierzig Jahre alt, sportlich, elegant, fröhlich! Und sie war meine große Liebe! Zwischen der Frau, die ich geheiratet hatte, und dieser Frau im Krankenbett gab es jedoch keinerlei Ähnlichkeit mehr. Ich wage es kaum zu sagen, aber ich wusste oft nicht mehr, ob diese Frau dort im Bett noch meine Frau war. Dennoch berührte mich ihr Leiden ganz tief in meinem Herzen. Ich wollte ihr helfen, aber ich hatte das Gefühl, zu dem Zeitpunkt nicht genügend Liebe in mir zu haben, um sie wirklich unterstützen zu können. Diese Gedanken machen mich auch jetzt immer noch fertig, und ich schäme mich dafür!«

»Deine Ehrlichkeit tut gut, Martin. Du hast erlebt, wie ihr Körper und auch ein Teil ihrer Persönlichkeit *als Mensch* vergingen. Sie entsprach jetzt nicht mehr dem Bild, das du in dir trugst und immer so geschätzt hattest. Nicht deine Liebe, sondern nur dein *Konzept* von Liebe hat sich verändert. Dein Mitgefühl mit ihr hat dir das Tor zu einer anderen Art von Liebe geöffnet. Damit hast du dich von der Fixierung auf äußere Vorstellungen und Erwartungshaltungen gelöst.«

Martin war sehr ergriffen, als er erkannte: »Ja, Gila! Oftmals ist ein ganz anderes tiefes Gefühl in mir hochgekommen, aber das passte nicht in meine Betrachtungsweise und hat mich total verunsichert.«

Es war wie eine innere Befreiung für Martin, als er erkannte, dass er am Krankenbett seiner Frau eine ganz andere Art von Liebe, die viel tiefer ging, kennengelernt hatte. Seine Seele zeigte ihm, dass hinter der äußeren Erscheinung das Wesentliche liegt.

»Und wenn wir das erkennen, Martin, dann fällt es uns leichter, unsere Lieben ins Licht gehen zu lassen.«

Doris, eine andere Teilnehmerin, bemerkte daraufhin: »Ich bin ganz anders mit dem Tod meines Mannes konfrontiert worden. Er war auf einer Geschäftsreise. Um fünf Uhr morgens schellte es an der Tür – und dann schaute ich in die mitfühlenden Gesichter zweier Polizisten. Es war ein Unfall.

Dieses Bild werde ich mein Leben lang nicht vergessen. Immer wieder der Gedanke: Bernd ist tot.

Das erste Jahr ohne ihn war das schwerste. Die Geburtstage unserer drei Kinder – mein und sein Geburtstag – Weihnachten! Heute kann ich verstehen, warum man den Ausdruck Trauerjahr verwendet!

Und trotzdem spüre ich Bernd oft ganz nah bei mir. Ich stelle eine Frage, und irgendwann erhalte ich urplötzlich eine Antwort. Damit erkenne ich, dass er noch da ist. Für mich befindet er sich nur in einer anderen Sphäre. Das ist das einzig Schöne an dieser Situation.«

Sylvia war seit fast zwei Jahrzehnten blind und wurde von ihrer Freundin zu meinem Seminar begleitet. Als ich dann auf das Thema Nahtod-Erfahrung zu sprechen kam, meldete sie sich zu Wort und erzählte bewegt von ihrem schweren Unfall vor drei Jahren, der für sie ein ganz tiefes Erlebnis darstellte.

Bei dem Zusammenprall hatte sie das Bewusstsein verloren, doch am Unfallort alles gesehen: ihren eigenen Körper und den ihres Mannes, der den Wagen fuhr. Beim anderen Auto, mit dem sie zusammengestoßen waren, konnte sie die Farbe und das Modell erkennen, sogar das Nummernschild. Dann die Leute, die herbeieilten, und auch den Rettungswagen! Sie sah genau den Arzt, der versuchte, sie wiederzubeleben.

»Und später, als ich mich wieder in meinem Körper befand, Schmerzen fühlte und wieder blind war, habe ich dem Arzt genau beschrieben, wie er aussah: seine Haarfarbe und die schütteren Stellen im Haar, seine Brille und sogar das Muster seines Pullovers. Selbst die beiden Ringe, die er an der linken Hand trug, hatte ich gesehen.«

Was Sylvia gesehen hatte, konnte sie nicht mit ihren äußeren Augen gesehen haben – es war eine außerkörperliche Erfahrung. Der Arzt war total verblüfft gewesen und hatte nicht glauben können, dass Sylvia blind war.

Dr. Raymond Moody, der den Bestseller geschrieben hat »*Leben nach dem Tod*«, wird des Öfteren gefragt: »Glauben Sie, dass es ein Leben nach dem Tod gibt?« Immer wieder antwortet er: »Nein, ich glaube es nicht – ich *weiß* es!«

Wie sich der Übergang vom körperlichen Leben zur geistigen Dimension vollzieht, steht nach Tausenden von Berichten fest. Denn die Zeugnisse dieser Menschen gleichen sich, egal, welcher Kultur sie entstammen, an welchen Gott sie glauben, und egal, wie alt sie sind. Es spielt auch keine Rolle, ob der Tod durch einen plötzlichen Unfall verursacht wurde, durch Mord, Selbstmord oder eine langwierige Krankheit.

Wenn auch nicht alle Nahtod-Patienten darüber berichten können, so hat doch jeder diese Phasen erlebt, die auch wir selbst eines Tages durchlaufen werden, wenn wir endgültig ins Licht gehen.

Unsere Seele – unsere unsterbliche »Persönlichkeit« – verlässt unseren physischen Körper. Damit ist ein Gefühl von tiefem Frieden und Freiheit verbunden, denn mit der Lösung vom Körper bleiben auch die Schmerzen zurück.

Viele der Nahtod-Patienten wollten gar nicht wiederbelebt werden – so unendlich schön war das neue Gefühl der Leichtigkeit, als wenn eine Hand sich aus einem alten Handschuh löst, den man nicht mehr benötigt.

In dem wunderbaren Filmklassiker »Ghost – Nachricht von Sam« mit Patrick Swayze, Demi Moore und Whoopy Goldberg wird diese Thematik so tragisch-humorvoll dargestellt, als der gerade Verstorbene seinen Körper von oben sieht. Im ersten Moment kann er gar nicht fassen, dass er gerade gestorben ist. Er versucht, sich durch Worte oder Berührungen bemerkbar zu machen, was seine Frau auch manchmal kurz spürt. Er »funkt« jetzt auf einer höheren feineren Frequenz, wo *er* seine hinterbliebene Frau zwar hören und sehen kann, sie *ihn* aber nicht. Durch ihre Trauer ist sie in der ersten Zeit nach seinem Tod in einer so dichten Frequenz gefangen, dass der gegenseitige Austausch auf der feinstofflichen Ebene gar nicht möglich ist.

Dieses Thema beschäftigte die Teilnehmer derart, dass sie sogar abends in der Runde noch weiter darüber diskutierten.

»Nehmen denn die Verstorbenen mit ihrem Energiekörper alles wahr, was die Lebenden sagen, denken und fühlen?«, kam die Frage auf.

Sigrid, eine der Anwesenden, berichtete dann sehr eindrucksvoll über eigene Erfahrungen: »Es war während einer Operation. Wie in einen Tunnel wurde ich hineingesogen, an dessen Ende ein strahlendes Licht leuchtete. Alles war reine Liebe. Und dann habe ich meinen Vater und auch meine Großeltern gesehen, wie sie mich dort im Licht voller Freude erwarteten.«

Alle hingen gebannt an Sigrids Lippen, als sie bewegt weitersprach: »In dem Moment, als ich meinen Körper verlassen hatte, habe ich meinen Schutzengel wahrgenommen – ein Wesen aus reinem Licht und grenzenloser Liebe. Er hat mich vollkommen verstanden und angenommen. Und da wurde mir auf einmal bewusst, dass dieser Engel seit meiner Geburt und während meines ganzen Lebens stets bei mir war.«

Ich spürte, wie froh Sigrid war, mit Menschen, die sie verstanden, über ihr tiefes Erlebnis sprechen zu können.

Interessiert fragte ich sie deshalb: »Hast du auch vor deinem geistigen Auge dein Leben blitzartig ablaufen sehen?«

»Ja«, antwortete sie, »alles, aber auch alles, was ich im Leben gedacht und getan habe! Ich habe dann direkt auch die Wirkungen meiner Gedanken und Handlungen auf andere gespürt. Wie ein farbiges dreidimensionales Panorama lief das Leben ab, wobei der Zeitfaktor gar nicht wichtig war. Wo ich mich andern gegenüber lieblos verhalten hatte, fühlte ich jetzt selbst deren Schmerz. Ebenso, wie ich bei liebevollen Handlungen die Liebe und die Freude auch selbst spürte, die ich anderen bereitet hatte.«

»Könnte hier nicht der Gedanke aufkommen an das ›Jüngste Gericht‹?«, wurde sie gefragt.

»Die Frage kann ich nicht beantworten«, meinte Sigrid, »da ich ja dann den Auftrag bekam, wieder zurückzukehren.«

»Du hast einen Auftrag bekommen? Von wem denn?«, fragte jemand interessiert.

»Es war so ein vollkommenes Gefühl von Licht und Liebe, dass ich alles darum gegeben hätte, dort zu bleiben. Und doch spürte ich ganz deutlich, es war noch nicht stimmig zu bleiben. Und auch meine Lieben, die schon vorausgegangen waren, machten mir deutlich, dass die Zeit, ganz bei ihnen zu bleiben, noch nicht gekommen war. Wahrscheinlich«, zwinkerte Sigrid mir zu, »musste ich wieder zurück, um euch das hier in unserer Runde nach einem so spannenden Tag zu berichten.«

Da ich spürte, wie sehr die Teilnehmer im Thema waren, schaltete ich mich noch mal ein: »Um noch einmal auf eure Frage bezüglich des Jüngsten Gerichtes zu kommen: Alle medialen Übertragungen sagen das Gleiche aus. Es gibt keinen Richter, denn jede geistige Persönlichkeit urteilt über sich selbst. Im sogenannten

Jenseits ist die Dimension Zeit und Raum aufgehoben. Verstorbene können sich offenbar mit der Geschwindigkeit von Gedanken bewegen. In der ersten Phase nach ihrem Ableben suchen sie oftmals irdische Orte auf, die ihnen vertraut sind, auch ihre Lieben, selbst wenn diese es in ihrer Trauer nicht gleich spüren.«

»Weißt du, Gila«, fuhr Sigrid fort, »bei mir war danach die Angst vor dem Tod oder vor einem strafenden Gott total verschwunden. Denn in der Lebensrückschau ist mir klar geworden, dass keiner verurteilt wird, sondern Liebe der Sinn eines jeden Lebens ist.«

»Ja, richtig!«, bestätigte ich. »Dr. Raymond Moody schreibt: Bei so einem Erlebnis erkennen Menschen plötzlich, dass Pessimismus und Selbstmitleid nichts bringen, dass selbst alle Schicksalsschläge und Leid eine Aufforderung sind, seelisch zu wachsen. Sie spüren, das Wichtigste im Leben ist die Liebe, und alle Nahtod-Patienten erkennen den Sinn des Lebens: Liebe zu leben. Und danach, so schreibt Moody, konnten Menschen viel leichter als zuvor auf jemanden zugehen und sagen: ›Ich habe dich lieb.‹ Denn durch dieses Erlebnis haben sie ein Gefühl entwickelt, wie schnell kostbare Augenblicke vorbeigehen.«

Ich erzählte der Gruppe, dass auch ein guter Bekannter von mir, Stefan von Jankovic, vor einigen Jahrzehnten mitten in seinem karrierebewussten Leben so einen »tödlichen« Unfall hatte. Zu dem Zeitpunkt war er ein bekannter Architekt in Ungarn und ging damals, wie er selbst sagte, im Geschäftsleben über Leichen. Dann Frontalzusammenstoß – kein Lebenszeichen mehr – Bahre, weißes Laken – Abtransport!

In der Leichenhalle wachte Stefan jedoch wieder auf und bekam die Chance, sein Leben neu zu gestalten. Er hatte eine der wichtigsten Stationen seines Lebens erreicht – sein Todesnäheerlebnis! Es war zwar äußerst schmerzhaft, wieder in seinem verletzten Körper zu sein, aber eine wunderschöne Erfahrung für seine Seele.

Ab dem Moment hat auch er sein Leben total verändert. Sein Über-Leichen-Gehen bekam eine völlig andere Bedeutung für ihn: Er ist über seinen eigenen Tod hinweggegangen und hat den Auftrag für sein weiteres Leben erkannt. Durch dieses Erlebnis hat Stefan bis kurz vor seinem endgültigen Ins-Licht-Gehen viele Vorträge in Deutschland, Österreich und der Schweiz gehalten mit dem Thema:

»Der Tod, mein schönstes Erlebnis.«

Er hat sich das Polizeifoto besorgt, wo er als »Leiche« zugedeckt neben dem zerstörten Auto liegt, und hat das Bild, das später bei all seinen Vorträgen der Hingucker war, in Plakatform vergrößern lassen. Mit seinem unnachahmlichen ungarischen Dialekt hat er mir mal augenzwinkernd klargemacht: »Gila, früherr war ich Schlingäll – heute bin ich Engäll!«

Alles kommt, alles geht. Menschen werden geboren – Menschen sterben. Die Jahreszeiten kommen und gehen, alles hat seine Zeit hier auf Erden. Gleichzeitig ist aber im tiefsten Herzen unseres Wesens auch das Wissen verankert, dass diese Prozesse nur hier auf Erden stattfinden.

Unsere geistige Persönlichkeit ist diesem Kommen und Gehen nicht unterworfen, wird nie geboren und stirbt nie, wie ja auch die Bibel vom ewigen Leben spricht. In dem Maße, wie wir diese Persönlichkeit als unsere wahre Natur erkennen, verlieren wir die Angst, oder positiv gesagt – baut sich unser Vertrauen auf. Dies zu erkennen, ist das einzig Wichtige.

»In meinem Psychologiestudium«, sagte ich abschließend, »wurde gelehrt, dass Ärzte und Psychologen Erinnerungen an die eigene Geburt für unmöglich halten, und auch der Sterbevorgang wird als etwas eher Unbewusstes abgetan. Doch inzwischen weiß ich, dass dieser Standpunkt bereits wieder überholt ist. Erfahrungen aus der Hypnosetherapie belehren uns da eines Besseren.«

»Genau!«, bestätigte eine Teilnehmerin, »Ich habe bei einer Heilhypnose vor ungefähr einem Jahr eine Rückführung gemacht. Dabei habe ich meine Geburt in mein jetziges Leben noch einmal erlebt. Ich befand mich in einer Küche, die ich später nie gesehen habe, wurde in einer bestimmten Wanne gewaschen und sah die Anwesenden. Ein Anruf bei meiner überraschten Mutter bestätigte, dass all dies den Tatsachen entsprach.«

»Gila, was hältst du persönlich von Rückführungen?«, stellte jemand in der Gruppe die Frage.

»Wisst ihr«, entgegnete ich nachdenklich, »für manch einen kann es hilfreich sein, beispielsweise bei ungeklärten Ängsten oder Phobien, eine Rückentwicklung in seine Vorleben vorzunehmen. Ich habe jedoch auch erlebt, dass Menschen, die sich nur so zum Spaß, wie sie meinten, darauf einließen, im Nachhinein ganz schön daran zu knabbern hatten. Wenn man jedoch die innere Sicherheit erwirbt, dass Leben und Tod positive Erfahrungen sind, so werden wir das auch in dieser Qualität erleben. Wer andererseits sein Leben als Last und Stress empfindet, wird wahrscheinlich auch von einer weiteren Inkarnation nichts wissen wollen.«

Obwohl ich Ina seit unserer gemeinsamen Konfirmation nicht mehr gesehen hatte, wurde ich als junge Frau oft an sie erinnert.

Erstaunlicherweise war es der Kontakt zu Irmgard, ihrer Mutter, der mich später zu ihr zurückführen sollte. Meine damalige Chefin war Irmgards Freundin, und während der ersten Jahre meiner Bürotätigkeit rief Irmgard des Öfteren in der Firma an.

Wegen ihres ungewöhnlichen Familiennamens hakte ich nach und erfuhr, dass sie Inas Mutter war. Ich bat sie, ihre Tochter, die inzwischen in Berlin lebte, ganz herzlich von mir zu grüßen. So ging das über einen längeren Zeitraum, ohne dass Ina und ich persönlichen Kontakt hatten.

Und wieder war es Irmgard, die ich unerwartet als Versicherungskunde übernahm, nachdem ich damals aus Kanada zurückgekehrt war. Auch dadurch wurde ich wieder an Ina erinnert.

Erst nach dem Studium zog Ina mit ihrer Familie ganz in meine Nähe. Sie war inzwischen kommunalpolitisch in Borgholzhausen, unserer Nachbarstadt, tätig. Jetzt erst sahen wir uns wieder – nach fast dreißig Jahren!

Aus dem burschikosen Teenager von damals war eine reife sprühende Persönlichkeit geworden. Auf Anhieb sprang der Funke über. Ganz besonders mochte ich ihre warme tiefe Stimme. Sie war ein Vollweib.

Gern erinnere ich mich an die Zeit, als mein Husky-Buch erschien und ich zu einer Lesung nach Berlin eingeladen war, noch bevor ich Reni kennenlernte.

»Weißt du«, meinte Ina, »meine Mutter und ich kommen einfach mit zu deiner Lesung. Wir können dort bei Jutta und Ulli, unseren Freunden, bleiben. Was hältst du davon? Wir hängen allerdings noch ein paar Tage an. Du könntest aber mit uns zusammen hinfahren. Das ist doch schöner, als wenn du allein mit deinem Auto fährst.«

»Super!«, strahlte ich. »Dann treffen wir uns in Bielefeld am Hauptbahnhof. Ich kann meinen Wagen dort im Parkhaus abstellen, und ihr nehmt mich mit. Ich fahre dann mit dem Zug zurück.«

Es war eine interessante und fröhliche Fahrt mit den beiden. Irmgard ist für mich eine ganz besondere Frau. Niemand sah und sieht ihr an, dass sie eine Generation älter ist als Ina und ich.

Auf einer meiner Lesungen hatte Marianne, meine andere Freundin, Irmgard kennengelernt und für Ina gehalten. Als ich dann lachend die Verwechslung aufklärte, sah Marianne Irmgard an und meinte fassungslos: »Das gibt's doch gar nicht.«

Hinterher flüsterte sie mir zu: »Das glaube ich einfach nicht! Das ist ja ein Wunder der Natur …!«

Und nun waren Irmgard, Ina und ich unterwegs nach Berlin.

Zu der Lesung war ich von Heiner eingeladen worden. Er war ein guter Bekannter von Günter Ilse. Günter hatte vor Jahren des Öfteren über ihn gesprochen, ich kannte ihn bis dahin aber noch nicht. Doch wie das Leben so spielt, hatte ich Heiner kurz darauf auf einer Veranstaltung kennengelernt, die wir beide unabhängig voneinander besuchten. Die Überraschung kann man sich vorstellen!

Heiner hatte nun in Berlin eine kleine Pension gekauft, die jetzt eröffnet werden sollte. Dazu war eine große Feier angesetzt, zu der neben mir auch Günter und Röschen Ilse geladen waren. Diese Feier sollte einen Tag nach meiner Lesung stattfinden. Somit konnten zwei Fliegen mit einer Klappe geschlagen werden. Wie immer hatte ich den Erlös der Lesung für die Kinder-Krebs-Hilfe zur Verfügung gestellt. In vielen Zeitungen war kräftig die Werbetrommel gerührt worden, so dass wir mit vielen Besuchern rechnen konnten.

Nun fuhren wir drei direkt zu Inas Freundin Jutta, bei der wir zum Kaffee eingeladen waren. Danach wollten wir dann zusammen zu meiner Lesung.

»In welchem Hotel schläfst du, Gila?«, fragte Ina während des Kaffeetrinkens.

»Ich gehe mal davon aus, dort, wo ich meine Lesung halte. Da fällt mir ein, kann ich mal kurz meinen Bekannten anrufen?«, bat ich. »Ich möchte gern wissen, wann ich das Zimmer beziehen kann.«

Als ich Heiner dann nach meinem Zimmer fragte, meinte er perplex: »Gila, ein Zimmer für dich? Daran habe ich überhaupt nicht gedacht! Und meine eigene Pension ist ausgebucht.«

Ich fragte fassungslos: »Und wo soll ich heute Nacht schlafen?«

»Sorry, Gila!«, sagte er völlig zerknirscht. »Ich kläre das sofort ab. Ich rufe umgehend beim Hotel an, wo du die Lesung hältst und melde mich dann bei dir!«

»Na, prima!«, sagte ich belustigt zu Ina. »An alles hat er gedacht, aber nicht daran, dass ich auch schlafen muss!«

Lange musste ich auf seinen Rückruf warten. Die Zeit lief mir inzwischen davon. In knapp zwei Stunden sollte die Lesung stattfinden.

Dann rief er endlich an: »Gila, es tut mir leid, dass es so lange gedauert hat. Ich habe mindestens fünfzehn Hotels angerufen, aber durch die Messe hier ist nirgendwo etwas frei. Was machen wir jetzt?«

Und dann hörte ich aus dem Hintergrund Inas warme Stimme: »Gila, ich habe gerade mit Jutta gesprochen. Mach dir keine Gedanken. Du kannst hier bei Ulli im Büro schlafen. Wir legen einfach eine Matratze hin, und dann ist das in Ordnung.«

Erleichtert und dankbar nahm ich Juttas Angebot an.

Obwohl mein Buch erst kurze Zeit vorher erschienen war, hatte sich der Saal im Hotel gut gefüllt, und es kam einiges an Spenden zusammen. Nach der Lesung fuhr ich mit Ina und Irmgard wieder zu Jutta.

Die Nacht auf der Matratze in Ullis Büro war der Horror. Ich tat kaum ein Auge zu. Am nächsten Tag war ich dementsprechend unausgeschlafen. Und doch genoss ich nachmittags das gemeinsame Kaffeetrinken in der Nähe des Brandenburger Tors, bei dem Ina und Irmgard dann auch meine beiden Freunde Günter und Röschen kennenlernten.

Total übermüdet nahm ich dann nach der Einweihungsfeier den Nachtzug nach Bielefeld. Für Samstagmorgen 10 Uhr hatten sich mein Freund Peter Wenzel und seine Frau Esthi angemeldet. Sie wollten gern das Wochenende bei mir verbringen, weil Peter einen Lebenshilfevortrag ganz in der Nähe halten sollte.

Meine Hoffnung, im Zug ein wenig Schlaf zu bekommen, zerschlug sich, da es trotz der Nachtfahrt ein Kommen und Gehen war. Gegen fünf Uhr morgens kam der Zug in Bielefeld an. Völlig fertig und gereizt, stakste ich die paar hundert Meter weiter zum Parkhaus, um mein Auto auszulösen und endlich nach Hause zu fahren.

Ich nahm meinen Parkschein aus der Tasche und steckte ihn in den Automaten. Dann schob ich einen Geldschein hinterher – weg war er! Aber auch mein Parkschein!

»Auch das noch!«, brummte ich, nur noch in Gedanken an mein eigenes Bett. Wenigstens noch *etwas* Schlaf, bevor meine beiden Gäste kamen! Und jetzt kein anderer Geldschein mehr da!

Ich wusste nicht mehr weiter. Da entdeckte ich eine Telefonnummer für Notfälle. Ich schrieb sie mir auf, musste aber wieder zurück zum Bahnhof gehen, um zu telefonieren. Das Zeitalter der Handys war noch nicht angebrochen.

Der Parkwächter meldete sich. Ich erläuterte ihm die Situation, und er bat mich, zu ihm ins Büro zu kommen. Er erklärte mir noch, wo sich sein Büro befand. Müde marschierte ich wieder los.

Auf meine gereizte Stimmung möchte ich jetzt im Detail nicht weiter eingehen. Ich versuche, mich an die Fakten zu halten: Büro ungefähr 300 Meter vom Parkhaus entfernt – beim ersten Mal nicht gefunden – mit letzter Kraft wieder zurück zum Bahnhof – wieder telefoniert – neue bessere Beschreibung – wieder 300 Meter gelaufen – dann Büro entdeckt – und ich total fertig mit der Welt …!

Auf mein Klingeln öffnete ein älterer Herr. Gereizt gab ich ihm die Daten meines Autos durch – und dann hielt er mir doch wahrhaftig einen längeren Vortrag, dass man als Frau nachts nicht allein unterwegs sein sollte! Ich drehte fast durch, während ich nur noch nach Hause wollte!

»Bitte geben Sie mir jetzt endlich den abgestempelten Ersatz-Parkschein«, knurrte ich ihn an. »Den Rest des Geldes schenke ich Ihnen.«

»Das soll doch wohl keine Bestechung sein?«

Als er dann noch meinen Personalausweis sehen wollte, war es aus – ich verlor die Beherrschung und rastete aus. Und das kommt so gut wie nie vor …

Obwohl ich spürte, wie aggressiv die Atmosphäre inzwischen wurde, war ich nur noch auf den Parkschein, den er in seiner Hand hielt, fixiert – und schnappte zu! Mit meiner Beute in der Hand, drehte ich mich um und knallte die Tür hinter mir zu. Nix wie weg!

Nur noch funktionierend, lief ich den langen Weg zurück zu meinem Wagen. Mit zitternden Fingern nahm ich nun den Autoschlüssel aus meiner Jackentasche und ließ mich total erschöpft in den Sitz fallen. Meinen Parkschein wie ein Heiligtum in der Hand haltend, fuhr ich zur Schranke – endlich nach Hause!

Gerade hatte sich diese geöffnet, als neben mir ein inzwischen vertrautes Gesicht auftauchte – der Parkwächter! Ich hielt den

Wagen an, drückte auf den Knopf des Fensterhebers und starrte ihn finster an.

»Da habe ich Sie ja gerade noch rechtzeitig erwischt!«

Und dann hielt er mir, völlig außer Atem, doch wahrhaftig meine Handtasche entgegen – mit den Worten: »Die haben Sie bei mir vergessen!«

Da war es vorbei mit meiner Fassung – der ganze Jammer der vergangenen Stunden kam hoch. »Ich habe zwei Nächte nicht geschlafen«, schluchzte ich, »habe eine Lesung in Berlin gehalten – kein Hotelzimmer – im Zug nicht geschlafen – es tut mir so leid …!«

Und weinte und weinte und weinte …

»Ist ja gut!«, sagte da eine nette freundliche Stimme, »ist ja gut. Bald haben Sie es geschafft – bald sind Sie ja zu Hause!« Und dann streichelte er ganz lieb meine Hand!

»Danke«, weinte ich immer noch, »danke! Sie sind so lieb!«

»Gute Fahrt! Fahren Sie vorsichtig! Und schlafen Sie mal richtig aus! Gute Fahrt!«, rief er mir noch tröstend hinterher.

Wie sehr schämte ich mich jetzt für meine Wut, für meinen Ausbruch! Durch den Schlafentzug der vergangenen beiden Nächte war ich an die absolute Grenze meiner körperlichen Belastbarkeit gekommen. Dazu kam die Befürchtung, nicht fit zu sein für den Besuch, auf den ich mich schon lange vorher gefreut hatte.

Wie oft hatte ich in meinen Kursen darüber gesprochen, dass die körperlichen Grundbedürfnisse ausreichend befriedigt werden müssen, um sich in Balance zu fühlen! Und jetzt hatte ich *selbst* die Erfahrung machen müssen!

Später habe ich dann mit Peter und Esthi ganz mutig über diese Begebenheit gesprochen. Als Peter mir dann gestand, ihm sei schon mal etwas Ähnliches, sogar noch Heftigeres passiert, ging es mir schlagartig besser!

Zwei Tage später rief Ina an: »Na, gut nach Hause gekommen?«

»Erinnere mich bloß nicht daran«, entgegnete ich, »das war absolut kein Highlight in meinem Leben.«

Sie kam aus dem Lachen nicht mehr heraus, als ich ihr im Detail von dem Ereignis berichtete.

»Da kannst du mal sehen«, grinste ich, inzwischen wieder topfit, »wie schnell so etwas geht. Erst bin ich total wütend – dann unendlich dankbar.«

»Gila«, scherzte sie, »du bist es doch, die uns immer wieder dazu anhält, den Fokus zu verändern! Warum soll dir so etwas eigentlich nicht widerfahren?«

Sie hatte ja Recht.

Ina und ich waren uns sehr ähnlich. Auch sie hatte manchmal Probleme mit ihrer Figur. Und interessant war, dass es ihr oftmals genauso ging wie mir – mal nahm sie zu, mal nahm sie ab! Erstaunlicherweise geschah das immer abwechselnd bei uns: Wenn sie schlank war, war ich füllig – und umgekehrt!

Mit Schrecken erinnere ich mich an eine Einladung zu einer BRIGITTE-Modenschau von Gruner und Jahr in Hannover. Ina war schlank, und ich hatte gerade wieder meine füllige Zeit. Meine frische Dauerwelle tat ihr Übriges, während Inas Haare modisch geschnitten waren und ihr mädchenhaft auf die Schultern fielen.

Als wir von dem Verkaufsleiter am Eingang begrüßt wurden, strahlte er uns an und meinte: »Ach, und das ist Ihre Tochter Dana?«

»Nein!«, ächzte ich, »meine gleichaltrige Freundin.« Ich war geschockt.

Er wand sich vor Verlegenheit, aber das gönnte ich ihm!

»Erzähl das bloß keinem!«, sagte ich leise zu Ina.

»Versprochen«, tröstete sie mich. »Aber der Typ braucht ’ne Brille, Gila!«

»Na, wollen wir's hoffen …!«

Auf dem Rückweg nach Bielefeld hatte ich eine Oldie-CD eingelegt. Und um meinen Frust zu besänftigen, sang ich lauthals mit. Ina stimmte ein, und ich lauschte ihrer warmen dunklen Stimme. Alles war wieder gut.

Einige Zeit später wurde Ina über ein Direktmandat als erste Frau zur Bürgermeisterin von Borgholzhausen gewählt. Ich gratulierte ihr mit einem großen Blumenstrauß.

Ina und ihren Mann Wolfgang hatte ich stets als Einheit erlebt und mochte beide sehr gern. Nun kriselte es jedoch zwischen ihnen, und die Situation zwischen den beiden gipfelte dann in der Trennung und Inas Auszug.

Ina zog eine kurze Weile zu mir, bis sie eine Wohnung mieten konnte, allerdings hier in Halle. Da sie nun nicht mehr in Borgholzhausen wohnte, musste sie ihr Bürgermeisteramt vorzeitig zur Verfügung stellen. Die Nachricht schlug ein wie eine Bombe – die Zeitungsmeldungen überschlugen sich.

Eines Abends waren wir bei einer gemeinsamen Bekannten zum Essen eingeladen. Dort traf ich auch Irmgard wieder und lernte an ihrer Seite Cornelius kennen, eine wunderbare reife Persönlichkeit!

Ganz berührt hörte ich dann von Irmgard die zauberhafte Geschichte der beiden.

»Es war 1943, als Cornelius und ich uns kennenlernten. Cornelius hatte wohl Feuer gefangen, ich war jedoch schon verlobt mit meinem späteren Mann. Und das hat Cornelius natürlich respektiert. Es war Krieg, Cornelius musste zurück an die Front – und ich sah ihn nicht wieder.«

»Und dann hast du geheiratet?«

»Ja, und drei wunderbare Töchter bekommen. Ich habe zwar

ab und zu noch an Cornelius gedacht, aber du weißt ja, wie das ist, das Alltagsleben holt einen ein.«

»Ja, und dann?«, bohrte ich weiter.

Jetzt schaltete sich Cornelius ein:

»Na ja, ich habe dann auch geheiratet und mein Leben gelebt, bis meine Frau vor einiger Zeit starb. Weißt du, Gila, das Internet hat auch gute Seiten.«

Er lachte. »Irmgard trägt ja den Namen eines alten Adelgeschlechtes. Und als ich dann wieder allein war, habe ich einfach mal im Internet herumgestöbert. Nie ist sie mir aus dem Kopf gegangen. Und ich habe sie gefunden – ich habe sie wahrhaftig wiedergefunden!«

»Ja«, fuhr Irmgard glücklich fort, »plötzlich – nach 55 Jahren, das muss man sich mal vorstellen – ruft Cornelius wieder an. Er war allein – ich war allein! Mein Mann ist ja schon vor vielen Jahren gestorben.«

»Und seit dieser Zeit«, grinste Cornelius »sind wir zusammen und leben mal in Irmgards Haus oder in meinem in Aurich. Es geht uns einfach gut!«

Was für eine wunderschöne Geschichte …

Es gibt Freundschaften, bei denen es nicht wichtig ist, täglich Kontakt zu haben. Wenn man miteinander telefoniert oder sich persönlich sieht, dann ist es, als ob man erst gestern zusammen gesprochen hätte, auch wenn manchmal ein halbes Jahr dazwischen liegt.

Und so war es auch bei Ina und mir. Mal hatten wir öfter Kontakt – mal längere Zeit nicht. Meistens rief Ina an Ricos Geburtstag an, um ihm zu gratulieren, denn es war auch ihrer.

Zur Einweihung unseres neu gebauten Wintergartens hatte ich Ina zum Kaffeeklatsch eingeladen. Auch Reni und Marianne waren dabei, während sich Irmgard und Cornelius gerade in Aurich aufhielten.

Da erst erfuhr ich den Grund, warum sich Ina so lange nicht gemeldet hatte. Betroffen hörte ich, dass sie gerade von einer Krebsoperation genesen war, die auch für sie völlig unerwartet kam.

Sehr pragmatisch sprach sie über das, was hinter ihr lag. »Aber nun ist alles in Ordnung«, hörte ich ihr warmes Lachen.

Doch der Krebs kam zurück. Als sie dann einige Zeit später schon mit Krücken zu mir kam, sprach sie ganz klar und offen ihre Situation an. Ihre Tochter Julia hatte sie zu mir gebracht und auch danach wieder abgeholt.

Des Öfteren telefonierte ich mit ihr. Statt zu jammern, schwang absolute Dankbarkeit in ihren Worten. »Gila, du glaubst gar nicht, was ich in dieser Situation an Liebe und Fürsorge bekomme! Die meiste Zeit über bin ich ja bei meiner Schwester Conny in Bad Homburg, weil ich in Frankfurt meine Therapie durchlaufe. Es ist so wunderbar zu erfahren, wie meine gesamte Familie jetzt für mich da ist! Ich bin einfach glücklich. Und zu Hause werde ich von Irmgard und Cornelius versorgt.«

Ihre Worte, dass sie an ihrer Krankheit noch das Gute sehen konnte, ließen auch bei mir eine liebevolle Schwingung der Dankbarkeit entstehen.

Anfang Februar sprach ich zum letzten Mal mit Ina, als ich sie in der Klinik anrief. Sie meldete sich mit schwacher Stimme. Ich spürte, wie wenig Kraft sie noch hatte, und sagte leise: »Ina, ich weiß, dass es dir nicht gut geht. Ich gebe dir jetzt viel, viel Kraft, Licht und Liebe, indem ich ganz fest an dich denke. Schlaf weiter, ich bin in Gedanken bei dir.«

»Danke, Gila«, sagte sie nur schwach. Ich legte auf und ging in eine kurze Meditation, um ihr mit meinen Gedanken Kraft zu geben.

Am 7. März 2006 ist Ina dann ins Licht gegangen.

Als ich Irmgard dann anrief, sagte sie leise: »Wir haben Ina nach Hause geholt, damit sie in ihrer letzten Stunde bei uns sein konnte. Alle haben wir bei ihr gewacht, Gila. Und als ihre Seele ging, haben wir sie mit einem wunderschönen Ritual ins Licht begleitet.«

Niemand von uns ahnte zu dem Zeitpunkt, dass meine Freundin Reni nur ein halbes Jahr später Ina folgen würde. In meinem Buch »*Lass dein Leben leuchten!*« habe ich kurz über Renis plötzlichen Tod berichtet. So musste auch ich lernen, innerhalb von nur sechs Monaten zwei Freundinnen loszulassen. Einerseits weiß ich meine Lieben gut aufgehoben, denn sie sind ja nur *vor* mir nach Hause gegangen, andererseits weiß ich aber auch, dass sie für uns auf Erden nicht mehr präsent, sondern nur noch mit dem Herzen wahrnehmbar sind – der ewige Zwiespalt zwischen unserem seelischen und unserem menschlichen Bewusstsein. Reni als Mensch wäre gern noch hiergeblieben, doch ihre Seele wusste, was sie tat, als sie sich entschied, nach Hause zu gehen.

Reni war vielen Seminarteilnehmern und Lesern meiner Bücher sehr vertraut. Die nachfolgenden Worte habe ich am Tag ihres Heimgangs auf unsere Internetseite gesetzt:

Meine liebe Reni,

heute – am 12. September 2006 –
bist Du ins Licht gegangen.
Ich spüre Dein Licht um mich herum –
wie der feine Hauch eines Streichelns, um mir zu sagen:
»Gila, ich bin da!
Du weißt, ich habe nur mein Körperkleid abgelegt,
weil es nicht mehr passte.«
Reni, es fällt auch mir nicht leicht, Dich loszulassen,
Dich hier auf Erden nicht mehr zu umarmen,
Deine Stimme nicht mehr zu hören.
So viele Gründe gibt es,
Dich noch bei uns haben zu wollen.
Doch unser Vater im Himmel
hatte den wichtigeren Grund, als er sagte:
»Reni, komm!«

In Liebe – Deine Gila

SCHLUSS

Inneres Glück ist nicht von materiellen
Umständen abhängig.
Es wurzelt in unserem Geist.

DALAI LAMA

Die Anwesenheit oder Abwesenheit von Licht hat weitreichende Auswirkungen auf unser Wohlbefinden, unsere Freude und unsere Lebenskraft. So wächst sie im Frühling und Sommer, während sie im Herbst und Winter naturgemäß abnimmt. Unser inneres Licht dagegen kennt weder Zeit noch Raum und ist jederzeit für uns verfügbar.

Ich persönlich mache in meinen Seminaren immer wieder die Erfahrung, dass sich die Arbeit mit Licht unmittelbar auf alle Anwesenden und auch auf den Raum selbst auswirkt. Licht kann heilen, Blockaden abbauen, alte Traumata auflösen und uns in unserem persönlichen Wachstum ein äußerst wichtiger Wegbegleiter sein. Die Qualität von Licht gleicht der Qualität von Liebe. Liebe und Licht werden deshalb von Menschen häufig als eine einzige, zusammengehörende Energie erfahren. Indem wir uns dem Licht öffnen, wächst in uns auch die Liebe.

Jeder Mensch hat die Fähigkeit, sein inneres Licht zu entdecken und zum Strahlen zu bringen. Alle Chakren sind mehr oder weniger aktivierte Lichtquellen. Doch will dieses eigene Licht erst einmal entdeckt sein.

Häufig ist es die Erfahrung der Dunkelheit, ausgelöst durch Schicksalsschläge, wie zum Beispiel Krankheit oder Tod eines geliebten Menschen, die uns letztlich wieder zum Licht führt. In schwierigen Situationen genügt es oft, der Stimme des Herzens zu lauschen, um Führung, Kraft und Inspiration zu erhalten.

Wenn wir gegen den Krieg sind, so sollten wir uns nicht mit Krieg beschäftigen, sondern unsere ganze Energie für den Frieden einsetzen. Die Kunst ist es, den Schatten liebevoll und wertfrei anzunehmen. Das, was unsere Aufmerksamkeit erhält, wächst durch die Zuwendung. Das gilt für die lichtvollen Seiten wie auch für die Schattenseiten. So wirkt jeder unserer Gedanken wie ein kleines Samenkorn und kreiert die eigene Wirklichkeit.

Ein weiterer wichtiger Schlüssel zum Licht ist die Dankbarkeit. Alles, was uns im Leben begegnet, ist ein Geschenk der Schöpferkraft und hilft dabei, auf unserer Lebensreise zu lernen und zu wachsen. Dazu gehören auch Probleme, Konflikte und Krankheiten. Es gibt so vieles, was unsere Dankbarkeit verdient hätte. Gerade Dinge, die uns selbstverständlich erscheinen, wie zum Beispiel der Duft einer Blume oder der freundliche Blick eines Fremden, können für unseren spirituellen Weg wichtiger sein als manch anderes, großartiges Erlebnis.

Durch die Energie der Dankbarkeit eröffnen wir uns den Weg zur Fülle, weil sich einem kosmischen Gesetz zufolge alles vermehrt, wofür wir von Herzen dankbar sind. Dankbarkeit, Liebe und Freude sind die Schlüssel zu Licht, Glück und Erfolg in unserer Welt der Polarität. Sie helfen uns, das Licht in uns zu entdecken, es zu vermehren und es mit der Welt zu teilen.

Machen wir das Beste aus unserer Vergangenheit. Lernen wir daraus, statt uns darüber zu beklagen. Durch die Erkenntnis, was wir im Leben falsch gemacht haben, sollten wir unser Verhalten ändern, gleichzeitig aber auch das anerkennen, was wir richtig gemacht haben. Die Vergangenheit darf als Sprungbrett für eine bessere Zukunft gesehen werden. Indem wir lernen, sie loszulassen, haben wir wieder Kraft, nach vorne zu schauen. Nur so können wir von ihr profitieren, so hat die Vergangenheit einen ganz wichtigen Sinn in unserem Leben.

Vor allem aber zählt der Glaube an die eigene Kraft. Finden wir wieder zu uns selbst – gehen wir unseren eigenen Weg – glauben wir an uns selbst und an unsere Träume – nutzen wir die Chancen, die uns das Leben bietet!

Mögen auf diesem Wege all unsere Herzen Flügel bekommen. Noch einen schönen Tag – und viele positive Echos im Leben!

Sie wissen doch inzwischen, alles entwickelt sich

… aus einem kleinen Samenkorn.

Ich danke Ihnen von ganzem Herzen,
dass Sie dieses Buch gelesen haben …

Gila van Delden

Meditation für die Idealfigur

(so habe ich selber auf Dauer 30 kg abgenommen)

Suche dir einen Platz, an dem du ungestört bist. Setz dich ganz bequem hin – schließe deine Augen – atme dreimal tief durch – komme zur Ruhe – und spüre einen Moment in dich hinein.

Zähle jetzt ganz langsam rückwärts von 15 bis 1. Dann sage dir geistig: Um mich noch mehr zu entspannen, zähle ich jetzt noch von 20 bis 1 – und jetzt zähle ganz langsam rückwärts von 20 bis 1 – spüre, wie tiefe Ruhe dich durchflutet.

Gehe jetzt in deiner Vorstellung vor einen großen Spiegel und schau hinein – du hast deine Idealfigur – du schaust dich mit deinem geistigen Auge an und spürst das wunderbare Gefühl, dein Ziel erreicht zu haben – spüre hinein in dieses Glücksgefühl – du hast es geschafft – so wolltest du immer sein – so bist du jetzt – und so bleibst du.

Stell dir vor, wie gesunde Speisen vor dir stehen – du freust dich darüber – du hast es geschafft – du fühlst dich absolut gut, satt und wohl – genieße diese Bilder so lange wie möglich.

Verabschiede dich jetzt von dieser schönen angenehmen Umgebung mit dem Satz: »Ich ernähre mich ab sofort gesund und völlig richtig und genieße meine neue Figur.«

Zähle jetzt bis 5, dann bist du hellwach, entspannt und ausgeruht.

Mit dieser kurzen Meditation verstärkst du in deinem Unterbewusstsein jedes Mal das neue Selbstbild und auch in deinem Körper. Versuche es, dir mindestens einmal pro Tag Zeit dafür zu nehmen. Gleichzeitig unterstütze dieses Bild mit folgender Affirmation:

Ich bin dankbar, dass ich auf Dauer … kg wiege.